国家社科基金
后期资助项目
GUOJIA SHEKE JIJIN HOUQI ZIZHU XIANGMU

华语研究的理论与方法

Theories and Methods of Huayu Research

李计伟　著

北京师范大学出版集团
BEIJING NORMAL UNIVERSITY PUBLISHING GROUP
北京师范大学出版社

国家社科基金后期资助项目
出 版 说 明

后期资助项目是国家社科基金设立的一类重要项目，旨在鼓励广大社科研究者潜心治学，支持基础研究多出优秀成果。它是经过严格评审，从接近完成的科研成果中遴选立项的。为扩大后期资助项目的影响，更好地推动学术发展，促进成果转化，全国哲学社会科学工作办公室按照"统一设计、统一标识、统一版式、形成系列"的总体要求，组织出版国家社科基金后期资助项目成果。

全国哲学社会科学工作办公室

目　　录

第一章 导言

在使用任何概念之前，我们都需要确定这个概念的内涵和外延，明确它的意义和指称。作为本书的基础与论述起点，在本章中，我们首先梳理近些年来海内外学者对"华语"一词的讨论及当前关于"华语"的共识，然后总结并评述近年来华语研究的重要成果，最后说明本书的写作目的、结构安排与语料来源。

第一节 关于"华语"

一、"华语"的历史与演变

从历史上看，"华语"这个名称得名于"华夏民族"。

庄妙菁指出："'华语'一词的出现和使用，是在'华人'一词产生之后才有的，所以，必须先谈谈'华人'。""'华人'一词如前节所述，乃源自华夏族。"① 郭熙也说："'华语'这个名称其实得名于'华夏'。中国自古就有'华夏民族'之称，华夏民族的语言自然叫'华语'啊。到了汉代，因为汉文化太强大，历史悠久，影响力大，后来就形成'汉民族'，汉民族的语言就是'汉语'。"② 郭熙还曾指出，"文献表明，汉代以后，在汉语的发展中，一直伴随着汉语的有两个名称，一个是'汉语'，一个是'华语'。但总的来说，就历史而言，'华语'的使用量远低于'汉语'"③。

庄妙菁还指出，"华人"一词最早出现于魏晋南北朝时期；到了唐代，"华人"一词的使用频率远较此前为高，比如在《新唐书》中，"华人"就出现了 20 余次。④ 与此同时，与"华语""华言"也开始出现并被使用。下面来看几个"华人""华语""华言"的用例：

---

① 庄妙菁：《"华语"一词的历史演变与发展》，吉隆坡，马来西亚南方学院出版社，2005。
② 郭熙：《华语问题答旧金山华文电视台"八方论坛"主持人史东问》，《北华大学学报》2010 年第 1 期。
③ 郭熙：《现代华人社会中称说"汉语"方式多样性的再考察》，《南开语言学刊》2007 年第 1 期。
④ 庄妙菁：《"华语"一词的历史演变与发展》，吉隆坡，马来西亚南方学院出版社，2005。

(1)去敦煌十三日行。国有八城，皆有华人。地多石碛，气候温暖，厥土良沃，谷麦一岁再熟，宜蚕，多五果，又饶漆。(《魏书·列传第八十九》)

(2)稽胡，一曰步落稽，盖匈奴别种，刘元海五部之苗裔也。或云山戎赤狄之后。自离石以西，安定以东，方七八百里，居山谷间，种落繁炽。其俗土著，亦知种田，地少桑蚕，多衣麻布。其丈夫衣服及死亡殡葬，与中夏略同；妇人则多贯蜃贝以为耳颈饰。与华人错居。其渠帅颇识文字，言语类夷狄，因译乃通。(《北史·列传第八十四》)

(3)建武中，以马援领陇西太守，讨叛羌，徙其余种于关中，居冯翊、河东空地，而与华人杂处。数岁之后，族类蕃息，既恃其肥强，且苦汉人侵之。(《晋书·列传第二十六》)

(4)南蛮杂类，与华人错居，曰蜒，曰狼，曰俚，曰獠，曰颗，俱无君长，随山洞而居，古先所谓百越是也。(《隋书·列传第四十七》)

(5)又云魏氏迁洛，未达华语，孝文帝命侯伏侯可悉陵，以夷言译《孝经》之旨，教于国人，谓之《国语孝经》。(《隋书·志第二十七》)

(6)神武每申令三军，常为鲜卑言；昂若在列时，则为华言。(《北史·列传第十九》)

"华人"是与汉民族以外的人在称谓上的区别，随着清军的入关开始出现变化。清军以少数民族之身份入主中原，正所谓"名不正则言不顺"，所以清初时满汉关系非常紧张，后来随着康熙、雍正、乾隆三帝的励精图治及对汉人、汉文化的重视，到了清中期以后，汉族以满族为针对目标的"华夷之辨"的观念已经比较淡薄了。

鸦片战争之后，西方文化涌入中国。"华"与"夷"的对立也因之成为全体中国人与洋人之间的对立。1842 年，魏源的《海国图志》问世，他在该书《原叙》中指出撰作此书目的："是书何以作？曰：'为以夷攻夷而作，为以夷款夷而作，为师夷长技以制夷而作。'"毫无疑问，"夷"指洋人，也即西方人。[1] 此时的"华人"所指之群体，应该已经包含中国范围内的所有民族在内，即"华人"已经突破血统界限，而具有了文化上的象征和认同意义。同样，"华言""华语"也由"华夏族的语言"变成了"中国人的语言"。先来看几个"华人"的用例：

---

[1] 方维规(2012)指出："大约自 1860 年前后开始，'洋'字的使用开始慢慢取代'夷'字的使用。"这里再补一证，有《释"夷"字》一文，开篇说："忆数年前，我国官私文牍中，有目外人为'夷'者，外人辄以为恶名，致载于约中，不允再用此等字。"这里的"外人"指外国人。(王文濡：《释"夷"字》，《香艳杂志》1914 年第 1 期。)

(7)先是俄人越界垦地刈草，至是驱逐，呼伦设边垦总局，胪滨设分局，俄人遵章纳税，华人领票经商者，络绎不绝。(《清史稿》卷五十七)

(8)洋工司只管工程，不能干预地方公事。凡所建筑，悉应顺洽华人意见，尊敬中国官员。(《清史稿》卷一百五十四)

(9)租界内华人牵涉德人案件，须德官会同山东交涉官审问。(《清史稿》卷一百五十七)

(10)日本人入内地办货卖货，不准薙发改为华装，违者查出即作华人照奸细治罪。(《清史稿》卷一百五十八)

在上面的例子中，"华人"分别与"俄人""洋工司""德人""日本人"对立使用。在下面的例子中，我们可以看到，"华语""华文""华言"或者分别与"德文""英语""英文"等外国语言对立，或者为其他国家称呼中国通用语言之用。

(11)该报系由国家印书局刊印，颇精美。主笔者系柏灵掌教东方语言文字之教习，以德文译作华文报章，在欧洲各国，此为嚆矢。(梁启超：《德国创设华文报》，载《时务报》，1897 年第 33 册)

(12)鄙人开宗明义首提出两要旨：一、华文并无语言之特性，不适永久之用；二、用英文代华文最为相宜。(章士钊：《何不以英语代华语》，载《独立周报》，1913 年第 7 期)

(13)英国赫胥黎，近代生物学大家也，生于一八二五年，卒于一八九五年，所著天演论，侯官严氏曾译为华言，风行中土。(刘文典：《近世思想中之科学精神》，载《青年杂志》1915 年第 1 卷第 3 期)

(14)故文部省规定在各级学校以华语为选修科，其在表面上所持之理由，以中日文化之关系密切，日本应注重华语，而实际上为养成其侵略我国之言语工具，至军事学校及兵队中，亦皆授华语，益显知其对我国之野心云。(《日本各校加授华语之用意》，载《湖北教育厅公报》，1931 年第 2 卷第 4 期)

(15)美国旧金山电台华语节目播音时间表。(载《广播周报》，1946 年复刊第 7 期)

(16)后来，稍稍学了一点拉丁及法文，我就更爱英文，也就翻回头来更爱华语了，因为以英文和拉丁或法文比较，才知道英文的简单正是语言的进步，而不是退化；那么以华语和英语比较，华语的惊人的简单，也正是它的极大的进步。(老舍《我的"话"》)

这种"华""洋"对立的情况在 19 世纪末 20 世纪初的南洋华文报章中同样存在。马来西亚学者邱克威曾指出，有不少学者认为南洋华人称民族共同语为"华语"以及自称"华人",涉及一定的政治倾向,即"要跟中国保持一定的距离",于是创制了"华人""华语";邱文认为这种观点是错误的:"实际上,马新华人以'华'自称是自来如此。我们只要略翻 19 世纪末至 20 世纪初的《叻报》,'华人'、'华语'、'华文'、'华言'、'华字'、'华书'、'华绅'、'华店'、'华商'、'华差'、'华童'、'华男'、'华妇'、'华工'等等就俯拾皆是。当时马新并未独立,无所谓'保持距离'。更何况《叻报》中'华疆'、'华海'、'在华'、'由华来叻'、'华来之人'等都直接以'华'指中国,似乎就更应该'避讳'了。……本文主张这其实是自古'华夷之辨'在南洋社会中的现代诠释,即以《叻报》为例,'华、洋'对举是个通例。"①

前文已指出,"华""洋"对立在《清史稿》中已较为常见,所以"华""洋"对举并不仅仅是"华夷之辨"在南洋社会中的"现代诠释",在当时的中国亦是如此。所以,从内涵上来讲,不管在当时中国国内,还是在南洋,"华人""华语"并没有差异,是完全一样的;只是在南洋,"华人"属于少数族群,处在"洋人"的汪洋大海之中,"华人"身份更加凸显也更需凸显而已。

邱克威还提到,由于新、马华人方言族群性特征,《叻报》本地新闻往往使用"闽人""粤人""潮人""琼人"等,而其称"华人"则主要是两种情况:一为笼统指称整体华人;二为无法确认籍贯者。② 我们在翻阅新加坡出版的早期华文报刊《振南日报》时也发现了这一情况。例如,

(17)粤人苏亚培,住芋夹塘,以耕植为业,并畜有鸡数十头。昨夜一点钟,被匪盗去鸡三十余只,值银二十二元,并衣服四件,值银七元,越早报差请缉,未悉果能弋获否。(《被盗请缉》,载《振南日报》,1913-04-01)

(18)闽妇招氏,昨日下午往天华街购买花布后,入西人某店,看视古玩等物。以还价不成,氏甫出门,讵该西人店内有伴名比比巴厚者,见此大愤,直奔出门外骑楼下,乱拳向氏殴来,氏即厉声呼差,比始遁入店内。(《如果属实,未免太蛮》,载《振南日报》,1913-04-02)

(19)西归押辰昨三十号下午三点钟,携小孩乘坐手车游行坡中,及归,由勿力庚孖地经过,被西兵名亚伴拦途逼奸。妇不肯,呼差不至,被伴打折门牙三只。妇时几不省人事,任所欲为。迨奸毕,竟将妇摧落

---

① 邱克威:《论"华语"与马来西亚华语研究》,《马来西亚华人研究学刊》2013 年第 15 期。
② 邱克威:《论"华语"与马来西亚华语研究》,《马来西亚华人研究学刊》2013 年第 15 期。

坑渠内。时有福清人三名，在该处做咕哩瞥见，掖之起。妇返详告其夫，闻其夫当三画炮手，即日报差请验，并送妇入医院调治，派暗差爹刺君、华差郑金水，昨天在勿力庚矷兵房，将伴拿获，本日送案。（《拦途强奸之骇闻》，载《振南日报》，1913-04-02。）

（20）昨夕八点余钟，小坡二马路某戏园门首，忽来一华人，不知何籍人氏。穿一前后缝八卦之灰布衫，足着帆布洋鞋，头戴一冠，似剧场上诸葛孔明所戴之冠一式，手持珠一串。（《黔驴无技》，载《振南日报》，1913-04-02）

（21）闽人某甲，行东更船为业。偕妻某氏，同住沙冷昂律某屋。（《未悉能否善后》，载《振南日报》，1913-04-03）

（22）琼人秦竹洗，前夕至桂兰街某妓院，入饮汽水，当饮毕出门，忽与同籍人彭亚义相遇。（《凶狠可畏》，载《振南日报》，1913-04-04）

（23）昨日下午五点钟，珍珠山脚。有上海人某甲，在该处演做法戏，并售卖膏药。说彼膏药如何效验。无论何病贴之，约一点钟内，定欲奏效，否则半文不要云云。时有某闽人在场，因其左足常患抽筋病，遂与订购一块，价银一角半，议贴后还钱。（《江湖口吻往往如是》，载《振南日报》，1913-04-05）

（24）昨晚八点余钟时，有二巫来人乘坐闽人林某所牵之手车，至小坡海旁演马戏前附近下车，为争车资，林与二巫来人相缠。（《巫来人强横至此》，载《振南日报》，1913-04-05）

在上面几则新闻中，出现有"粤人""闽妇""闽人""琼人""上海人""福清人"等，均是就其地域或族群来源而言，与"西人""巫来人"对举使用，但在"不知何籍人氏"时，则称"华人"，如例（20）。

身处南洋的华人，当关注当时中国时局时，依然将"华""洋"对立，这表明南洋华人使用的"华人""华语"，其内涵和外延与当时的中国是完全一样的。如1913年4月4日《振南日报》载《雇华奸煽惑军队》新闻一则："哈尔滨李观察使顷接吉督电讯。据蒙古侦探报告，现在俄人用重金雇用华人多名，分赴沿江一带，煽惑驻扎各军队，以冀乘机作乱，彼即从中牵掣，以遂其吞并之贪心。务饬所属地方官，恺切公布，晓以大义，甚勿自弃其前功，以贻目前之祸云。"在这则新闻中，"俄人"与"华人"对立，被俄人雇佣的"华人奸细"，在新闻题目中径用"华奸"。在中国，人们熟悉的词是"汉奸"。"汉奸"，顾名思义，最早应该就是"汉族的奸细"。如此，在一致对"外"时，"华"最为合适。我们可以这么说，"华"是中华民族一致对"外"时使用的可以忽略内部族群差异的一个高层认同符号。

有趣的是，可能由于"华奸"没有普及流行，"汉奸"就不得已扩大了自己的外延。《现代汉语词典》（第7版）对"汉奸"的解释是："原指汉族的败类，后泛指投靠侵略者、出卖国家民族利益的中华民族的败类。"

有了上面这些讨论，我们可以知道，在19世纪末20世纪初的这一段时间，南洋地区所谓的"华语"在内涵上与当时的中国国内是一致的，都是指"中国人的语言"。我们对民国时期"国语""华语"和"汉语"的使用进行了初步考察，发现"国语"一般是相对于"方言"而言的，"华语"是相对于"外语"而言的，"汉语"虽可用作通名，但在很多时候是相对于中国其他民族语言而言的。也就是说，"国语""华语"和"汉语"，就其所指对象而言，是同一个；但它们所出现的"凸现—框架"却是不同的；就像英语的词语 land 和 ground，前者与 sea 在框架中处于对应位置，而后者与 air 相对应。

比如萧迪忱说："先说主要的语言问题。在这个问题里面，有"国语"和方言两种。民众戏剧，究竟是用"国语"好呢，还是用方言好？""语词是表示意思的最后单位，是组织句子的成分，也就是分别古、今、方、国的单体。"①《娱乐周报》1935年第1卷第3期上有一则题为《会华语的女星》的报道："好莱坞有一位懂得华语的女星，可是不是黄柳霜，而是环球公司的葛罗莉·史杜爱（Gloria Stuart）。据说她从小在中国长大，父亲是在中国当律师的。她除了懂得华语外，还懂得华文，报纸也会看呢。"《司法公报》1926年第229期有《人工缮写不如华文打字机》一文，其中"华文"与"西文"对举："惟本馆所制华文打字机，颇能兼具二美，各界乐用，历有年所，近复锐意改良，制造完备，使用灵便，竟与西文打字机并驾齐驱。"1942年12月25日，张恨水在重庆《新民报》的杂文随笔专栏"上下古今谈"中发表了一篇散文，题目叫《由英人学华语想到国语》，该文第一段话是："看到英国人学习华语的消息，让我们发生一点儿感想，就是我们自己的国语运动，还嫌不够。"英国人，要用"华语"；自己，就要说"国语"。

郭熙指出，1949年以后，除中国台湾地区外，"国语"被"普通话"取代，"华语"也同样受到冷落。②当然，这种冷落更多的是当时中国所处的政治环境所决定的；在封闭环境中，"华人""华语"得以凸现的对应框架逐渐消失了，"华人""华语"也就被冷落了。

大约在20世纪50年代以后，"华语"在南洋一代突然活跃起来。关于

① 萧迪忱：《民众戏剧的语文问题》，《山东民众教育月刊》1933年第4卷第8期。
② 郭熙：《论"华语"》，《暨南大学华文学院学报》2004年第2期。

这一点，张从兴认为，50 年代后，东南亚发生了天翻地覆的变化，马来西亚、印尼、越南等纷纷摆脱殖民地政府的统治，成为独立自主的国家。此时，当地的华侨就必须在侨居国和中国之间进行"国籍"上的抉择。中国政府也意识到了这个问题，宣布不赞成实行双重国籍政策，鼓励华侨自愿加入所在国的国籍。自此之后，马来西亚、印尼等国的很多华侨放弃了中国人的身份，开始自称"华人"。既然华人成了所在国家的一个族群，就有了"华族"，有了华族，也就有了"华语"。当然，这并不是说"华语"这个词产生于 20 世纪 50 年代以后，而是由于有了"华族"，"华语"就再一次变更其内涵，不再是"中国人的语言"，而是"海外华人的共同语"。[1]

从"中国人的语言"变为"海外华人的共同语"这种变化，在《人民日报》的语料中也有较为明显的分界。在北京语言大学 BCC 语料库的"历时检索部分"（1946—2015《人民日报》语料），"华语"一词意义的变化以 1979 年为界，此前基本上是与"外语"对立的"中国人的语言"之义，文章内容多为中外交流；从使用频率上看，20 世纪 50 年代较多，比如 1949 年 10 例，1950 年 29 例，1951 年 12 例，1952 年 28 例，20 世纪 60 年代日见其少，最多为 1961 年的 5 例；1967 年到 1976 年的十年间，"华语"没有一个用例。从 1979 年开始，有关"华语"的内容基本上都是与东南亚有关，特别是新加坡的"推广华语运动"，此后，"华语"的意义就逐渐变为"海外华人的共同语"了。

下面是一些例子，后面的括号中注明其在《人民日报》中的使用年份：

（25）由我国译制为华语对白的，描写青年们的友谊和爱情的故事片《我们美好的日子》也参加电影周映出。（1957）

（26）他说，他为了要表示对中国贵宾的敬意，希望用华语讲话，然后让译员把他的话译成缅语。他接着用流利准确的华语热情地说："中缅友好万岁！""周恩来总理万岁！""毛泽东主席万岁！""刘少奇主席万岁！"（1960）

（27）由朝鲜电影工作者朴鹤同志所导演的《红色宣传员》的影片，在经过华语的译制之后，一定也会在中国的银幕上获得更多观众的热烈欢迎。（1963）

（28）我们乘坐的那架巴基斯坦飞机在当天下午六时多自上海起飞，……服务员说广东话，广播用英语和华语。用餐时，服务员除了给刀叉等用具外，还为每个中国旅客准备了一双筷子，照顾得很周到。（1964）

---

[1]　张从兴：《华人、华语的定义问题》，《语文建设通讯》（香港）2003 年第 74 期。

(29)尤里斯·伊文思自巴黎给我来信，说《愚公移山》十二部长短纪录片的译制华语版素材，已寄北京，这是我们盼望已久的喜讯。他还说自从这部影片的法语版去年三月十日开始在巴黎几家影院同时作长期放映以来，观众达十三万多人次。(1977)

(30)街上悬挂着巨大横幅，上面用泰文和中文写着："泰中友谊万古长青!""祝邓副总理和夫人身心愉快!"邓副总理的车队驶过市中心的街道时，受到两万多群众的夹道欢迎。群众挥动两国国旗，用泰语和华语高呼"欢迎! 欢迎!"邓副总理向群众招手致意。(1978)

(31)新加坡九月七日开始"全国推广华语运动"。李光耀总理主持了开幕式。他在会上呼吁华族人下决心用华语，不用方言，使华语成为共同语言。(1979)

(32)1982年度的主题是要求在工作场所讲华语。为了使华语终能成为新加坡华人的共同语，那里的电台、电视台都有专门的波段和频道进行华语广播。(1983)

例(25)—例(30)的内容均与中国的涉外交流有关。1977年和1978年这两年"华语"的用例均只有2例，其使用与例(25)相仿；而1979年则有15例，并且均与新加坡有关，如例(31)。正如郭熙所指出的，新加坡1979年开始的"全国推广华语运动"使"华语"这个词在媒体及社会上频频曝光，而中国在加快"推广普通话"的步伐中，又常常援引新加坡的"全国推广华语运动"，使得它也在中国产生了影响。①

二、"华语"的定义与分层

庄妙菁总结了"华人"与"华语"的历时演变，如表1-1所示。

表1-1 "华人"与"华语"的历时演变②

	华人	华语
南北朝至清朝	华夏族	华夏族的语言
清末至中华民国	中国人	中国人的语言
20世纪50年代起	海外华人	海外华人的共同语

在上表的最后一行，说"华语"是"海外华人的共同语"，这个定义始自20世纪50年代。从20世纪50年代至今，我们对"华语"的认识又经

---

① 郭熙：《论"华语"》，《暨南大学华文学院学报》2004年第2期。

② 庄妙菁：《"华语"一词的历史演变与发展》，吉隆坡，马来西亚南方学院出版社，2005。

历了一番变化。这个变化依然要结合半个世纪以来相关的社会政治经济形势来谈。

郭熙曾指出，如果说20世纪50年代到60年代"华语"这个名称在新加坡等地的活跃还是海外华人本身的事的话，那么20世纪70年代后期出现的"汉语热"和"华语"使用热潮则使得"华语"有了全球性的价值。[①]世界范围内的"汉语热"与中国的改革开放和经济发展密切相关，这自然也就给"华语"的频频出现注入了活力。20世纪80年代，即中国大陆地区改革开放的初期，是一个很重要的时间节点。在这一时期，中国打开国门，日渐开放，各个领域与国外的交流日益频繁，"华语"也随着"汉语热"和国际学术交流给了人们重新认识和界定它的机会。

1983年9月6日至11日，由美国东西方文化科技交流中心和夏威夷大学联合举办的"华语社区语文现代化和语言计划会议"在美国夏威夷举行。关于此次会议的相关情况，《文字改革》杂志1984年第1期"动态"中有过简要介绍，其中就谈到了对"华语"的认识："（会议）目的是交流华语在世界各地的应用、变异情况，研究华语的发展、规范问题。会议完全采用大会报告和讨论的方式，没有分组活动。""汉语有国际性。汉语在不同的社区有不同的名称，一般称为'中文''汉语'，我们称为'普通话'，美国、新加坡、马来西亚等地一般称为'华语'，港澳地区几种叫法都有。'华语'这个名称适用于一切华语社区。""参加者有11个国家和地区的华语研究者六十多人。我方参加者6人，台湾省9人，新加坡5人，港澳地区4人，美国27人，还有日本、印度、孟加拉国、法国、荷兰、澳大利亚的学者。"

"华语"这个名称适用于一切华语社区，这就是我们接下来要谈的、众多学者所提倡的"（大）华语"定义的基本思想。

郭熙2004年的文章在对20世纪80年代以来"华语"诸多定义进行检讨的基础上，将"华语"重新定义为，华语是以现代汉语普通话为标准的华人共同语。[②]到了2006年，这个定义有了变化，郭熙认为："现在看来，把这个定义中的'标准'改成'核心'或许更合适。"[③]即"华语"是"以现代汉语普通话为核心的华人共同语。"而到了郭熙2010年的文章，"华语"

---

① 郭熙：《论"华语"》，《暨南大学华文学院学报》2004年第2期。
② 郭熙：《论"华语"》，《暨南大学华文学院学报》2004年第2期。
③ 郭熙：《论华语研究》，《语言文字应用》2006年第2期。

的定义又变成了"以现代汉语普通话为基础的华人共同语"。①

先不说上述定义中从"标准"到"核心"再到"基础"的变化，下文再谈。这里要说的是，对上述定义中的"华人"该如何理解。如果上述定义中的"华人"指海外华人，实际上这些定义与"华语是海外华人的共同语"并没有多大差别。"以现代汉语普通话为基础的华人共同语"这个定义，其中的"华人"应该指全世界华人，即它是适用于一切华语社区的。郭熙在谈论"华语规划"的时候曾谈到了这个问题："华语规划论接受这样的观点：华语是全球华人的共同语，它以普通话为核心。华语概念的提出，有助于科学认识各地华语的关系，有助于加深对各地华语现象的认识，有助于促进世界华人的沟通，也有助于强化世界华人的认同。""华语并非为某一个国家或地区所独有，它属于整个华人社会，也属于华语使用者所在的国家或地区，也是华语使用者所在国的一种资源，而不只是哪一个民族的利益所在。"②"全球华人"和"整个华人社会"显然是包含中国在内的，而不仅仅是海外华人。这种定义上的"华语"，可以称之为"大华语"。

"大华语"这个名称首先是由著名语言学家陆俭明先生提出来的。陆俭明提出，"大华语是以普通话为基础而在语音、词汇、语法上可以有一定的弹性、有一定宽容度的汉民族共同语"③。陆俭明还进一步指出，海外华语一直存在，而且今后也会长期存在。④ 海外华语之所以会长期存在，这是由两个因素决定的：第一个因素是，广大华裔和华侨同胞的中华民族情结，对中华民族的认同感；第二个因素是，作为华语大本营的中国的存在和不断强大与发展。可以相信，随着中国政治、经济、文化、科技的不断发展，并逐步跃居世界的前列，华语将会继续存在并进一步发展。建立并确认"大华语"概念的好处是，首先，有助于增强世界华人的凝聚力和认同感；其次，更有助于推进世界范围内的汉语教学。如果大家同意建立"大华语"概念，我们在汉语教学的要求上，可以这样定，"达到普通话要求"，那是高标准；"达到大华语要求"，那是基本要求。

2010 年出版的《全球华语词典》采用了"以现代汉语普通话为基础的

① 郭熙：《华语问题答旧金山华文电视台"八方论坛"主持人史东问》，《北华大学学报》2010 年第 1 期。

② 郭熙：《华语规划论略》，《语言文字应用》2009 年第 3 期。

③ 陆俭明：《关于建立"大华语"概念的建议》，《汉语教学学刊》第 1 辑，北京，北京大学出版社，2005。

④ 陆俭明：《关于建立"大华语"概念的建议》，《汉语教学学刊》第 1 辑，北京，北京大学出版社，2005。

华人共同语"这个"大华语"的定义，并且在"华人"之前加上了"全世界"这个限定语以彰显之。该词典在"前言"中说："'华语'一词，早期多在海外使用，是对现代汉民族共同语的一种称说。20世纪80年代以来，随着华人社区的频繁交往，'华语'的使用范围逐渐扩大，使用频率不断提高，内涵、外延也不断变化。本词典吸纳学界的研究成果，把华语看作'以普通话为基础的全世界华人的共同语'。这种看法，有利于在全球视野中看待汉语，显示了对各社区华语变体的同等关注。"在该词典的"凡例"的第一部分提到："本词典所说的华人社区主要包括中国（含港澳台地区），新加坡、马来西亚、泰国、印尼等东南亚地区。此外还有日本、澳大利亚、美国、加拿大等地区。"显然，在"大华语"概念下，中国所通行的现代汉语普通话就是众多华语变体之一种。当然，从其使用人口以及国际地位和影响力而言，是最为重要的一种。到了2016年出版的《全球华语大词典》，"大华语"的定义又有所变化，被改成了"是以普通话/国语为基础的全世界华人的共同语"。这种定义的变化，一方面反映了我们对华语尤其是华语形成过程认识的深化，另一方面也体现了学者们面向"大中华"建构、推进全球华人语言认同的努力。

实际上，在"大华语"的定义里，已经点明了现代汉语普通话的地位，即"基础"一词。前文提到，"华语"的定义郭熙从[1]2004年到2006年[2]再到2010年[3]，有一个从"标准"到"核心"再到"基础"的变化。至于为什么会有这样的变化，郭熙、崔乐解释说："我们对华语在认识上的发展变化是为了更好地处理普通话与各地华语之间的关系。不是不要标准，普通话就是标准，但不能强求全世界都用同一个标准，不能要求全世界的华人说得都跟北京人一样，这既没必要，也不可能。"[4]这实际上就涉及如何处理一体化跟多样化的关系的问题，"也体现了'华语'所折射的认同和区分的复杂性"[5]。

"标准"是从规范或者发展参照的角度而言的，郭熙曾指出："华语作为标准语与普通话作为标准语的不同在于，普通话的标准是社会语言权力机构对语言干预的直接结果，是人为的；而华语则是由于历史现实的各种因素（包括自然和认为的因素）而形成的，而这种形成的标

① 郭熙：《论"华语"》，《暨南大学华文学院学报》2004年第2期。
② 郭熙：《论华语研究》，《语言文字应用》2006年第2期。
③ 郭熙：《华语问题答旧金山华文电视台"八方论坛"主持人史东问》，《北华大学学报》2010年第1期。
④ 郭熙、崔乐：《对华语语言生活的观察与思考》，《华文教学与研究》2011年第4期。
⑤ 卢德平：《认同、区分、整合："华语"略论》，《语言战略研究》2017年第1期。

准是以普通话的标准为主导的。"①而"核心",则是从汉语普通话在华人世界的语言影响力辐射圈来谈的;舍弃"标准"一词,是"为了更好地处理普通话与各地华语之间的关系",但实际上"核心"这个词依然存在这方面的顾虑。或许是出于同样的考虑,郭熙使用了"基础"②这个较为中性的限定语。

但"基础"的内涵是什么?我们又应该如何看待"基础"呢?

刁晏斌针对"基础"一词提出了自己的看法。他指出,按一般的理解,所谓基础,义为"事物发展的根本或起点"③。但历史地看,中国的普通话、东南亚的华语,其基础都是清末至民国时期的早期或初期现代汉语,刁晏斌称之为"传统国语"④。在"普通话"这个词出现之前,新加坡华语、马来西亚华语已经存在并通用了,现在反过来说"普通话"是华语的"基础",是不合适的。在这些论述的基础上,刁晏斌提出:如果要给"华语"下一个简单的定义,我们倾向于用"以传统国语为基础、以普通话为核心的华人共同语"⑤。这个定义中的前半句,讲的是华语的历史基础;后半句,讲的是华语的现实基础。

从新加坡、马来西亚、中国台湾地区等主要华语变体与现代汉语普通话的差异来看,这些华语变体的特色之处,多来自传统"国语"或早期现代汉语,详见本书第四章第二节、第四节的相关证明。从这个角度而言,刁晏斌的定义是有其道理的。但是,世界各地所使用的华语,其发展的时间纵深是不同的。李宇明将华语变体主要分为五种⑥:普通话、"国语",香港、澳门的华语,新加坡、马来西亚、印尼、文莱的华语和其他华语。前四种均可视为独具特色的华语变体,而归属于其他华语类的欧洲等地的华语和主要由新移民使用的华语,能否称之为变体,尚需调查研究;对于正在形成过程中的华语变体,说其源自传统"国语",显然是不正确的。或许是这一原因,2016 年出版的《全球华语大词典》以及李宇明的研究,没有直接采用刁晏斌定义中的"以传统国语为基础",而是将"大华语"定义为"以普通话/国语为基础的全世界华人的共同语"。

---

① 郭熙:《论华语研究》,《语言文字应用》2006 年第 2 期。
② 郭熙:《华语问题答旧金山华文电视台"八方论坛"主持人史东问》,《北华大学学报》2010 年第 1 期。
③ 刁晏斌:《论全球华语的基础及内涵》,《全球华语(Global Chinese)》2015 年创刊号。
④ 刁晏斌:《论全球华语的基础及内涵》,《全球华语(Global Chinese)》2015 年创刊号。
⑤ 刁晏斌:《论全球华语的基础及内涵》,《全球华语(Global Chinese)》2015 年创刊号。
⑥ 李宇明:《大华语:全球华人的共同语》,《语言文字应用》2017 年第 1 期。

下面让我们转向"大华语"的分层。

虽然郭熙、崔乐在华语的定义中采用了中性的"基础"一词,而放弃了早期定义中的"标准"与"核心",但在"大华语"形成与发展的过程中,尤其是在没有人为推动的强力规范标准的情况下,各地华语变体在较为自然的发展环境中,依然要以一个变体为"标准"或者说"核心"。汤志祥曾说:"无论就华语的发源地、代表性、纯粹性、集中性,还是其使用人口、使用范围以及使用程度哪方面看,中国大陆的华语(即华语普通话)无疑是全球华语的主体。"[①]

关于全球华语的分层,较早也最广为人知的是新加坡学者吴英成提出来的。吴英成借用卡奇鲁(Kachru)的语言"三圈模式"对全球华语进行了描述:"根据语言在不同国家和地区习得和传播的方式,以及在居留地的功能域,该模型将语言的使用分为三个同心圈,即内圈、中圈及外圈。"[②]

华语使用的"三圈模式"见图 1-1。

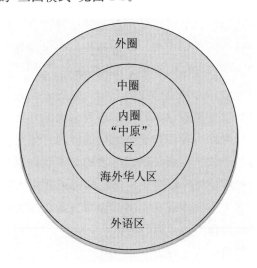

图 1-1 华语使用的"三圈模式"

吴英成指出,内圈指传统的"中原"地区,包括中国大陆与中国台湾地区。内圈的特点是,华语不但是行政、教育、法律、传媒、科技、经济等各领域与正式场合的强势主导语言,同时也是多种方言背景下

---

① 汤志祥:《中国大陆主体华语吸收海外华语词语的层级、类别及其比例的考察》,见李雄溪、田小琳、许子滨主编《海峡两岸现代汉语研究》,香港,香港文化教育出版社,2009。
② 吴英成:《汉语国际传播:新加坡视角》,北京,商务印书馆,2010,第 85 页。

的国家共同语。尽管香港地区在 1997 年回归，但考虑到其复杂的社会语言环境，尤其是当前华语的实际用途，香港地区暂时还不能算作内圈的一部分。

中圈指在不同历史时期由移民所形成的海外华人社群。中圈的特征是多语社会，华语在中圈从最初阶段就开始成为不同背景移民的共通语，之后又通过民办教育得以传承传播。由于各海外华人社群在历史发展、华语教学背景及其同内圈的亲密程度上都不尽相同，因此华语在各个华人社群中扮演的角色、华语使用者对华语的掌握程度也相应地有所不同。中圈的新加坡和马来西亚是高度重视华语教学的国家，华语也是其华人族群的共同语。在新加坡，华语是其四种官方语言之一，其华语教学由政府部门（新加坡教育部）负责，马来西亚的华语教学由当地华人社团（马来西亚华校董事联合会总会）承办。在这两个国家，其华语教学主要侧重于中华文化及中华民族传统价值观的传承，而不仅在语言技能的掌握。美国、欧洲各国、泰国、菲律宾、缅甸及其他地区的华人社区也可以归入中圈，但在这些地区，华语不是所在地的主导语言，华语的使用主要局限于华人家庭和华人社团内部，汉语课程处于主流教育之外，多由私人组织设立的华文学校提供，并在课外时间进行。

外圈是指以华语作为外语学习的非华人地区，其范围包括日韩、北美地区、欧洲各国以及越来越多的将汉语列为大学外语课程的地区。外圈范围的大小可以看作一种语言全球地位的体现，但是该语言的崛起原因还是要到内圈去寻找。内圈是语言传播的大本营，也是语言传播的源头。语言全球化的程度终究取决于内圈的实力能在多大程度上传播到中圈和外圈。这种实力主要体现在军事和经济方面。过去的二三十年，中国经济高速发展，内圈经济实力的增长是全球华语地位提升的关键因素。

本书对华语的研究，主要集中于中圈的马来西亚华语、新加坡华语、菲律宾华语和印尼华语。内圈的现代汉语普通话和"国语"，一则在描写东南亚华语变体时作为基本参照，一则在"大华语"视野下进行跨变体对比时提及。

第二节　华语研究的现状及存在问题

一、华语研究的现状

"大华语"就是"全球华语"；近年来关于"华语"及"大华语"的讨论已

经让"全球华语学"呼之欲出了。刁晏斌就指出,现在已经初步具备了建立
"全球华语学"这样一个新的语言研究分支学科的条件。① 在中国语言学的
立场上而言,"三圈模式"中的中圈华语变体应该是华语的首要研究对象。
下面我们对华语研究现状的综述,就主要围绕中圈中的东南亚地区的华语
变体来谈,因为这个区域的华人由中国移民到此的时间早、数量多,且在
新加坡、马来西亚等国跨方言族群的交际共同语——华语已经形成,并在
社会生活、文化传承与族群认同方面发挥了重要作用。

关于东南亚华语的研究,20 世纪初就陆续有一些关于南洋华语特色
词汇的研究成果发表于当时的报纸上,邱克威②就提到,柯子平于
1925—1926 年就在《叻报》上连载发表《南洋商场习惯语》,收词在一百条
以上,这是目前所见最早收集整理新加坡、马来西亚华语特殊词语的成
果。但作为一个研究课题,以新加坡、马来西亚华语为核心的东南亚华
语变体引起中国大陆与华语区语言学者的频繁关注则始于 20 世纪 80 年
代,早期的研究成果如陈重瑜③、卢绍昌④、易水寒⑤等均是对新加坡华
语的研究。中国大陆学者对海外华语的研究,是伴随着中国与东南亚尤
其是新加坡、马来西亚华人社会之间的接触或学术交流而出现的。著名
语言学家李临定先生、陆俭明先生、邢福义先生、李如龙先生和郭熙先
生都是这样开始其海外华语研究之旅的。

郭熙在《华语研究录》"后记"中如此写道:"2000 年 3 月 10 日,我
第一次踏上槟榔屿熟悉而又陌生的土地。当时万万没有想到,正是这
次马来西亚之行,使我跟'华语'结下了不解之缘。……2002 年,国内
发表了我第一篇关于华语问题的论文《域内外汉语协调刍议》,开始把
汉语研究的视角转向海外。2003 年到暨南大学工作后,我有了更多接
触海外华人社会的机会,使我的华人语言之旅得到了延续。2005 年,
教育部语言文字信息管理司和暨南大学共建了海外华语研究中心,给
我们进行海外华语研究提供了一个很好的平台。此后,我们进一步关
注华语的分布与传播、华语使用的现状与发展趋势、海外华文教学的

① 刁晏斌:《海峡两岸及港澳地区现代汉语差异与融合研究》,北京,商务印书馆,2015,
第 41 页。
② 邱克威:《马新华语词汇研究史上的第一部特有词语词典——许云樵〈南洋华语俚俗辞
典〉评议》,《南洋学报》2016 年第 70 卷。
③ 陈重瑜:《本地华语里声调的问题》,《语文》1981 年第 7 期;陈重瑜:《新加坡华语语法
特征》,《语言研究》1986 年第 1 期。
④ 卢绍昌:《华语论集》,新加坡,1984,自印本。
⑤ 易水寒:《华语中动词重叠的滥用现象》,《联合早报》,1984 年 11 月 17 日。

性质和特点，探讨如何有针对性地开展华文教学等等。2007 年，我们
出版了《华文教学概论》一书，强调了语言观的调整，强调了海外华语
的特点。"

邢福义先生最早关于海外华语的论文是 2005 年发表于《方言》上的
《新加坡华语使用中源方言的潜性影响》一文。在这篇文章的开头部分，
邢福义先生提到了写这篇文章的缘由："2001 年至今，笔者应聘担任新
加坡教育部中小学华文教材的顾问。在审读教材初稿的过程中，发现不
少很有启示性的、也许应该从'源方言'的角度来解释的语言现象。"也正
是由此出发，在与新加坡等地的华人语言学者频繁的学术交流中，邢福
义先生于 2011 年申报并获批了中国国家社科基金重大项目"全球华语语
法研究"。

下面我们将从语音、词汇、语法等几个方面来梳理东南亚华语的研
究现状。

语音方面，东南亚华语深受闽、粤、客等汉语南方方言之影响，虽
然新、马等地的华语以中国标准语的标准为标准，但由于一直以来这种
标准缺乏执行的强制性，且各地或者各方言族群以能够交际为目的，并
不十分强调语音的标准与纯正。所以，各地华语在语音面貌上存在一定
的差异，而这也导致长久以来，人们对东南亚华语语音的研究都停留在
个别的突出特征上，而未见系统之研究。

田惠刚①以新加坡华语为例，指出新加坡华语与现代汉语在语音方
面的区别相当细微，主要表现在儿化音、轻声以及华语的额外声调上。
儿化音方面，华语几乎不使用；很多普通话读轻声的，在新加坡华语中
则不读轻声；所谓华语的除四声之外的额外的声调，就是一些在普通话
中被归入去声的古入声字，在新加坡华语中仍然读入声，如"碧""斥"
"迄""逸"等。

关于新加坡华语在语音上的特点，吴英成指出，新加坡华语在语
音方面不可避免地受南方方言群的影响。② 例如，新加坡华人在学习华
语时经常"zhi、chi、shi"与"zi、ci、si"不分，舌尖鼻音韵尾(-n)与舌根
鼻音韵尾(-ng)相混。吴英成③还重点讨论了田惠刚④所说的额外声调：

①　田惠刚：《海外华语与现代汉语的异同》，《湖北大学学报(哲学社会科学版)》1994 年第
4 期。

②　吴英成：《汉语国际传播：新加坡视角》，北京，商务印书馆，2010，第 2 页。

③　吴英成：《汉语国际传播：新加坡视角》，北京，商务印书馆，2010，第 2 页。

④　田惠刚：《海外华语与现代汉语的异同》，《湖北大学学报(哲学社会科学版)》1994 年
第 4 期。

南方方言都存有短促的入声调，经常把古入声字读成短促下降调，并且有时也带有喉塞韵尾(-ʔ)，也就是所谓的"第五声"；"第五声(the fifth tone)"这个术语是陈重瑜(Chen Chung-Yu)[1]首先提出来的。关于"第五声"的分布、社会制约因素、使用频率及未来，吴英成[2]指出：本土华语"第五声"的读音频率随着年龄的递减而相对地减少，同时也与自我祖籍方言能力评估成正比。年龄愈轻者，把祖籍方言入声字读成本土华语"第五声"的频率也相对偏低，这也正标识着年轻一辈的华人已失去言说或理解其祖籍方言的能力。"语言的香火"已不再传承，祖籍方言终将在新加坡成为有名无实的历史名词，而带有"乡音"的本土华语"第五声"终成绝响。

王茂林[3]运用实验语言学的方法比较了现代汉语普通话与马来西亚华语的单元音的异同。研究指出，马来西亚华语的单元音与普通话比较接近，但仍有一些差异。例如，马来西亚华语的[ɛ]较普通话偏高、偏前；马来西亚华语的[o]，较普通话偏后；[ɤ]的位置比普通话的偏前一些；马来西亚华语舌尖前元音[ɿ]的发音与普通话相同，但因受闽、粤等方言影响，舌尖后元音[ʅ]的发音比较接近舌尖前元音。

华语变体在词汇上的特色在华语的几个层面中是最早被关注并且目前看来取得成果也最为丰硕的一个领域。关于东南亚华语的词汇研究，邱克威指出，"马、新华语词语的特殊性早在20世纪初就已受到关注，尤其是中国地区来的访客；而由本地学者进行的系统收录与辞书编纂也几乎始于同一时期"[4]。除了前文提到的柯子平发表于《叻报》的南洋特色词语辑录，早期的研究还散见于外来访客的"游记"中。邱克威提到，20世纪30年代上海复旦大学社会学系教授梁绍文在其《南洋旅行漫记》中就有记载："华侨称呼'公馆'，和国内称呼的'公馆'，意思完全两样。国内称'公馆'是大住家的别名；华侨称'公馆'，是一种俱乐部的代名词。""上午在市廛办公室内办事，下午到别墅乘凉，他们叫这作'食风'。"[5]20世纪50年代，在马来半岛的太平任教的台湾教

①　Chen, Chung-Yu: A fifth tone in the Mandarin spoken in Singapore, Journal of Chinese Linguistics, 1983, 14, 1.

②　吴英成：《汉语国际传播：新加坡视角》，北京，商务印书馆，2010，第18～19页。

③　王茂林：《普通话与马来西亚华语单元音比较》，《语言研究》2011年第4期。

④　邱克威：《马新华语词汇研究史上的第一部特有词语词典——许云樵〈南洋华语俚俗辞典〉评议》，《南洋学报》2016年第70卷。

⑤　邱克威：《马新华语词汇研究史上的第一部特有词语词典——许云樵〈南洋华语俚俗辞典〉评议》，《南洋学报》2016年第70卷。

师谢冰莹在其出版于 1961 年的《马来亚游记》中有一篇介绍马来西亚侨胞口语的文章。谢冰莹在文章中说："初抵马来亚，有很多听不懂，也听不惯的口语，当着朋友面前，自然不好意思笑，只在心里把这些有趣的材料记下来，慢慢地越记越多，索性写出来贡献给喜欢搜集方言，或者想来马来亚的朋友们做个参考；不过我要声明一点，我所搜集的，只是日常用的一小部分，我打算随时笔录，等到了有很多材料的时候，再把它分类。"

　　第一部颇具规模的词典是出版于 1961 年的《南洋华语俚俗辞典》，作者是许云樵。这是一部关于新、马华语特有词语的词典，即"南洋华语词汇中不见于'标准汉语'之特殊词语的词典"[①]。此后，关于南洋及今东南亚不同华语变体的词汇，成规模或具有一定理论分析的论著主要有汪惠迪[②]、周清海、萧国政[③]、李临定[④]、郭熙[⑤]、刘文辉、宗世海[⑥]、黄华迎[⑦]、黄婉桦[⑧]等。从研究方法上来看，这些研究都是从共时平面上基于普（通话）—华（语）对比来看某一华语变体的词汇特色。李宇明主编的《全球华语词典》[⑨]和《全球华语大词典》[⑩]的出版，是近些年来海外华语特色词语研究的集大成之作。在本书第二章第一节"华语特色词的分类及其意义"中，我们还会针对上述论著做出评述，这里暂不赘述。

　　相较于词汇的研究，人们对东南亚华语语法的研究起步较晚，其主要原因可能是因为语法差异不像词汇差异那么明显，那么丰富。从 20 世

---

① 邱克威：《马新华语词汇研究史上的第一部特有词语词典——许云樵〈南洋华语俚俗辞典〉评议》，《南洋学报》2016 年第 70 卷。

② 汪惠迪：《新加坡特有词语词典》，新加坡，联邦出版社，1999。

③ 周清海、萧国政：《新加坡华语词的词形、词义和词用选择》，《中国语文》1999 年第 4 期。

④ 李临定：《新加坡华语词汇和中国普通话词汇比较》，见周清海编《新加坡华语词汇与语法》，新加坡，玲子传媒私人有限公司，2002。

⑤ 郭熙：《普通话词汇和新马华语词汇的协调与规范问题——兼论域内外汉语词汇协调的原则和方法》，《南京社会科学》2002 年第 12 期。

⑥ 刘文辉、宗世海：《印度尼西亚华语区域词语初探》，《暨南大学华文学院学报》2006 年第 1 期。

⑦ 黄华迎：《马来西亚华语词语研究》，西南大学博士学位论文，2014。

⑧ 黄婉桦：《马来西亚华语和汉语标准语词语差异研究》，暨南大学硕士学位论文，2009。

⑨ 李宇明：《全球华语词典》，北京，商务印书馆，2010。

⑩ 李宇明：《全球华语大词典》，北京，商务印书馆，2016。

纪 80 年代到 21 世纪初，吴英成①、陈重瑜②、周小兵③、林杏光④、陆俭明等⑤、周清海⑥、邢福义⑦等人的研究成果具有代表性。近年来，随着汉语国际推广的蓬勃发展和来华留学生的日益增加，赴国外从事汉语国际推广和来华攻读学位的国内外年轻学子也投入华语语法的研究之中，如陈淑婷⑧、韩爱珍⑨和黄立诗⑩等。

2011 年，由邢福义先生任首席专家的国家社科基金重大项目"全球华语语法研究"资助立项，项目首期计划出版《全球华语语法调查报告》（六卷）。随着项目的进展，围绕境外华语变体的语法现象，邢福义、汪国胜⑪、马毛朋⑫、王彩云⑬、李计伟⑭和李计伟、张梦帆⑮等人陆续发表了一些论文。

祝晓宏的《新加坡华语语法变异研究》⑯是第一部由大陆学者所撰写的关于新加坡华语语法的研究著作。该书基于普一华对比的方法，从词法变异、实词变异、虚词变异、动词谓语句变异、句法格式变异和篇章

① 吴英成：《新加坡华语语法研究》，台湾大学中国文学系学士论文，1986。

② 陈重瑜：《新加坡华语语法特征》，《语言研究》1986 年第 1 期；陈重瑜：《新加坡华语——语法与词汇特征》，见新加坡国立大学华语研究中心编：《华语研究论文集》，1993。

③ 周小兵：《新加坡华语小说的语法特点》，见《双语双方言》，广州，中山大学出版社，1989。

④ 林杏光：《新加坡华语和普通话语法举例比较分析》，《普通话》（香港）1992 年第 1 期；林杏光：《新加坡华语和普通话语法例比》，《词汇语义和计算语言学》，北京，语文出版社，1999。

⑤ 陆俭明、张楚浩、钱萍：《新加坡华语语法的特点》，《南大中华语言文化学报（创刊号）》，新加坡，1996。

⑥ 周清海：《新加坡华语变异概说》，《中国语文》2002 年第 6 期。

⑦ 邢福义：《新加坡华语使用中源方言的潜性影响》，《方言》2005 年第 2 期。

⑧ 陈淑婷：《马来西亚华语口语语气词变异试论》，浙江大学硕士学位论文，2012。

⑨ 韩爱珍：《马来西亚华语和中国现代汉语语法差异现象研究》，山东大学硕士学位论文，2011。

⑩ 黄立诗：《马来西亚华语口语部分特殊语法现象研究》，北京师范大学博士学位论文，2013。

⑪ 邢福义、汪国胜：《全球华语语法研究的基本构想》，《云南师范大学学报（哲学社会科学版）》2012 年第 6 期。

⑫ 马毛朋：《港式中文连词调查报告》，《汉语学报》2012 年第 4 期；马毛朋：《港式中文程度副词简论》，《汉语学报》2014 第 4 期。

⑬ 王彩云：《马来西亚华语介词的变异》，《汉语学报》2015 年第 2 期。

⑭ 李计伟：《基于对比与定量统计的马来西亚华语动词研究》，《汉语学报》2014 第 4 期；李计伟：《基于对比与定量统计的马来西亚华语形容词研究》，《云南师范大学学报（哲学社会科学版）》，2015 年第 1 期。

⑮ 李计伟、张梦帆：《华语动词"相信"的情态功能及其来源》，《全球华语（Global Chinese）》2017 年第 3 卷第 2 期。

⑯ 祝晓宏：《新加坡华语语法变异研究》，北京，世界图书出版公司，2016。

变异等多个角度详细地描写了新加坡华语相较于普通话在语法上的特色。

华语研究方兴未艾，除了上述研究成果，还有一些研究围绕东南亚华语变体的语言资源建设、用词用字的历史与现状展开，如刘华、郭熙①、刘华②、徐新伟③等。

"大华语"或者"全球华语"概念的提出，可以让我们在更为广阔的视域中定位各个华语变体及进行跨变体的对比，很多研究方法和结论是可以由对一个变体的研究推广到对另一个变体的研究的。刁晏斌④等人关于中国台湾地区、香港地区和澳门地区现代汉语研究的论著，在研究内容和研究方法上给我们很多启发，由于东南亚华语是我们研究的立足点，所以关于港澳台现代汉语研究的相关成果，我们这里不再详细论述。

二、华语研究存在的问题

对马来西亚华语研究现状，邱克威⑤有如下评论：领域局限而未见全面开拓，零星论述而缺乏系统阐发，片面浅汲而不作穷尽深入。邱克威⑥又在上述三点的基础上增加了"各自表述而较少交流汇集"。就东南亚华语甚至全球华语的整体研究现状而言，该评论也是中肯的。下面针对词汇和语法的研究来看华语研究存在的问题，主要分方法、视角与理论、研究领域等三个方面来谈。

方法上，综观前述研究，基本上都是以现代汉语普通话为"参照标准"，运用普—华对比的方法来描述其他华语变体的词汇、语法特征，属于静态的对比描写研究。比如，在华语特色词语或特色语法现象的研究上，一般都是清单式的罗列，有时会加上对部分词语或语法现象的简单溯源。我们认为，全球华语词汇语法研究要走向深入，在研究方法上，

---

　　① 刘华、郭熙：《海外华语语言生活状况调查及华语多媒体语言资源库建设》，《语言文字应用》2012 年第 4 期。

　　② 刘华：《东南亚主要华文媒体非通用汉字使用情况调查研究》，《华文教学与研究》2011年第 1 期。

　　③ 徐新伟：《域外字用视角商补通用型语文字典字义三则》，《语言研究》2015 年第 2 期。

　　④ 刁晏斌：《大陆台湾词语的差别及造成原因》，《文史杂志》1994 年第 2 期；刁晏斌：《台湾语言的特点及其与大陆的差异》，《中国语文》1998 年第 5 期；刁晏斌：《从历时的角度看香港汉语书面语的语法特点》，《语文建设通讯》（香港）2007 年第 87 期；刁晏斌：《海峡两岸及港澳地区现代汉语差异与融合研究》，北京，商务印书馆，2015。

　　⑤ 邱克威：《论"华语"与马来西亚华语研究》，《马来西亚华人研究学刊》2013 年第 15 期。

　　⑥ 邱克威：《马来西亚华语研究的设想与实践》，《辽宁师范大学学报（社会科学版）》2017年第 3 期。

除了现在普遍使用的普—华对比研究方法，一方面要引入定量研究，另一方面要借鉴世界英语的跨变体研究的方法。定量研究可以让我们发现、深入认识简单普—华对比所不能发现的一些问题，而借鉴世界英语的跨变体研究的方法，则可以极大地拓展全球华语研究的学术空间。本书第二章主要针对现有研究的不足以及我们对东南亚华语词汇语法现象的观察，并结合世界英语的研究方法，论述华语词汇语法研究的框架与方法问题。

视角与理论上，我们习惯于立足普—华对比，并将普通话视为"不变的标准"，而将华语的特殊语法现象视为变异。如果我们用"观察充分""描写充分"和"解释充分"的"三个充分"原则来审视当前的全球华语词汇和语法研究的话，我们在视角与理论上必须改变目前的状况。

一方面，我们可以将普—华对比作为一个基本的方法，但同时必须引入我们在现代汉语语法研究中常用的"两个三角"理论。这样做，主要原因是，有些华语变体有着特殊的形成过程与复杂的语言环境，只有对其进行多维研究，我们才能实现研究的观察充分和描写充分，并进而为解释充分奠定基础。

另一方面，我们不仅要从"普""方""古"来看"华（语）"，而且应该从"华（语）"来看"普""方""古"。华语所具有的某项词汇语法特征，与现代汉语普通话不同，可能来自方言，也可能来自早期现代汉语或近代汉语，只是我们的现代汉语一百多年来经历了急剧的变化，而其他华语变体没有经历这样的变化。华语这个视角，可以为我们提出一些我们以前未曾留意或者未曾发现的研究问题，而这些问题的解释则牵涉诸多语言学理论，甚或有可能生发新的理论。

本书的第四章主要论述华语研究的视角以及相关语言现象所涉及的理论问题。

研究领域上，目前现有的研究基本上都停留在对华语变体的共时描写上，而极少从共时走向历时，拓展华语变体的研究纵深。在这方面，由于历时材料搜集相对便捷等原因，域外的学者在华语历时文献的整理与研究上，已经走到了前边，比如，徐威雄和邱克威等。这为我们提出了华语变体研究的新领域，而华语历时文献的整理与研究，是对华语变体形成理论进行建构的一项基础工作。本书的第五章将以南洋早期华文文献为例，谈谈华语历时文献的价值及其整理与研究问题。

第三节　本书的写作目的与结构安排

一、本书的写作目的

通过本章的第二节，我们可以看到，全球华语研究已经取得了一定的成绩，"大华语"或者"全球华语"的概念也正在被越来越多的人所接受。但同时我们还应该看到，华语或者说华语研究的性质和意义还没有得到较深入的认识和较普遍的认同，甚至很多人仍然停留在"华语就是普通话"这样的认识上。有鉴于这种现状并结合本人的具体研究，我们将本书的研究目的设定如下：

第一，在现有华语词汇语法研究的基础上，借鉴世界英语研究的相关成果，全面论述华语变体词汇语法研究的框架、方法及理论问题；并在该框架及方法论下，针对特定的词汇语法现象或范畴进行描写、研究示例。

第二，提出华语变体词汇语法特征的研究要在"普—方—古—华"多维视野中进行，华语是我们审视百年来现代汉语变化的一个独特"窗口"。这是由全球华语变体存在、发展的复杂语言环境所决定的，同时也是在"（大）华语"视野下拓展华语研究和现代汉语研究之学术空间所必需的。

第三，尝试运用相关语言学理论对"大华语"视野下所提出的词汇语法问题进行详细描写与理论解释。

二、本书的结构安排

本书的结构安排如下：

第一章为"导言"，介绍华语的定义、华语的研究现状及存在问题，然后介绍本书的研究目的、结构安排，最后说明本书的语料来源及使用问题。

第二章为"华语词汇语法描写的基本框架与方法"，主要是在现有研究的基础上，从华语特色词、华语语法的描写框架、华语词汇语法特征的跨变体研究、华语词汇语法的多样性四个方面，全面论述华语词汇语法研究的描写框架与研究方法问题。

第三章为"华语语法现象的描写与研究"，在语料库的基础上，以马来西亚华语、菲律宾华语以及印尼华语为对象，全面描写动词、副词、代词、句式等范畴的典型特征和特色动词的特殊用法，以及由于语言接触而形成的华语特色，来示例华语词汇语法现象的描写及其方法。

第四章为"华语的研究视角与华语视角"，通过例证论述"两个三角"理论尤其是大三角"普—方—古"在华语词汇语法特征发掘上的价值，同时通过例证证明，华语同样是我们观察百年来现代汉语发展的一个视角；华语视角可以让我们发现更多的语言事实，拓展现有的汉语研究。

第五章为"华语历时文献的整理与研究"，以南洋早期华语文献为例，介绍华语历时文献的基本概况，并选择若干篇章进行整理示例，最后谈及华语历时文献的研究意义。

第四节　本书的语料来源

对于中国大陆学者而言，华语语料的搜集与甄别是一大难题，而这也显然影响了我们在华语研究结论上的可信度与研究推进的速度。

华语是"全世界华人的共同语"，这个定义看起来很简单，但考虑到世界各地不同华人社区的具体情况，问题就变得比较复杂：该华人社区有没有形成超越方言族群的共同语？如果有共同语，该共同语是传承自早期华人移民还是由新移民带来的普通话？该共同语有没有书面语与口语的区分？口语是否达到了成熟的阶段？等等。

陆俭明等在研究新加坡华语时曾针对语料问题说了下面的话："我们选用新加坡华语的书面语作为考察对象就因为考虑到新加坡华语的书面语更具有新加坡华人共同语的代表性。""我们考察了由新加坡作家、学者撰写的华文书籍共110多本，包括小说、戏剧、散文集、游记、学术论文集和中小学华文教材，我们也考察了部分新加坡发行的华文报纸，主要是《联合早报》；此外我们也收听了新加坡电视台第八频道的部分华文节目。以上这些就是我们研究的语料的来源。语料力求具有代表性、普遍性。""新加坡的口语，说句实在话，似乎未达到作为新加坡华人共同语的成熟阶段。所以，如以口语为考察新加坡华语特点的材料就很容易把本不属于新加坡华语的现象看成是新加坡华语的特点。"[1]

本书所依据的语料主要是书面材料，部分口语材料为实地调查所得。在书面材料中，华文媒体语料占据大部分，小部分为小说等文学作品材

---

[1]　陆俭明、张楚浩、钱萍：《新加坡华语语法的特点》，《南大中华语言文化学报（创刊号）》1996。

料。陆俭明①综合采用了各种来源的语料，其中也包括华文报纸语料。其实，对于华文报纸语料，我们也要细加甄别。因为中国之外的华文报纸上所刊载的内容，其来源是复杂多样的：有本地记者所采写的，有直接援引中国大陆、港澳台媒体的，有报社编辑根据其他外文报纸内容翻译而成的，还有很多的报纸雇用中国大陆员工来担任记者和编辑的——这种情况在印尼最为普遍。鉴于上述事实，我们就不能将海外华文媒体直接整体抓取或拷贝来制作语料库，而是要在了解情况的基础上，细加甄别来建设华语语料库。

　　举个例子。暨南大学海外华语研究中心的"东南亚华文媒体语料库"是目前大陆地区可以使用的唯一的大规模华语语料库。该语料库的时间跨度为 2005 年到 2008 年，总共文本数为 343978 个，181799395 字次。东南亚主要华文媒体，指的是东南亚地区的华文报纸、华文新闻网站。有三个国家，即新加坡、马来西亚和泰国，其中新加坡的媒体主要有亚洲新闻网、新动网、《联合早报》；马来西亚的媒体主要有马新社中文网、《光华日报》电子新闻、《独立新闻在线》《韩视新闻中心》《亚洲时报》；泰国的媒体是《世界日报》。由于该语料库采用网页抓取软件整体下载制作而成，所以在语料甄别上存在一些问题。这样的语料库，在检索的基础上细加甄别，对于一般性地定性描写华语变体的面貌是可以的，但是要描写华语词汇语法的多样性并进行定量统计对比，或者进行跨变体对比，就不敷应用了。比如，在马来西亚华语中，"素质"有"质量"的意义，在该语料库的"马来西亚"部分，如果输入"空气素质"，检索到的内容几乎均与马来西亚相关，而输入"空气质量"，大多与"中国""北京"相关。

　　有鉴于上述情况，本书在语料的使用上是比较审慎的。我们自建了两个小规模的语料库，一个是"马来西亚华语语料库（记作 MHYL）"，另一个是"菲律宾华语语料库（记作 FHYL）"，各 300 万字次。MHYL 主要采用马来西亚发行量较大的华文报纸《星洲日报》和《光华日报》的语料，以本地新闻、副刊内容为主，小部分来自马华著名华文作家黎紫书的作品。FHYL 主要采用菲律宾发行量较大的华文报纸《世界日报》和《菲律宾商报》制作而成，内容以本地新闻和当地人撰写的评论为主。本书涉及定量研究的部分主要依靠这两个语料库完成。这两个语料库之外，书中涉

---

　　①　陆俭明、张楚浩、钱萍：《新加坡华语语法的特点》，《南大中华语言文化学报（创刊号）》1996；陆俭明：《新加坡华语语法》，北京，商务印书馆，2018。

及的语料还包括：暨南大学海外华语研究中心的"东南亚华文媒体语料库"、《东南亚华文文学大系·马来西亚卷》(鹭江出版社，1995)、《东南亚华文文学大系·菲律宾卷》(鹭江出版社，2000)、《马华文学大系·戏剧》(彩虹出版有限公司，2004)及一部分实地调查所得的口语材料、华文报刊、文集等材料。

第二章　华语词汇语法描写的基本框架与方法

本章主要是在现有研究的基础上，从华语特色词、华语语法特征描写的基本框架、华语词汇语法特征的跨变体研究、华语词汇语法的多样性四个方面，全面论述华语词汇语法研究的理论框架与研究方法问题。

第一节　华语特色词的分类及其意义

一、问题的提出

描写是进一步研究的基础。对于中国大陆地区以外华语变体的描写，可以有两种方法。第一种就是把某一个华语变体作为一个独立、陌生的系统进行描写，恰如我们对某个民族语、汉语方言所进行的全面描写一样，要描写其整体面貌。例如，非华语使用者如果想了解新加坡华语，就必须采用这种方法；陆俭明的《新加坡华语语法》是采用这一方法的代表作品。

第二种方法是基于普—华对比来描写某个华语变体的特色之处，就是把一个华语变体与现代汉语普通话的不同之处揭示出来；这是当前国内外学者描写华语变体的基本方法，以周清海、萧国政[1]、郭熙[2]、汤志祥[3]、刘文辉、宗世海[4]、黄婉桦[5]、黄华迎[6]和李计伟[7]等人为代表。

就华语词汇的描写与研究而言，近年来取得了可喜的进步。比如，由李宇明教授主编的《全球华语词典》和《全球华语大词典》的出版，就极

---

[1]　周清海、萧国政：《新加坡华语词的词形、词义和词用选择》，《中国语文》1999 年第 4 期。

[2]　郭熙：《普通话词汇和新马华语词汇的协调与规范问题——兼论域内外汉语词汇协调的原则和方法》，《南京社会科学》2002 年第 12 期。

[3]　汤志祥：《论华语区域特有词语》，《语言文字应用》2005 年第 2 期。

[4]　刘文辉、宗世海：《印度尼西亚华语区域词语初探》，《暨南大学华文学院学报》2006 年第 1 期。

[5]　黄婉桦：《马来西亚华语和汉语标准语词语差异研究》，暨南大学硕士学位论文，2009。

[6]　黄华迎：《马来西亚华语词语研究》，西南大学博士学位论文，2014。

[7]　李计伟：《基于对比与定量统计的马来西亚华语动词研究》，《汉语学报》2014 年第 4 期；李计伟：《基于对比与定量统计的马来西亚华语形容词研究》，《云南师范大学学报（哲学社会科学版）》2015 年第 1 期。

大提升了人们对全球不同华语变体词汇面貌的认识。但华语词汇的描写与研究有不同的目的，比如，为编修全球华语词典或国别化的华语词典，为制定海外华文水平测试的"华语标准"①，为认识华语变体的词汇系统及其与现代汉语词汇系统的差异等。研究目的不同，我们观察研究对象的侧重点亦应有所变化。

　　华语词汇描写研究的重点对象是什么？很多人可能都会说是"华语特色词"。但到底什么是"华语特色词"，却并不容易回答。比如，《全球华语词典》在"前言"中说"尽可能记录各地有特色的词语和词义"，在"凡例"中却说"主要收录 20 世纪 80 年代以来各华人社区常见的特有词语"。很明显，"有特色的词语和词义"与"各华人社区常见的特有词语"之间并不能画上等号，特有词语应该是特色词语的一个子集。到了《全球华语大词典》，收词范围有所扩大；主编李宇明在该词典的"序"中说："《全球华语大词典》是《全球华语词典》的升级版。《全球华语词典》主要收录具有各华语社区特色的语文词，视点在异，录异以求通。《全球华语大词典》进一步搜罗特色词并再行甄别，……并收录华人社会的共用词，还酌收一些文化词。"可见，"华语特色词"是这两部词典收词的核心和主体。

　　对"华语特色词"的判定，一方面受制于我们对华语变体的认识程度，另一方面取决于我们的研究目的。"华语特色词"是一个上位概念，其下还可以依据具体特色分为不同的次类；关于各个次类的划分标准及其命名，各家是有较大分歧的。比如，周清海、萧国政②将新加坡华语词语与现代汉语普通话的差异主要分为"词的意义相同，词形选择不同""词形相同，义项选用不同""词形词义相同，色彩和用法不同"三类；郭熙③从普—华对比与域内外华语协调的角度，将新加坡华语和马来西亚华语的特色词分为"名称相异而所指相同""名称相同而所指不同""名称和所指相同，色彩和用法不同""各自特有词语或流行语"四类；汤志祥④则将"华语区域特有词语"分为"特义异形异音""同义异形异音""近义异形异音"三类。这些分类，几乎每一个小类的命名都涉及几项标准，不易理解，同时也导致命名不够简洁。

---

　　① 王汉卫、黄海峰、杨万兵：《华文水平测试的总体设计》，《华文教学与研究》2013 年第 4 期。

　　② 周清海、萧国政：《新加坡华语词的词形、词义和词用选择》，《中国语文》1999 年第 4 期。

　　③ 郭熙：《普通话词汇和新马华语词汇的协调与规范问题——兼论域内外汉语词汇协调的原则和方法》，《南京社会科学》2002 年第 12 期。

　　④ 汤志祥：《论华语区域特有词语》，《语言文字应用》2005 年第 2 期。

本节基于对马来西亚华语的研究，尝试将华语的特色词分为如下四类：(1)词项特色词；(2)义位特色词；(3)搭配特色词；(4)频率特色词。希望这一分类能深化我们对中国之外的华语变体与现代汉语普通话词汇系统差异的认识，为进一步完善《全球华语词典》和《全球华语大词典》提供一些参考。本节注明出处的语料来自《东南亚华文文学大系·马来西亚卷》(10本)，未注明出处的用例则来自暨南大学海外华语研究中心"东南亚华文媒体语料库"的"马来西亚部分"和我们自建的"马来西亚华语语料库(MHYL)"。

二、华语的"词项特色词"

词项(word item)就是某个语言或语言变体的词库中的一个项目。所以，所谓华语的"词项特色词"，就是基于与现代汉语普通话的对比，为某华语变体所独有而现代汉语普通话没有的词语。一个词项，包含词音、词形和词义三个方面，只要有一个方面与现代汉语普通话有别(其中词音指声、韵、调有重大差异；词义指该词的所有义位，而不是某个义位有别)，就应该认定其为"词项特色词"。比如，体貌助词"了(le)"，在马来西亚华语和新加坡华语中很多时候都被读为"liǎo"，从语音上讲，与普通话有重大差异，应该被认定为"词项特色词"，《全球华语词典》和《全球华语大词典》应该收录。

我们从来源的角度，把马来西亚华语的"词项特色词"分为外来词、方言词、文言词与社区词等几类，下面分别来看。

(一)来自外来词的"词项特色词"

在马来西亚华语中，有为数不少的源自马来语、英语等语言的借词，比较常用的有："甘榜(村庄，马来语 kampung 的音译)""巴冷(一种刀，马来语 baleng 的音译，有时候直接说'巴冷'，更常见的是加上类名说'巴冷刀')""巴刹(菜市、集市，马来语 pasar 的音译)""罗里(卡车，英语 lorry 的音译，有时候也被译作'罗厘')""杯葛(抵制，英语 boycott 的音译)""巴仙(百分比，荷兰语 percent、英语 percent、马来语 persen 的音译)""依格(英亩，马来语 ekar 的音译，ekar 来自英语的 acre)"等。例如，

(1)由于禽流感在甘榜居民后院饲养的鸡群中散播，而非商业养鸡场，无法一举灭鸡，为灭鸡行动增添了一定的难度。

(2)卡巴星曾经问他，为甚么华人习惯守在自己的生活圈子里，不进入其他种族的生活，不进入马来人的甘榜？

（3）他知道事情非同小可了，刚满从船舱中找出了一把"巴冷"，一边加大了力气，把船划得更快一点。（马汉《渔村纪事》）

（4）他说，被击毙的劫匪是30余岁的本地华男，持有3瓶汽油和一把巴冷刀。

（5）每天早上，当地的妇女和小孩会到巴刹买菜，渔夫收工后则到附近的咖啡店喝茶。

（6）他透露，吉兰丹每天共有5万只肉鸡被在巴刹售卖。

（7）负责驾驶休旅车的司机席尔瓦指出，车子撞上前方行驶的罗里时，所有人都在睡梦中，只有他和兰卡巴星清醒。

（8）我们的生意做得大，三架罗里也不够用，加上载黄梨常要塞车。（马崙《黄梨成熟时》）

（9）当马来社会已经不再相信主流媒体，甚至杯葛第三电视、《马来西亚前锋报》等媒体时，华社竟然阻止不了马华公会收购南洋报业控股。

（10）如果当局在5月学校假期前仍无法修正失误的内容，董总将展开"正确历史（正史）运动"，号召全国杯葛使用四年级历史课本。

（11）只是，马币脱钩至今，币值一直在狭窄的一两巴仙之间波动，近期印尼盾狂贬，甚至引发了马币贬值的可能。

（12）渔村里的华裔居民占了90巴仙，多数源自于福建及潮州籍贯。

（13）政府虽表明在乡村的地契更新费，一依格是马币两百元，但部长并没有清楚说明郊区和乡区的差别。

（14）该大厦占地4.09依格，于2010年4月12日动工，2012年12月17日竣工，并于2013年1月15日正式交给关税局官员。

（二）来自方言词的"词项特色词"

李如龙[①]曾指出，海外华人在外定居，但他们带走的母语是中国东南部的汉语方言，在东南亚各地，闽、粤方言早期也是强势方言，词汇进入华语比较方便，但同时又缺乏严格规范，就使得海外华语的汉语方言词较多。在马来西亚华语中，来自闽、粤方言的词为数不少。如"头家""间中""出街""标青"等。也有来自吴方言的词语。如"窝心"。具体例子如下：

（15）郑云城也是评论人，他非议说，上述文章暴露了典型的马华公会"头家政治"心态，一定要有个人利益，才会站出来做事，所以也认定别人也是如此。

---

① 李如龙：《海外汉语方言研究的新视野》，《辞书研究》2013年第1期。

(16)老板娘索性把瓶子捉在手里晃：头家，黑色的酱料不全是豆油，这是醋，中国乌醋！

(17)风帆并没有停下脚步。秋宁听到的是他沉重脚步的回音。间中仿佛是隔了千山万水。（李忆莙《困境》）

(18)该外劳于一周前因胸部疼痛，间中拿了3次病假，他于两天前进入新山中央医院治疗，过后病逝。

(19)虽然已是老夫老妻，但两人还是保持着牵手的动作，不管是出街还是在家里看电视。

(20)这则专访出街后，国内各语文报纸纷纷转载，其中一家英文报如此报道："新上市交易所将派发马币8亿6000万元股息予股东。"

(21)这是一个非常严重的迷思，因为并非所有学生都能够在学术成绩上考获标青的成绩。

(22)原棕油是马来西亚表现标青的领域。

(23)他们说，虽然当年逼迁事件让他们失去至亲，但事后尤其是出殡当天居民对他们的情义和雪中送炭，让他们倍感窝心，屋子最终拆了，但还是选择居住在发林。

(24)走在乔治市街道上，看到很多友善市民，热情地为外地人士指点迷津，那是一件很窝心的事。

例(15)和例(16)中的"头家"来自闽语，意为"老板"。例(17)—(22)中的"间中""出街""标青"均来自粤语。"间中"为名词，其意义为"其间""其中"；"出街"就是"上街""面市"；"标青"是形容词，意为"出色""出类拔萃"；源自吴语的"窝心"意为"贴心""感到温暖"。

（三）来自文言词的"词项特色词"

由于马来西亚华语发展、形成的历史比较长，在其发展、形成的过程中，从早期现代汉语乃至近代汉语中吸收了一部分词语，而这些词语在今天的现代汉语普通话中已不再使用或者极少使用，从普—华对比的角度而言，我们可以将之归为"文言词"；这样的词语有"学额""献议""泰半""杪"等。例如，

(25)她说，新山宽柔五小发生两百名家长漏夜排队为孩子抢学额的事件，反映了华小不足的严重性。

(26)2011年入学年起，马大中文系的收生学额每年仅15人，扣除每年几乎都出现临阵退缩的"逃兵"，近3年来都只有13至15名中文系本科生。

(27)他们于是献议我出任政治部人员一职，只需将马大华文学会的

事务记录下来，交给政治部人员，他们每月会给我二百元薪酬。

（28）如果巫统接受组织联合政府的<u>献议</u>，那么伊党可能开出条件，巫统会先征求国阵成员党的意见吗？

（29）泰半马来人族群仍然贫富悬殊，处在赤贫水平。

（30）那些卖了一两代人的小贩，年年月月捧出的面食和糕粿，<u>泰半</u>不靠供应商供货，而是自家生产制造。

（31）当局将在隔离观察两只熊猫约 1 个月后，由首相纳吉于 6 月<u>杪</u>为位于国家动物园的熊猫馆主持开幕礼。

（32）副首相丹斯里慕尤丁说，政府将于年<u>杪</u>前探讨豁免中国、印度、巴基斯坦、孟加拉和斯里兰卡等国一次入境的签证费，以化解大马在应对两宗空难和掳绑游客所带来的冲击，放眼在明年能够取得 890 亿令吉的旅游收入。

例（25）和例（26）中的"学额"，科举时代指每次考试录取的府县学生的名额，在马来西亚华语中，其意义类似现今中国大陆常说的"（中小学）学位""招收名额"；该词在民国时期的汉语中尚有使用。例（27）和例（28）中的"献议"，义同"建议"，民国时期的汉语中常用。例（29）和例（30）中的"泰半"就是"大半""大部分"；这个词在汉语史上出现很早，如《汉书》："至于始皇，遂并天下，内兴功作，外攘夷狄，收泰半之赋，发闾左之戍。"唐代颜师古注曰："泰半，三分取其二。"该词在民国时期的汉语中有用。上述三个词语，《现代汉语词典》（第 7 版）均未收录。例（31）和例（32）中的"杪"，用在"年""月"或四季之后，表示"末尾"，今天的现代汉语普通话已极少使用，《现代汉语词典》（第 7 版）将之标注为"书面语"，该词在民国时期的汉语中比较常用。

（四）来自社区词的"词项特色词"

关于"社区词"，田小琳说："社区词是社会区域词的简称，它和文言词、方言词、外来词一起，构成现代汉语词汇一般词语的重要来源和组成部分。""社区词则别开生面地叫我们看到，使用汉语的不同社会区域，还流通着反映该社会区域的社会形态的一批词语，包括反映该社区的政治、经济、文化等形态的词语。"[①]马来西亚华语的社区词如"图测（规划图）""组屋（政府建造的居民住宅）""娘惹（土生的女性华人）""终站（终点站）""准证（许可证）""东协（东盟）""积犯（惯犯）""波道（频道）""滑鼠（鼠标）""电眼（电子眼）""交通圈（交通环岛）"等。参考如下几个用例：

---

① 田小琳：《香港社区词研究》，《语言科学》2004 年第 3 期。

（33）他也表示，工程局不会因大城堡居民反对，而修改相关高路的建造结构图测。

（34）一旦图测获得县议会批准，便可公开招标。

（35）发生路霸撞死华妇命案的钻宝庄 7G 组屋，在过去一直受到泊车位严缺问题的困扰。

（36）趁巡逻队人员在提水救火时，他就在另一座组屋纵火，使到巡逻队人员疲于奔命，也让当地居民提心吊胆。

（37）幸亏昨天，在他第四次的考试大关上，他居然"过关"了，领到了一张准证。（马汉《平安夜》）

（38）只有持有准证的支持者才获准进入提名站范围内，至于无准证的人士则须听从警方指示，逗留在警方所规定的各政党支持者阵营的范围里。

（39）当马来西亚人再度来到未来的十字路口，华裔朝野政治，似乎又绕回 18 年前的交通圈。

（40）他指出，这项全程长 4 公里的工程是从武吉丁雅交通圈至柔府水闸，工程包括兴建双行道高架公路及平地双行大道。

三、华语的"义位特色词"

"义位"就是词义的基本单位。"义位是词义的构成单位，是语义中能够独立运用的最小单位。有的词只有一个义位，为单义词；有的词有两个或两个以上义位，为多义词。"①一般说来，进入词典，一个义位就是一个义项。某一个词，现代汉语普通话和某个华语变体都有，但该华语变体却具有现代汉语普通话所没有的义位，这样的词，我们称之为"义位特色词"。下面以"素质""报效""操作""投入""离开""夜""慢""浓""把"为例来说明问题。

在现代汉语中，名词"素质"有三个义位，一是"事物本来的性质"，二是"素养"，三是"心理学上指人的神经系统和感觉上的先天的特点"，其中以第二个为常用。在马来西亚华语中，这些意义也有使用，但更常用的是其另外一个义位，可以解释为"质量""品质"，这一点与新加坡华语相同。例如，

（41）对普腾而言实在是难堪的决定，也是进一步反映出，普腾的产品素质实在有待改善。

---

① 苏宝荣：《词义研究与辞书释义》，北京，商务印书馆，2000，第 186 页。

(42)全马各地区的空气<u>素质</u>正常，不过，印尼及马来西亚的林火热点剧增。

(43)只是在九十年代的中国生活<u>素质</u>还没现在好，中国人也还不流行收藏书画，许多名家画作就这样被海外收藏家买走。

(44)你来这里可以欣赏高<u>素质</u>的演出，还给予一班表演艺术人员实际的支持，何乐而不为？

动词"报效"，在现代汉语中只有一个意义，就是"为报答对方的恩情而为对方尽力"。这一意义在马来西亚华语中偶有使用，但更常用的是"提供""捐赠"这一义位。例如，

(45)我们放一个大架子，放菜呀、米呀、油呀、盐呀、米粉呀，都是村民们<u>报效</u>。

(46)这名善心人士答应捐献一块位于士毛月的土地，及<u>报效</u>一间价值超过一亿元的中医学院。

(47)峇冬加里大屠杀收尸人黄天来(74岁)指出，当年年仅8岁的他在事发10天后，随着爸爸及其他15名老前辈一同前往案发地点收尸，以罗里载送尸体至乌鲁音，再由家属辨认及第三者<u>报效</u>棺木。

(48)巴生光华国中筹建综合楼和提升讲堂筹款晚宴获得热烈反应，原本已<u>报效</u>120桌的辉煌大酒楼将"加码"至130桌，<u>报效</u>当晚全场的餐席。

动词"操作"在现代汉语中指"按照一定的程序和技术要求进行活动或工作"，在马来西亚华语中，由这一意义的"操作"所组成的"电脑操作""操作规程""操作方法"等均有使用，但在马来西亚华语中，"操作"的含义很宽泛，有诸多独特的搭配。从普—华对比的角度而言，我们可以根据这些不同的搭配，分别给"操作"概括出不同的更加具体的意义来。例如，

(49)因此教总促请教育部继续聘请临教以填补有关的空缺，以免影响华小的正常<u>操作</u>。

(50)中央政府即时宣布丹州实施宵禁，但于事无补，州政府陷入瘫痪，不能<u>操作</u>。

(51)提及仙本那再次发生掳人案，是否意味着沙巴东部特别保安指挥区<u>操作</u>失败，他给予否认。

(52)另外，马六甲阿弥陀佛洗肾中心更因缺乏经费，而于2010年9月停止<u>操作</u>。

(53)CK滑机油经销公司董事主席郑自宽披露，公司搬来新厂投入<u>操作</u>至今已一年半，期间共遭遇两次劫案和一次偷窃案。

(54)分析师指出，马航保留操作的国内航线比预期更多，共达 19 个，这使它成为整个航线重组计划中的赢家之一。

(55)据说就快退休了，但这时他脑筋的操作，却迅速得很："不会是优等吧？"(驼铃《焚》)

(56)我随着家人逃难到山芭里去，整天在田芭里操作，更是无缘读书。(马汉《过江泥菩萨》)

上述用例中的"操作"，例(49)—(51)可以解释为"(机构的)运行"，例(52)—(54)可以解释为"(公司、机构的)运营"，例(55)可以解释为"运转"，例(56)则可以解释为"劳作"。

根据《现代汉语词典》(第 7 版)，"投入"具有名词、动词、形容词三种词性，四个义项。在马来西亚华语中，除此以外，还有一个动词意义"加入(某个机构、团体、行业等)"。例如，

(57)现年 30 岁的法蒂玛自 1996 年投入警队，当时为辅警，2005 年被调到特别行动部队。

(58)青年团长黄顺荣，也呼吁更多人多参与该会活动，投入该大家庭。

(59)参与及投入华人社团的，真的是剩下"有心人"了，差别在于有的人致力于社会工作，有的人则处心积虑纠缠于权位争夺。

(60)换句话说，接下来这几年全国每年将只有不超过 30 位中学华文教师投入杏坛。

动词"离开"，在现代汉语中只有一个意义，就是"跟人、物或地方分开"，但是在马来西亚华语中，还有一个动词意义，相当于"距离""离"，用于两个处所或两个时间点之间表示二者之间的空间距离或时间距离。例如，

(61)警方还派出一架直升机在空中盘旋，监视状况，直升机一度低飞至离开地面 300 公尺与 400 公尺之间的距离，直升机低飞造成的强风把示威人群的衣物掀起。

(62)加上其他在野党，总数将是 57 席，离开否决国阵三分之二国会议席，还有 16 席之多。

(63)目前，离开 2006 年新学年开学日期只剩下区区两个多月的时间，但是教育部迄今尚未对华小四年级数理教学方案作出明确的宣布。

(64)原本这个离开第 12 届大选不远的补选，更何况战场设在马华公会的堡垒区内，在野党理当效仿"孔融让梨"的精神。

现代汉语中，"夜"是个名词，但在马来西亚华语中，"夜"还具有形容词用法，义为"（夜）深、（夜里时间）晚"。例如，

（65）真对不起，这么夜还把你吵醒。（李忆君《痴男》）

（66）过去，她一个人在怡保那里，我们都非常的担忧，一直叮嘱她要特别小心，不要太夜打烊，不熟的顾客可以不要做，岂知，竟然还是会遭遇如此不幸！

形容词"慢"在现代汉语中的意义与"快"相对，表示"速度低；走路、做事等费的时间长"，而在马来西亚华语中，除此义以外，"慢"还具有"晚""迟"的意思，并且较为常用。例如，

（67）易言之，虽然少年安华出身学生运动，但论年龄却比纳吉慢了12年从政。

（68）就是说黄梨厂吃不完黄梨，载去也无法下车，慢几天再砍。（马崙《黄梨成熟时》）

（69）这就是为甚么，在过去十几年里，很多外国汽车厂都转往起步较慢，但相对比较开放的泰国投资设厂，使泰国赢得了"亚洲底特律"的美誉。

（70）可惜起步太慢，不然早就是殿堂级数的达人。

"浓"是现代汉语很常用的一个形容词，它有三个义项，分别是：与"淡"相对、颜色"深"和"（程度）深"，分别可以有"浓茶""浓绿""兴趣很浓"等搭配，而在马来西亚华语中，除了这三个义项之外，还有一个新的意义，即表示"（机会的可能性）大、高"。例如，

（71）是的，听说我升级的机会很浓，但是事情还没有尘埃落定，谁也不敢肯定。（朵拉《胜利者》）

（72）消息说，三名副主席人选中，前三名候选人中选的机会最浓。

根据《现代汉语词典》（第7版），量词"把"一共有五个用法：①用于有把手或能用手抓起的器具，如一把刀；②用于一手抓起的数量，如一把米；③用于某些抽象的事物，如一把年纪；④用于手的动作，如拉他一把；⑤用于动作、事情的次数，如过把瘾。这些搭配，在马来西亚华语中均有使用，但除此以外，量词"把"在马来西亚华语中可以计量"嘴"与"声音"。例如，

（73）人民公正党鹅麦区国会议员阿兹敏阿里也插一把嘴："国会成为巴刹，因为我们有来自林茂的巴刹主席！"

（74）在巫统代表大会第二天，代表口中难得地出现了一把自省的声音。

四、华语的"搭配特色词"

所谓华语"搭配特色词",是指现代汉语普通话和某个华语变体都有,并且在理性意义或者说概念意义上基本没有差异,但它们在该华语变体中却具有现代汉语普通话所没有的搭配。词语搭配不同,基于它们所形成的语言面貌不同,要想深入认识华语变体与现代汉语的差异,"搭配特色词"必须被纳入描写与研究视野。需要指出的是,词语的褒贬色彩不同,形成的搭配也不一样。周清海、萧国政①曾指出,"遣送"在普通话中是有贬义的,但是在新加坡华语中却是中性的;由于色彩不同而造成的搭配差异,也可以归入我们这里所说的"搭配特色词"。

下面以马来西亚华语的"课题""收藏""帮忙""灵光""优越""丰盛""圆满""间""粒"来说明问题。

在现代汉语中,"课题"的意思是"研究或讨论的主要问题或亟待解决的重大事项",但在具体的搭配方面,"课题"主要与科研或严肃而重大的问题相关,但是在马来西亚华语中,"课题"很少与科研相关,面临或亟待解决的事项、问题都可以叫"课题",在问题的"重大"程度上有所减弱。例如,

(75)因此,我们可以看到马来西亚执政当局在处理汽油涨价课题时,也特别谨慎。

(76)他认为,目前情况很混乱,对马航未来首脑人选的课题,他也不愿置评,因为目前的情势似乎不再是纯粹的商业决策而已。

(77)卡立强调,他不会因为水荒问题而辞职。"人民所要看到的是专业化的解决问题,而非政治化这个课题。"

(78)或许只有当我们不再把个人性取向当作攻击对手的工具,不再把同性恋课题当成隐讳时,才是真正的不歧视同性恋,才真正是一个尊重他人自由选择的宽容社会所应有的态度。

动词"收藏",在现代汉语普通话中的意义是"收集保藏",充当其宾语的主要是"文物""艺术品"等具有重要价值的东西,这样的搭配在马来西亚华语中也有,但除此以外,马来西亚华语的"收藏"还有很多现代汉语普通话所没有的搭配。例如,

(79)第二,一般相信用在死者身上的炸药属于 C4 级炸药,而这个新

---

① 周清海、萧国政:《新加坡华语词的词形、词义和词用选择》,《中国语文》1999 年第 4 期。

产炸药一般<u>收藏</u>严密，究竟如何会掉入相关警员的手中？

（80）占米说，他每晚午夜 12 时就会把当天的录影带<u>收藏</u>在他办公室的台架上。

（81）他指出，经过调查后，那两名男子带领执法单位至他们被捕附近的一间货仓，起获共 6000 公升<u>收藏</u>在大油槽的柴油。

（82）警方因此推断死者即是当时遭人肢解，然后被<u>收藏</u>在雪柜内。

"帮忙"在现代汉语普通话中是一个不及物动词，如果涉及所帮对象，或以"帮×一个忙"这种离合词形式出现，或用介词"给"引介所帮对象而置于"帮忙"之前。但是在马来西亚华语中，"帮忙"却是一个及物动词，在具有离合用法的同时，也可以像汉语普通话的"帮"和"帮助"那样直接带宾语。例如，

（83）身为家中长子，我小时候还得不时<u>帮忙</u>父亲载送鸡蛋到市区的商店。

（84）如果你不要<u>帮忙</u>我们，就直接告诉我们，那就算了。

形容词"灵光"，《现代汉语词典》（第 7 版）的解释是："〈方〉好；效果好。"在现代汉语普通话中，"灵光"通常与"头脑"搭配，而在马来西亚华语中，"灵光"还通常与"语言"搭配。例如，

（85）一名来自吉打州居林区的年老代表陈楚江，由于马来语不<u>灵光</u>，只能以生硬的马来语发言。

（86）表示不分种族，不分语言才是人民公正党的斗争方向，其中就有马来人代表在演讲中大秀<u>灵光</u>的华语，表示掌握多一种语言，就多了竞争能力，赢得现场出席者掌声鼓励。

形容词"优越"，《现代汉语词典》（第 7 版）的解释是"优胜""优良"。在现代汉语中，"优越"常与"条件""地位""地理位置""地理环境"以及类词缀"感""性"搭配，这些在马来西亚华语中也很常见。但是"优越"在马来西亚华语中还有很多组配是现代汉语所没有的。例如，

（87）汉达和利道安从中一到中三都由于成绩<u>优越</u>而被编在同一班上课。（碧澄《牵》）

（88）该国总统于今日会晤首相拿督斯里阿都拉后，宣布提供 6 名大马<u>优越</u>生至其国进修的奖学金作为答谢。

（89）另一方面，一名来自吉打州的马来考生在所报考的 22 项科目中，竟然考获 20 科 1A 及 2 科 2A 的全 A 佳绩，<u>优越</u>表现创下历年之冠。

（90）沙菲说，为了把大马打造成为教育<u>优越</u>的国家，政府将会在马来西亚第 9 计划下，在吉兰丹、丁加奴及雪兰莪各设立 1 间工艺学院。

（91）将高教学府提升成为卓越中心的措施已经被鉴定为一个建立优越研究大学的重要课题和需求。

（92）以公正原则为基础，继续推动学生斗争议程，加强学生的优越素质和团结力量，谋取学生权力和为社会贡献，共同建立一个民主，自由和公正的校园。

（93）为了打造一个拥有国际地位的高等学府，更为国家培育更多优越的人才，朝野政党应该携手合作，一起商讨对策来回应高教部将在九月国会会期提呈的修订案。

（94）不过仍然无法招回身处在外的人才，也没有办法吸引优越的外国公民前来我国工作。

（95）用更优越的政策压倒国阵，民心自然归顺，一举两得，这不是比"幽灵议员"、"916执政"更务实更可靠吗？

（96）首相是在国内安全部秘书长丹斯里阿都阿兹尤索夫在这里出席部门的优越服务颁奖礼上，提到有关婚礼的进行时间时，纠正了他的说法。

形容词"丰盛"意为"丰富（指物质方面）"，在现代汉语中，主要搭配"物产""饭菜"等，但在马来西亚华语中，还有一些特殊的搭配。例如，

（97）各族人民都将因为学好华文而受惠，让华文教育发展的结果为国家带来丰盛的经济效益。

（98）一旦回教党身上的羽毛丰盛后，他们就会带来很大的祸害。

"圆满"在现代汉语中的常见搭配是"圆满的答复""圆满地解决""圆满结束""解决圆满"，表示"没有欠缺，让人满意"，而在马来西亚华语中，这些搭配均有使用，除此以外，"圆满"还可以直接修饰表示时段的时间短语。例如，

（99）前副首相安华被革职圆满六年的那一天，终于赢回了个人的人身自由与尊严。

（100）目前距离第2000天只剩下175天，"慈祥、中庸、温和"的阿都拉上台圆满两年两个月，他为什么连重开一所校舍结构稳固、设备齐全的白小都那么困难？

在现代汉语中，个体量词"间"主要用于计量房屋的最小单位，如"一间教室""一间卧室""三间门面"等。在马来西亚华语中，除了这些搭配之外，量词"间"还可以用于计量"学校""公司""银行""医院""别墅"等非单间性的机构或建筑。

（101）我不担忧因为我们还是位处世界首200名大学，而且这也是第

一次<u>一间大马大学</u>能够在人文科挤入世界首 50 名，及在社会科学挤入世界首 100 名以内。

（102）上述两所学校尚有数十个空学额，现在八打灵再也地区家长都可以把学生送到区内任何<u>一间华小</u>学就读。

（103）花 2 亿 4300 万元建可容纳 650 名囚犯的监狱，相等于为每一名囚犯花 38 万元，这笔钱足以在古晋建<u>一间别墅</u>。

（104）其实，公司股票超过面值，只能说明这是<u>一间有盈利的公司</u>。

（105）这是缺乏专才和经验下无法良好管理<u>一间银行</u>的典型例子。

（106）黄家泉在上届大选向华都牙也选民发出的发展选区承诺，包括设立<u>一间华都牙也人民医院</u>，以及拨款马币 50 万元兴建九洞民众会堂等大型计划，到目前都没有实现。

在现代汉语中，个体量词"粒"一般用于计量形体较小的圆形或块状事物，如"一粒米""一粒药丸""一粒子弹"等，而在马来西亚华语中，除了这些搭配，量词"粒"还可以用于"球""榴梿""柚子""黄梨""苹果"等形体较大的事物。例如，

（107）相信曾经领导槟州马华 3 年有余的陈广才有最深刻的体会，如今交棒于廖仲莱，等于把<u>一粒热山芋</u>转手。

（108）政治恶斗排第一的马来西亚，则像<u>一粒笨重的热气球</u>般，等着各种问题慢慢从通胀和经济衰退中浮现了，非要痛到不行了，才急着求医。

（109）他发表声明说，年初接受身体检查，到四月证实右颈有<u>一粒恶性肿瘤</u>后，立即戒酒，并接受多次化疗及电疗。

（110）这是本地榴梿，一公斤 5 令吉，挑的<u>一粒</u>是 9 令吉，谁料小贩剖开后，她用手沾了一点品尝，觉得榴梿口味不合心意，就走开不买。

五、华语的"频率特色词"

要全面认识其他华语变体与现代汉语的区别，除了"有无"这个问题之外，还应该关注"多寡"的问题。所谓"有无"，就是哪些词汇语法现象是某个华语变体所有而现代汉语普通话没有的。比如，前边提到的"词项特色词""义位特色词""搭配特色词"都是在描写华语变体所有而现代汉语没有的东西。所谓"多寡"，就是要关注其他华语变体与现代汉语普通话在某个词汇项目或语法项目上使用频率的差异。比如，在现代汉语中常用的"五讲四美""双规"等数字缩略现象在中国大陆地区之外的华语变体中就极少使用，同样，有很多的词语，在一些华语变体中很常用，而在现代汉语普通话中较少使用；这种差异，也是我们认识全球华语面貌所

不能忽视的。我们将其他华语变体常用而现代汉语不常用或少用的词语称为华语的"频率特色词"。

时间名词"当儿"。"当儿"在现代汉语中多用于口语，相当于"时候"。汉语普通话中的"在……的当儿""当……的当儿""……的当儿"等格式，在马来西亚华语中也有使用，且其使用频率远高于普通话。如上述格式在暨南大学"东南亚华文媒体语料库"之"马来西亚部分"（记为 HWMM，约 1 亿字次）就有 409 条用例，而在北京大学 CCL 现代汉语语料库（记为 CCLX，约 3 亿字次）中，有 410 条用例；即现代汉语以 3 倍于马来西亚华语的语料规模，才有与之相当的使用频率。例如，

（111）我常在他输血的<u>当儿</u>，坐在幽黯的角落自言自语。（李忆莙《红颜》）

（112）半岛的天空被烟霾笼罩的<u>当儿</u>，马来西亚的经济看来也要明年方能放晴。

（113）但是要做到这点却是相当困难的，除非负债去支撑，不然在通货膨胀的<u>当儿</u>，政府难免要调高各种收费以应付日渐增加的开销。

（114）在庆祝 57 岁的诞辰<u>当儿</u>，我们只能祈祷，会有越来越多的各民族年轻人胸怀民主开放，愿意跨越种族的藩篱，共享国家的财富。

动词"恋栈"可以解释为"留恋"。在 CCLX 中，共有 26 条用例，如："恋栈北京的士兵，则不可能成为未来的元帅！"说明该词在汉语普通话中有使用。但在 HWMM 中，"恋栈"则有 109 条用例，该词在马来西亚华语中的使用频率远高于现代汉语普通话。例如，

（115）那些<u>恋栈</u>政府高职的马华公会高层，更不会轻言放弃难得的升官机会。

（116）纳吉指出，国阵并不<u>恋栈</u>权位，相反的，国阵希望我国人民继续投选国阵政府，是出自对国阵的信任。

动词"撙节"为"节约""节省"之义，多用于书面语。在 HWMM 中，"撙节"有用例 195 条，而在 CCLX 中仅有 12 条，可见该词在马来西亚华语中远比在现代汉语普通话中常用。例如，

（117）槟州首席部长林冠英在槟州行政议会后表示，为了<u>撙节</u>开支，槟州政府决定暂缓购买供议员们，还有议长使用的手提电脑和打印机。

（118）正当各州政府和中央政府在这个艰难时期采取各项<u>撙节</u>措施之际，登嘉楼州政府竟动用巨额，购买 14 辆马赛地豪华房车充当官车。

在现代汉语中，文言词"予"多与"给""赋""交"等动词构成双音组合"给予""赋予""交予"使用，偶尔有"V＋NP1＋予＋NP2"（如"送画予

人")、"予人＋NP"（如"予人无限的想象空间"）的格式出现，用例亦非常之少。而在马来西亚华语中，"予"的这两种格式出现得非常频繁；从使用数量上看，我们以"予人"为检索对象，在 CCLX 的前 50 条用例中，仅有 1 例"予人＋NP"双宾语结构，而在 HWMM 中，前 50 条中竟有 17 条之多。这表明在马来西亚华语中，"予"远比现代汉语活跃。来看"V＋NP1＋予＋NP2"与"予人＋NP"这两个格式的用例：

（119）南洋报业控股曾于 2003 年 10 月份，发出一批红股予股东。

（120）她也提呈死者家属的受害影响报告予法庭，指死者家属在此案发生后，心中存有阴影及担心，不敢出外，希望法庭给予合理判决。

（121）警察部队自然比其他公共服务部门更易予人纪律败坏的印象。

（122）彭茂燊赞扬彭丽媛为人诚恳，完全不会傲慢，全程微笑示人，予人亲切的感观。

形容词"熟络"在现代汉语中也有使用，如在 CCLX 中就有 21 条用例，但是《现代汉语词典》（第 7 版）并未收录。而在 HWMM 中，"熟络"有 48 条用例，远远多于现代汉语。"熟络"义同"熟悉"。例如，

（123）这时刘先生就献计表示自己与移民厅内部人员非常熟络，并且愿意帮助小毛脱离牢狱之苦。

（124）我不会看中文，但我与拉杭区甘榜遮档的居民都很熟络，那天去买东西，华裔阿嫂突然问我怎么会出现在报章上，而且还骂阿鲁姆甘，我觉得很奇怪。

形容词"淡静"义近"平静"，该词在 CCLX 中也有 24 条用例，《现代汉语词典》（第 7 版）没有收录。在 HWMM 中，"淡静"有 320 例之多，表明该词在马来西亚华语中远较普通话常用。例如，

（125）巫统党选话题一度淡静下来，最近却因妇女组署理主席宣布挑战老树盘根的现任主席拉菲达而再次成为媒体热话。

（126）大马股市今早开市在淡静的交投下呈上扬趋势，市场焦点落在特定建筑股项。

需要指出的是，有些词语可能会兼属上述四种分类中的两类。例如，"当儿"，我们这里将它归入了"频率特色词"，其实它在今天新加坡华语、马来西亚华语中的一些搭配也是现代汉语普通话所没有的。比如，前文例（114）的"在庆祝 57 岁的诞辰当儿"，如果不顾语体差异，在普通话中一定要在"当儿"前加个"的"，但在马来西亚华语中，很多时候不需要这个"的"；再如，"因为在经济不景气及民怨高涨当儿，政府应该会发送更多的支持，以重振经济"。

六、结论：华语特色词分类的意义

我们依据对马来西亚华语词汇的描写，将华语特色词分为四类：词项特色词、义位特色词、搭配特色词和频率特色词。除"频率特色词"之外的前三类特色词，可以涵盖当前关于全球华语特色（有）词语研究上所提出的各式名目，并且显得简单明了。华语词汇的描写研究有不同的目的。目的不同，我们对四类"华语特色词"的取舍与处理就不同。

如果为了编纂《全球华语词典》或《全球华语大词典》之类的辞书，"词项特色词"毫无疑问是首先要考虑并且必须要收录的；"甘榜""头家"要收，"德士"要收，体貌助词"了（liǎo）"也要收。"义位特色词"要不要收录，则存在读者对象与编纂技术上的考量。如果收，就要考虑现代汉语与其他华语变体都有的义位要不要收录这个问题；收，对中国读者而言，显得烦琐，对词典本身而言，则会增加容量；不收，则可能会让读者误认为某个义位特色词在某华语变体中仅具有特色义位的意义。2010 年出版的《全球华语词典》对"义位特色词"偶有收录，采用的处理方法是仅收特色义位。例如，"美"，注释说："质量好；新鲜；味美。"而没有收录"美"在现代汉语普通话中常用的"美丽""得意"等义位。前文提到的"报效"，《全球华语词典》没有收录，如果在修订《全球华语词典》时仅仅收录其"提供""捐赠"这一特色义位，那么很有可能留给读者这样的疑问：现代汉语常用的"为报答对方的恩情而为对方尽力"这一意义在马来西亚华语中有没有呢？有鉴于此，我们认为不妨采用"互见"的方式加以说明。比如，在"报效"词条下，首先解释其特色义位，然后说明其他意义同现代汉语，如有条件，最好说明特色义位与共有义位的使用频率。比如，在马来西亚华语中，"提供""捐赠"这一义位的使用频率就远高于现代汉语常用的"为报答对方的恩情而为对方尽力"这一义位。

"搭配特色词"由于没有产生新的义位，所以，编修《全球华语词典》《全球华语大词典》等辞书可以不必考虑，但这一类现象却应该为华文教学与华文水平测试所重视。对于华文教学，搭配特色词的意义在于对华裔留学生学习过程中搭配偏误的分析。对于华文水平测试，搭配特色词是制定等级标准的一个重要参照点。王汉卫等人①说，华文水平测试需要结合华语研究，以典型华裔为常模对汉语母语者标准进行调校，最终

---

① 王汉卫、黄海峰、杨万兵：《华文水平测试的总体设计》，《华文教学与研究》2013 年第 4 期。

得到"华语标准"。比如，形容词"优越"修饰"成绩""表现"等，在东南亚各华语变体中就比较普遍，"帮忙"带宾语在东南亚各华语变体中均较为常用，应该成为制定"华语标准"可参考的一点。

"频率特色词"的提出提醒我们，研究现代汉语普通话与其他华语变体的差异，除了"有无"问题，还应该关注"多寡"问题。这也符合功能语言学的"以用为基观(a usage-based perspective)"①，重视频率在语言变化以及呈现语言面貌中的作用，同时也是认识全球华语变体之间差异的一个观察点。比如，我们常说，马来西亚华语和新加坡华语具有较深渊源且表面看来差异不大，但就在"搏节"这个词的使用频率上，二者表现出了极大的差异，同样的语料规模(暨南大学海外华语研究中心东南亚华文媒体语料库的马来西亚部分和新加坡部分)，"搏节"在马来西亚华语中有195 条用例，而在新加坡华语中仅有 2 条。

与较为成熟的英语世界变体的描写与研究相比，我们对全球华语变体的研究才刚刚起步。本节以马来西亚华语词汇为例，对特色词提出了一个全新的分类方法，以期推进、深化我们对华语变体词汇面貌的认识，更大程度地拓展全球华语变体词汇研究的学术空间。

第二节　华语语法特征描写的基本框架

一、问题的提出

作为一种全球化的语言，英语在世界各地的变体已经得到非常全面的描写与研究。如《世界英语手册》(*The Handbook of World Englishes*)②序言的第一句话就是："人们这样问是可以理解的：'为什么又是一本材料型的书?'"这句话告诉我们，关于英语变体的描写性书籍已经多到了让人"审美疲劳"的地步。此外，隶属于"国际世界英语协会(IAWE)"、创刊于 1981 年的《世界英语》(*World Englishes*)杂志至今已有四十多年的历史，其创刊主编之一就是提出世界英语"三圈模式"的卡奇鲁。

相形之下，我们对正在成为一种世界强势语言乃至全球性语言的汉

---

① 　Joan Bybee：Language，Usage and Cognition. New York，Cambridge University Press，2010.

② 　Braj B. Kachru，Yamuna Kachru and Cecil L. Nelson：The Handbook of World Englishes，Oxford，Blackwell Publishing Ltd. ，2006.

语的全球变体的描写与研究成果却还不多见。可喜的是，近年来我们对中国大陆地区之外华语变体的关注越来越多，由刁晏斌和李嵬共同主编的《全球华语》(*Global Chinese*)也于 2015 年创刊出版。

在全球华语研究越来越为更多的学者关注的今天，我们有必要梳理、总结并借鉴世界英语变体描写与研究的方法、经验，为方兴未艾的全球华语变体研究提供一些参考，以期对全球的华语变体展开较为全面的研究，拓展华语研究的学术空间。

下面我们将首先介绍《英语变体手册》(*A Handbook of Varieties of English*)的研究框架与内容，然后以其为借鉴，结合马来西亚华语呈现华语语法特征描写的基本框架。

二、世界英语变体特征描写的基本框架

《英语变体手册》由 Bernd Kortmann 和 Edgar W. Schneider 等共同主编，共分两卷。卷一是语音(phonology)，卷二是形态(morphology)和句法(syntax)。该书由 Mouton de Gruyter 出版社于 2004 年出版。

该书的"总序"指出，该书重在对英语变体的结构进行详细描写，要呈现世界范围内英语变体在语音和语法上的突出特征；然后要在变体描写的基础上，进行跨变体的对比研究。本小节将主要介绍其描写框架，跨变体的对比研究方法将放在本章的第三节进行。

该书一共涵盖 60 种英语变体，其中包括在一些国家作为标准语的英语变体、区域变体、种族变体、社会变体、接触变体(皮钦语和克里奥尔语)以及英语作为第二语言的变体。这些变体分布在四大区域(four regional parts)：不列颠群岛(the British Isles)，美洲与加勒比(the Americas and the Caribbean)，太平洋和澳洲(the Pacific and Australasia)，非洲、南亚和东南亚(Africa，South and Southeast Asia)。这四大区域的划分，除了变体的数量、变体之间的关系等语言学标准之外，还受到研究的客观条件等因素的制约。比如，该地区是否有对所讨论问题的文献积累，是否有这方面的研究者，等等。除了上述四大区域内英语变体的描写之外，在每一卷的最后，都有一个"概览(synopses)"。"概览"分两类，一类是区域概览，即四大区域，每个区域由主编总结该区域内英语变体最典型的特征；另一类是"总览(general synopses)"，从全球视角概述英语变体在语音和语法上的最值得关注的特征及发展趋势。

从研究方法上讲，《英语变体手册》对每一个英语变体的描写，采用的是将世界各地英语的非标准变体(non-standard varieties of English)与

标准英语(standard English)对比的方法，主要是定性的描写(qualitative perspective)。

不同变体之间的差异可能是不同的，但为了保证变体之间具有一定程度的可比性，该书确定了一些每一个变体都要调查的核心话题。

语音部分的问题如下：

——音位系统

——一些音位的语音实现与配列分布

——正在运行的特殊的音系过程(phonological processes)

——词汇分布

——韵律特征(重音、节奏)

——语调模式

——基于词汇集合的考察，或一段文章的朗读，或一个自由谈话样本

形态和句法部分的主要话题有：

——时、体、情态系统

——助动词

——否定

——关系化(relativization)

——补足语(complementation)

——其他从属现象(尤其是副词性从属)

——一致关系

——名词短语结构

——代词系统

——语序(和信息结构，尤其是焦点/话题化构式)

——形态模式的突出特征

具体到每一个不同的变体，其描写重点与具体描写对象又有所变化。下面以苏格兰英语(Scottish English)和马来西亚英语(Malaysian English)的形态与句法描写为例加以说明。

苏格兰英语对形态句法的描写分为形态、句法连接(syntactic linkage)、句法、小句构式(clause constructions)、篇章组织(organization of discourse)五个部分，并附有 90 小时对话的录音材料。

在形态方面，苏格兰英语主要描写了如下几个方面：①不规则动词。如动词 see 的过去式，在标准英语中是 saw，但是在苏格兰英语中是 seen。②名词复数形式。如 leaf 的复数形式在苏格兰英语中是 leafs。③代词。如类推 yourself 而来的 hisself 和 theirselves。④指示形容词

（demonstrative adjectives）。如 thae 就是标准英语的 those。⑤副词。如标准英语的形容词在苏格兰英语中被用作副词，如道路施工的标识上写着"drive slow（慢点开）"和"drive quick"，slow 和 quick 就用为副词。

句法连接方面主要关注：①数一致关系（number agreement）。如复数主语通常使用 is 或 was 单数系动词。②单位词短语（measure phrases）。如"二"以上的数字加单位词构成的数量短语，单位词通常用单数形式，如"five mile long（五英里长）""two foot high（两英尺高）"。

句法主要对如下几个方面进行了描写：①否定。苏格兰英语中，动词可以直接使用独立的否定词 no 和 not 来否定，如 She's no leaving 和 She's not leaving。②情态动词（modal verbs）。在苏格兰英语中，情态动词能够连用，如 She might can get away early。③时和体。在标准英语中，状态动词（stative verbs）不能用于进行时，但是在苏格兰英语中，一些状态动词是可以这样使用的，如 He's not understanding a single thing you say。④疑问（interrogatives）。在标准英语中使用 why 的，在苏格兰英语中通常用 how，如 How did you not apply? ⑤定冠词和领属代词。如 the day 的意思是 today；the now 的意思是 now。⑥比较（comparatives）。苏格兰英语常在 more than 和后续小句之间插入 what，如 more than what you'd think actually。⑦反身代词。标准英语中使用 me 或 I 的地方，苏格兰英语常使用 myself，如 Myself and Andy changed and ran onto the pitch。⑧介词和副词。苏格兰英语介词 outside 之后常常跟着 of，如 Outside of the school。

小句构式方面，主要描写：①小句结构与功能。在苏格兰英语中有一种未经整合的小句结构，如 Everyone knows Helen Liddell how hard she works，在标准英语中，这句话应该是：Everyone knows how hard Helen Liddell works。②关系小句。不用 whose，而用 that 加属格代词的方式，如 the girl that her eighteenth birthday was on that day was stoned, couldnae stand up 中的 that her eighteenth birthday，在标准英语中应该是 whose eighteenth birthday。③补足语小句。在苏格兰英语中，一些动词和形容词既可以后加不定式，也可以加动名词形式，如 It's difficult to know/knowing how to start this letter。④状语从句（adverbial clauses）。在苏格兰英语中，条件和时间从句倾向于跟在主句之后。⑤非限定主句或状语性从句。

篇章组织方面主要关注话题、分裂句以及焦点信息的表达手段等。如在苏格兰英语中，分裂句常常没有补足语标记词，如 It was Jimmy

Brown was the fireman。

马来西亚英语对形态句法的描写主要包含如下几个方面：名词短语结构、动词短语结构、小句结构变异、其他句法变异特征和词汇(lexis)。

名词短语方面，主要描写：①冠词省略(article ellipsis)。抽象名词之前的冠词常常省略，如 Main reason for their performance……②代词照应的一致关系。在马来西亚英语中，有生名词一般有单复数区分，但是无生名词就无。如 Those books are very informative. It can be obtained at Dillon's。后句用"It"照应前边的"Those books"。③个体化(individuation)，就是标准英语的不可数名词在马来西亚英语中被当作可数的，如 How many staffs are on medical leave?

动词短语方面，主要描写：①时态与时间距离(tense and temporal distance)。例如，在马来西亚英语中，受马来语影响，过去的事件被认为是先于时间指示中心的，"过去"可以根据"远(remoteness)"的程度分为三种：临近的过去(immediate past)、近时的过去(recent past)和遥远的过去(remote past)。与此三种"过去"相对应的马来西亚英语的表达分别为 I ate/was rice this morning、I have eaten/have been eating rice yesterday、I had eaten/had been eating rice last month；而标准英语对"过去"的"远"的程度并无明显区分。②情态动词。马来西亚英语受马来语情态动词义域的影响，某些情态动词的义域与标准英语不同，如 will 表示临近的将来(immediate futurity)，而 would 表示较远的将来(distant/remote futurity)。③进行体中的静态动词(stative verbs in the progressive)。She is owning two luxury apartments，这是受马来语对应动词的用法影响所致。

小句结构变异方面，主要关注：①wh-疑问句中动词与主语没有换位。如 What we have here? She is doing what? ②附加式 yes-no 问句。如 She can sing, yes or not? You are hungry, or not? 这是受马来语影响所致。③疑问附加语"can or not"。如 I want to come, can or not? They must submit the forms tomorrow, can or not? ④没有换位的 yes-no 问句。如 They were fat or thin? They eat rice or noodles? ⑤句首副词句动词不换位，如 Never he was so delighted。

其他句法变异特征还有：①代词拷贝。如 My brother, he is an engineer。②代词省略。如 She wrote the letter but forgot to post。③副词的位置。如 They must admit immediately to the offence。

词汇方面主要关注底层语言(马来语)对马来西亚英语的影响以及马

来西亚人对英语词语的引申使用等。底层影响方面，比如，很多马来语词语被借入了马来西亚英语，典型的如："kampung（village，即'甘榜'）""bumiputra（son of the soil，patriot）"等。马来人对英语词语的引申使用方面，"cut"是一个典型的例子。在马来西亚英语中，cut 的语义范围明显地被扩张了，如"I tried to cut him but he was driving too fast"，其中的"cut"意为"超（车）"。

通过上面的例子，我们可以看到，英语变体语法方面的描写涉及了形态、句法、篇章，甚至还牵涉到了词汇，其基本方法是将英语变体与标准英语相对比。

三、马来西亚华语语法特征描写的基本框架

毫无疑问，对于在语言类型上跟英语很不相同的华语来说，英语变体形态句法的描写框架与重点需要做出适当调整。下面我们将基于对马来西亚华语的研究，提供一个华语变体语法描写的基本框架。需要说明的是，这里重在展示华语变体语法描写的框架，故此处的叙述不求面面俱到，举例亦尽量从简；描写方法是普—华对比。

马来西亚华语语法的描写可以从词法、句法、篇章三个方面展开。

首先，说词法。马来西亚华语词法的特征，可以分单纯词和合成词两个角度进行描写。

（一）单纯词

一是一些在现代汉语普通话中不能独立成词或独立使用受限的语素，在马来西亚华语中是可以独立使用的。例如，"衣""颈""步""肖"在普通话中不能单说，但是在马来西亚华语中可以独立使用。例如，

（1）你搬来跟我们一起住，不要来住也不要紧，每天到我车衣间来看我的衣有没有车错，日子会容易过。

（2）我肖虎，他肖龙。①（调查所得）

二是马来西亚华语有一些现代汉语普通话所没有或与普通话形同义异的特色"叠音词"。例如，"在在（处处）""公公（爷爷，亦可指外公）""婆婆（奶奶）"等。

"在在"只能做状语，在马来西亚华语中较为常用，现代汉语普通话已不用，但《现代汉语词典》（第 7 版）有收录，释义为"处处"，并注明为书面语。例如，

---

① 意思是：我属虎，他属龙。

(3)事实上，根据教育部的统计，有高达百分之九十五的华裔家长把孩子送到华小受教育，这<u>在在</u>说明了华裔子弟对华小的实际需求。

三是马来西亚华语有一些现代汉语普通话所没有的特色音译外来词，如"巴仙""甘榜""巴冷""依格"等。

(4)政府虽表明在乡村的地契更新费，一<u>依格</u>是马币两百元，但部长并没有清楚说明郊区和乡区的差别。

四是受多语环境影响，字母词的使用明显比现代汉语多，并且存在大量的英语、马来语词句直接进入华语的语码夹杂现象。

(二)合成词

第一，在派生构词上，马来西亚华语有现代汉语普通话所无的特色(类)词缀及"前缀＋词根""词根＋词缀"词语。例如，

(5)不过那个帅<u>佬</u>啊，讲又要买栋楼给我。

(6)该公司首席<u>执行员</u>法立利朱安在记者会后对《独立新闻在线》透露，华裔听众群对该公司而言非常重要。

(7)今年六月份，马来西亚<u>消费人</u>物价指数(Consumer Price Index)曾达 3.2%，是自 1999 年以来最高的水平。

(8)西华古玛说，女儿看见车内共有 5 人，其中两名华裔及一名马来人，<u>有者</u>蒙着脸，吓得她不知所措。

例(5)的类词缀"佬"，在普通话中是没有的。例(6)的"执行员"则类似于现代汉语中的"执行官"，多与"首席""企业""公司"搭配。例(7)中的"消费人"即现代汉语的"消费者"。例(8)的"有者"相当于现代汉语的"有的人"。

第二，在马来西亚华语中，有一些常用的缩略词是汉语普通话所没有或极少使用的。名词方面，常见的有："热话(热门话题)""卡债(信用卡债务)""昨午(昨天下午)""隔房(隔壁房间)""购兴(购买商品的兴趣)""级任(班级主任)"等。动词方面，常见的有："维生(维持生活)""交托(交予托付)""受委(受委任、被委任)""收生(招收学生)"等。形容词方面，比较常见的是"廉宜(廉价便宜)""隔邻(隔壁的、邻近的)"等。例如，

(9)巫统党选话题一度淡静下来，最近却因妇女组署理主席宣布挑战老树盘根的现任主席拉菲达而再次成为媒体<u>热话</u>。

(10)许多中年和乐龄马来人都以油棕园工作<u>维生</u>，不少年轻人则在外谋生。

第三，复合构词方面，马来西亚华语与现代汉语普通话的差异主要有两点：一是马来西亚华语在联合式复合词中共存少数异序词，如"颈项/项颈""素质/质素""承顶/顶承"等；二是偏正结构以外，受马来语影

响，马来西亚华语还有个别"正偏"结构的词语，如"咖啡乌""茶乌"等。例如，

(11)虽然说城市<u>生活素质</u>和水平比较高，森林生活却不是一般城市人可以想象到的。

(12)一般 7 个月大的孩子，每日大概需要 12 至 14 小时睡眠时间，这孩子在每晚 9 小时的睡眠中醒来五六次，每次半小时计，就没了二三小时睡眠了了，而且<u>质素</u>也不好。

(13)现年 26 岁的吴巧诗，因为婆婆爱煮咖啡的原故，从小就喝惯本地<u>咖啡乌</u>①。

其次，在句法层面，我们将从词类、短语、句式、特殊语序等四个方面进行描写。

（一）马来西亚华语的词类

名词方面，马来西亚华语的特色主要表现为：一是有为数不少的源自马来语或其他语言的音译借词；二是马来西亚华语存在大量的由华语语素构成的颇具特色的普通名词，这些名词或来自传统"国语"，或来自粤语、闽语等汉语南方方言，甚或在当地华人社区独特的社会环境中为当地华人所创造；三是方位名词"间中"和时间名词"当儿"使用频繁；四是某些名词活用为形容词，可以受程度副词修饰。例如，

(14)卡巴星曾经问他，为甚么华人习惯守在自己的生活圈子里，不进入其他种族的生活，不进入马来人的<u>甘榜</u>？

(15)五块钱绝没有问题，而且是心甘情愿的，不会有<u>手尾</u>。（碧澄《病》）

(16)黄丽盈来自贫苦家庭，现年 59 岁的父亲是一名退休小贩，60 岁的母亲则是一名工厂女工，将于年<u>杪</u>退休，一家三口过去靠着微薄收入过活。

(17)他也表示，工程局不会因大城堡居民反对，而修改相关高路的建造结构<u>图测</u>。

(18)在进行专访时，即使以华语为主，<u>间中</u>还是参了一些英语。

(19)但是要做到这点却是相当困难的，除非负债去支撑，不然在通货膨涨的<u>当儿</u>，政府难免要调高各种收费以应付日渐增加的开销。

(20)讲歪理你最<u>本事</u>。（爱薇《两代亲酬》）

---

① 汪惠迪提到，新加坡人把不加奶的咖啡叫作"咖啡乌"（kopi o）。kopi 是 coffee 的马来话音译，o 是闽南话和潮州话的"黑"。因马来语定语后置于中心语，故此。笔者按：kopi 也译作"羔呸"，早期华文文献译作"羔丕"。

例(14)中的"甘榜"意为"村子""村庄",是马来语 kampung 的音译词。例(15)中的"手尾"在粤语和潮汕话中均有使用,意义是"有待善后、收尾的工作"。例(16)的"杪"是个文言词,意义是"末尾",在马来西亚华语中较为常用。例(17)的"图测"义同现代汉语的"规划图"。例(18)中的"间中"意为"中间",是个方位名词。例(19)中的"当儿"义同"时候",在现代汉语中多用于口语,而马来西亚华语,书面语中使用非常频繁。

动词方面,马来西亚华语的特色主要表现为:一是使用一些汉语南方方言动词——方言特色动词及方言中保留的古语动词;二是有在当地华人社区独特的社会环境中为当地华人所创造或受当地语言影响而产生的特色动词;三是有些动词的语法性质、意义、搭配与现代汉语普通话不同。例如,

(21)所以,一般金钻行通常只制造小件且符合大众口味的首饰,由珠宝设计者天马行空的创作反而不受落。

(22)也是槟州首长林冠英于今早提出附加问题,质问诸莫哈末为何在全球牵起经济危机时,竟允许马来亚银行以多出市价的一倍收购印尼国际银行多达 55.6 巴仙股权,并因此而招来 40 亿令吉的损失。

(23)要不然,起你百分之一百的租金,你也只好连夜思量搬家。(碧澄《迷茫》)

(24)他说,涉及违规范围的包括割车,双线割车,使用紧急通道,插队,闯红灯等,这些都可以造成车祸,因此将面对罚款高达 300 令吉。

(25)便辞去工厂工作,帮忙阿根守档口。(孟沙《遗爱》)

上面例(21)中的"受落"和例(23)中的"起"均为粤语的特色动词,"受落"就是"受欢迎""被接纳","起"就是"涨(价)";"起"的"上涨"义,在近代汉语中已有使用。"牵起"在现代汉语中是一个词组,一般搭配是"牵起手",而在马来西亚华语中,"牵起"除了这一短语用法之外,还有一个义同现代汉语"引起"的动词用法。例(24)的"割车"就是"超车",在马来语中,动词 memotong 对应于英语的 cut 和华语的"割",但 memotong 在马来语中有 memotong jalan(割车)①的搭配,华语的"割车"即受此影响。例(25)中的"帮忙"可以直接带宾语,是个及物动词,从语法性质上讲,与普通话不同。

形容词方面,马来西亚华语的特色主要表现为:一是马来西亚华语

---

① jalan 是"路"的意思,所以 memotong jalan 的直译是"割路";马来西亚华语说"割车",而在印尼华语中,尤其是年龄稍大的华人的华语中,memotong jalan 则被说成"割路"。

有一些现代汉语普通话没有的形容词或形容词的特殊义位；二是有些形容词现代汉语虽然也有使用，且意义基本相同，但是其组配范围却不同；三是马来西亚华语性质形容词重叠之后具有多重句法功能。例如，

（26）倘使年青人也有此种思想，确是可悲，希望这是有心人的煽动和策划使然，否则可真<u>糟透</u>。

（27）提起孩子，秀莲姐的脸上马上展露出母爱的光辉，两女一子都是大学高材生，如今都事业有成，现在连外孙女学业成绩也<u>标青</u>，让她深感光荣和自豪。

（28）李万千指出，以《当今大马》英文版的推出年份为准，原生中文网络媒体的诞生，足足<u>慢</u>了六年。

（29）各族人民都将因为学好华文而受惠，让华文教育发展的结果为国家带来<u>丰盛</u>的经济效益。

（30）像我这种半残废的人，即使钱<u>多多</u>又怎样？（爱薇《两代亲酬》）

（31）我不管，全部给我站<u>好好</u>，我要一个一个搜。（调查所得）

例（26）的"糟透"在现代汉语中是动补结构的短语，常后跟语气词"了"组成"糟透了"出现于口语中。在马来西亚华语中，"糟透"除了现代汉语中的这一用法之外，还可以独立做定语、谓语，并受程度副词"真""更加""最"的修饰，从其分布来看，应该定性为性质形容词。例（27）的"标青"源自粤语，意义为"出色""出类拔萃"。例（28）的"慢"是现代汉语所没有的一个意义，与现代汉语的"（时间）晚""（时间）迟"基本相当。例（29）中的"丰盛"修饰"经济效益"，是现代汉语普通话所没有的特殊搭配。例（30）和例（31）中，形容词的重叠形式"多多"和"好好"分别直接做谓语和补语。

数词方面，马来西亚华语的特色主要体现在：一是位数词"万"，在口语中很多时候说成"十千"；二是在百分数的表达上，马来西亚华语大多数情况下都使用 percent 的音译词"巴仙"，"百分之 X"就说"X（个）巴仙"；三是有一些偏文言的数字表达，常见的如"泰半""廿""卅"。例如，

（32）每个月（你给）<u>三十千</u>，包你赚<u>四十千</u>。

（33）信任？说实在的，我到现在顶多才信任你<u>二十巴仙</u>而已。（马汉《前夜》）

（34）巫统元老丹斯里卡立阿末承认，国阵及巫统失去<u>泰半</u>以上议席，是有原因的，但他不方便去作出批评。

量词方面，马来西亚华语的特色之处主要体现在两个方面：一是有一些汉语普通话所没有的量词；二是量词的组配范围与普通话不同。

例如，

　　(35)我父亲三四十依格的胶园都没有好好地以现代工商管理法来管理，我本来就想回去了。(陈政欣《有原则的人》)

　　(36)不愿再劳烦家人，他去到城里新开张的寿司店，叫了一客牛肉丼。

　　(37)在《南洋商报》，每位记者都有一架专用电脑；我从来不觉得记者一人有一架电脑写稿有什么特别之处。

　　(38)他发表声明说，年初接受身体检查，到四月证实右颈有一粒恶性肿瘤后，立即戒酒，并接受多次化疗及电疗。

　　例(35)中的"依格"和例(36)中的"客"都是普通话中没有的量词。"依格"是马来语 ekar 的音译，而 ekar 来自英语的 acre，指英亩；"一客牛肉丼"就是"一位客人食用的牛肉丼"，该量词在上海话、苏州话等吴方言中常用。量词"架""粒"普通话常用，但是这些例子中的名量搭配却是普通话所没有的。

　　代词方面，除了"这样"口语中多读为"酱"以外，马来西亚华语的特色之处主要是：一是"本身"的用法。根据《现代汉语词典》(第 7 版)，"本身"是"指示代词"，主要用作指代，但是在马来西亚华语中，"本身"还有强调用法和同指用法，分别见例(39)和例(40)。二是口语中疑问代词"几""几多"常用。例如，

　　(39)每天出门以前，他妻子总给他准备好早餐，然后是一盒饭、一盒餸和一壶水，作为他的午餐。而她本身也准备好一份到工厂去。(碧澄《扫不尽的枯残》)

　　(40)许子根在宣布他挑战郭洙镇时，不忘强调本身是俯顺许多基层以及州联委会的强烈要求，才竞选署理主席。

　　(41)"负责人都问我几岁，听到我的年龄之后就没有下文了。"她说，应征的公司都只问年龄而不顾其丰富的工作经验。

　　区别词方面，马来西亚华语有"官联""官式""客卿"等几个现代汉语普通话所没有的词语。例如，

　　(42)从 2014 年 1 月 1 日起，大马私人界的最低退休年龄提高至 60 岁的新措施全面生效，包括官联公司、跨国企业和中小企业。

　　(43)除此，5 名曾当部长的前领袖，在国家元首今年官式华诞齐封丹斯里勋衔，真是喜气盈门。

　　(44)学成后返回家乡槟城理科大学教育系学院担任讲师及副院长。1981 年也曾在美国史丹佛大学出任客卿院士。

副词方面，马来西亚华语的特色之处主要体现在：一是表程度高时常用"太过"，表示最高程度的"极之"也偶尔使用，"极之"相当于现代汉语普通话的"极其"；二是在范围副词方面，由"单"和"只"复合而成的"单只"常用；三是表示未然的时间上的连贯关系时用副词"才"而极少用"再"。例如，

（45）这主要是因为有几所华小校舍太过陈旧，不适合继续采用而需要大批款项来进行维修工作。

（46）因此，我们认为你出席马来西亚人权委员会在 9 月 9 日召开的"2005 年人权日会议"是极之不当的。

（47）虽然甲州动物园将全面提升，若管理者心态不改变，单只改善了硬件，动物的福利和安全还是令人担心。

（48）林玉唐说："先让我们跟华基党商量，会谈后才说，好吗？"

关于例（48）中的这种以"才"充"再"现象，新加坡华语也有，邢福义①指出这是海外华语受闽方言的潜性影响所致。

介词方面，马来西亚华语有如下特点：一是与"通过"同义的"透过"较为常用；二是框式介词"在……来说"分别对应现代汉语普通话的"对……来说"和"从……来说"；三是介词"向""对"所构成的介词短语能与一些动词构成现代汉语普通话所没有的搭配；四是介词"打从""自"的使用频率远高于现代汉语普通话。例如，

（49）分析员几乎一致认为马航只有透过改革，才可能在困境中走出一条生路，而让马航"破产再重生"，是其中一个选项。

（50）在她来说，对忠汉那份牵挂，竟是难以言喻地缠据着她的整个胸臆。（曾沛《抉择》）

（51）最重要是工钱不要交给她，每个月到号我会来学校向你拿。（马汉《亚娇》）

（52）想到这里，她恍恍惚惚地好像看到她那死去了的丈夫，正站在面前向她勉励，向她安慰。（云里风《望子成龙》）

（53）亚民，你对功课到底准备得怎样？（云里风《望子成龙》）

（54）此外，对儿童或是青少年而言，玩具更可以训练他们的想象力，他指出，这是必须打从孩子生活经验基础上积累起来的。

连词方面，马来西亚华语的特色有：一是现代汉语普通话常用"和"的地方，马来西亚华语常用"与"，即"与"的使用频率远高于现代汉语的"和"；二是副词"又"可以连接现代汉语中需要使用"又……又……"

---

① 邢福义：《新加坡华语使用中源方言的潜性影响》，《方言》2005 年第 2 期。

"既……又……"结构连接的成分，功能上如同一个连词。例如，

(55)加上店里有许多孩子在走动，使成人彷彿走进时光隧道，身历其境般勾起儿时记忆，这样神奇的感觉不会使人沉闷，<u>大人与小孩</u>光临多少遍也不会腻呀！

(56)从面试到被录取，无国界医生都把关森严，要测试大家的应变能力和心理素质，我是到菲律宾马尼拉面试的，知道获录取时，真的很<u>兴奋又期待</u>。

助词方面，马来西亚华语突出的主要有如下两点：一是在表示某种动作产生的状态时，动词后用"住"而不用"着"；二是在动词后表示结果时，多用"到"而少用"得"。

(57)你被卷进一床闷被似的梦里，在晦溽的梦境<u>守住</u>一具无面目的卧尸。（黎紫书《告别的年代》）

(58)她极力挣扎，结果，对方为使她尽快昏迷，再取出一支装有不明化学液体的瓶子，倒在<u>捂住</u>她嘴巴的布块上，期间一些液体不慎溅到她的身体，导致她的身体被轻微灼伤。

(59)可把你给冷落了，<u>害到</u>你每天还得自己买菜煮饭，难得炖一次白芪鸡汤。（云里风《望子成龙》）

(60)而每次纵火后，他都与巡逻队人员捉迷藏，趁巡逻队人员在提水救火时，他就在另一座组屋纵火，<u>使到</u>巡逻队人员疲于奔命，也让当地居民提心吊胆。

语气词方面，马来西亚华语的特色主要有如下两点：一是表示疑问的"咩"使用频繁；二是在表达不确定的推测语气时用"啩"。例如，

(61)亦可惜，槟州政府想得太完美，不叫外劳掌厨，请得起本地人掌厨<u>咩</u>？

(62)你是华人，中国你应该有去过<u>啩</u>？（调查所得）

（二）短语方面

马来西亚华语在短语方面主要具有如下几个特色：

一是动词重叠以后仍然可以在后面加数量短语或者在连动结构的前半部分带宾语，而现代汉语普通话绝无此类结构。例如，

(63)烈叔心想：赶明日该到关帝庙<u>化解化解一下</u>才好。（陈政欣《钥匙串》）

(64)老张，我去向董事长<u>说说下</u>可好。（陈政欣《有原则的人》）

(65)我已经买好他们的回程车票，你就替我<u>送送他们</u>到长途巴士车站去吧。（爱薇《回首乡关》）

(66)用餐的时候，她瞟一瞟那挂在墙上的月份牌一眼，记起了她回到这阔别了十三年的吉隆坡已经有三天了。（马汉《得与失》）

二是使用具有"回复"意义的"V＋回"述补结构普遍。例如，

(67)这名车主自称车子被我们骗走，不肯退还卖车钱，就想要拿回奥迪 Q7，我们不肯给回他，结果他佯称要看车子在何处，还要求车锁匙来启动引擎，试看车子状况。

(68)陈见明早年从家乡霹雳金宝出来吉隆坡闯天下，从打杂、驾货车、买卖汽车到投资产业，现在总算拥有酒店和餐馆生意，进入退休状态，做回他一直想做的事情。

(69)他说，二手车商很多时候被迫协助这些车主换上没有安装隔热膜的车镜，送往计算机验车中心（Puspakom）检验，过关之后又得替车主安装回原厂的黑镜，造成双重工作。

(70)对行动党和民联发动如同抄袭行动党之前对马华的攻击策略，企图打击行动党，以为如此可以争回尤其是华社的支持率。

三是程度副词后加谓词性的"形＋名"组合使用频繁。彭小川[①]指出，粤语中的"形＋名"组合是谓词性的，主要做谓语，不具有类推性，并且程度量级有趋大的倾向。马来西亚华语中的这种用法当源自粤语。例如，

(71)除非你很勤力，不然是很难啦。

(72)"哗！婆婆，从这么久远的年代写起，不是很长篇？"（曾沛《人到老年》）

(73)你真好命啊，嫁得个好老公，连汽车都这么大辆和新款。（马汉《清明时节》）

(74)家婆偏又是一个很急性的人。（云里风《亚娇》）

四是如果一个约数词是由"一"加位数词构成的，在现代汉语普通话中，除了"十"前面的"一"常省略不说，其他位数词前的"一"均不能省略，如"一十多块"倒是很少说，基本上都是说"十多块"，而绝对不会有"百多元""千多元""万多元"这样的说法，但是这些说法在马来西亚华语中却是常见的表达。例如，

(75)根据柔佛州广告同业公会会长郭国敬所述，私营化前商店门前张挂的 10 尺×20 尺广告布价格约百多元，私营化之后飙升到 576 元。

(76)薪金加上年终的花红，每个月平均有千多元。（云里风《俱乐部风光》）

---

①　彭小川：《论广州话谓词性的"形＋名"组合》，《暨南学报》2011 年第 5 期。

(77)迪鲁的父亲是典型的城市印裔劳工，一个月只挣<u>千多元</u>，可是需要养活一家五口。

(78)"我炒你的蛋，一连几场输了<u>万多元</u>，今天才不过赢回几百元，要多少场才能翻本？"（云里风《俱乐部风光》）

五是在约数的表达上，现代汉语普通话中常用的"三四/三五＋位数词/量词/名词"这样的表达式，马来西亚华语常说"三几＋位数词/量词/名词"，而现代汉语中常说的其他两个数字相连表示约数的表达，如"五六""六七""八九"等，则不能说成"五几""六几""八几"等。例如，

(79)我们两人共筹到了<u>三几百块钱</u>，请人照着绘像小说本的《三国演义》上的周仓，塑了一尊周将军神像。（马汉《过江泥菩萨》）

(80)在党内活跃<u>三几个月</u>就成功担任马青署理总会长的职位，一步登天、创造历史。

(81)政府拨款华小，个别分发<u>三几万令吉</u>，仅够修修补补，解救燃眉之急，哪能全盘解决问题？

(82)当党候选人的眼界，限缩于选举一时的胜负，而界定成败的基础，又偏限于<u>三几州</u>中央代表之别，完全无视于华社对马华在 308 败选后扩大格局、放宽胸怀的呼吁与期盼。

(83)最常见的家长投诉是有些作业簿买后只做<u>三几页</u>就弃置，甚至原封不动，有些作业做了老师也不批改，难免会引起反弹的声音。

(84)然而，<u>三几宗个案</u>或许是疏漏所致，如果出现多宗同类问题，我们肯定需要检讨。

六是程度副词可以直接修饰"形容词＋量词"。例如，

(85)如果钻石的净度和色泽都晶莹剔透，切割也完美无瑕，再加上钻石<u>很大卡拉</u>，那就是一颗价值连城、超完美的钻石了。

(86)这道港式云吞面有别于大马一般的云吞面，除了呈现方式格外不同之外，云吞也<u>特别大粒</u>。

七是现代汉语常用的"在……里/中/上"框式介词结构，在马来西亚华语中，"里/中/上"时有省略，这或许是受英语、马来语的影响所致。例如，

(87)大选刚过，埠里的男人仍然沉浸<u>在大选结果</u>。（黎紫书《告别的年代》）

(88)你躺卧在死亡的凹痕里，像躺在一个曾经煮死人的<u>大镬</u>。（黎紫书《告别的年代》）

(89)值得一提的是，这也是全国第一个政党及华人社团站出来抗议伊党提呈伊刑事法的和平请愿，参与者<u>在步行的半公里</u>，沿途一直喊着

口号"TOLAK HUDUD(拒绝落实伊刑法)"，浩浩荡荡抵达伊党淡马鲁国会议员服务中心。

（90）伊党应该尊重全民不同宗教信仰的现实，收回<u>在国会提呈落实</u>伊刑法案的建议。

（91）仁保警区主任韩沙阿利亚斯警监周二<u>在记者会</u>披露，警方是于4月6日下午接获僱主的投报，当场扣留现年39岁的女佣。

（三）句式方面

马来西亚华语在判断句、"有＋VP"句、比较句和双宾语句方面较有特色。

判断句方面，马来西亚华语最具特点处有二：一是普通话中用"是……的"来表达的，在马来西亚华语中基本没有"的"；二是普通话中不用"是"表达的，在马来西亚华语中有时要用"是"。例如，

（92）我不知道我是<u>怎么来到这里</u>。（陈政欣《树与旅途》）

（93）我就是<u>这样赤裸、跌跌撞撞进入扣留室</u>。

（94）幸福的时光是<u>过得特别快</u>，一晃就是二十多年。（云里风《相逢怨》）

（95）他当然清楚：金枝<u>是生长在一个小康之家</u>，爸爸是一家公司的财政，有两个哥哥。（马汉《新的信心》）

例（92）和例（93），如果在普通话中就要在句尾加上"的"；例（94），可以加上"的"，也可以把其中的"是"去掉；例（95）则需要把其中的"是"去掉。

"有＋VP"句方面，受闽、粤方言影响，"有"可以出现在动词性成分之前表示"肯定事实的存在或出现"。例如，

（96）他说，被告被控时，家属也<u>有打电话</u>问他意见和进展。

（97）我以为她已经安份了，因为她平常都<u>有协助照顾弟弟的孩子</u>，最近几年也没再惹事，没想到周三却出现一批大耳窿上门追债，我们才知道妈妈不知道甚么时候又向大耳窿借钱了。

比较句方面，差比句常使用"Adj＋过"句式，而平比句，在比较身高时，年轻人口语中多使用"平高"和"跟……平高"的说法。例如，

（98）那时候，时局是<u>一天紧张过一天</u>。（雨川《村之毁》）

（99）当男骑士跳海将她救出后，坠海车辆不到5分钟就被海水淹没，可谓<u>险过剃头</u>。

（100）我们<u>平高</u>。（调查所得）

（101）你<u>跟</u>我<u>平高</u>。（调查所得）

双宾语句方面，特点有二：一是由动词"予"构成的"V＋NP_直＋予＋NP_间"（如"送画予人"）和"予＋NP_间＋NP_直"格式较为常用；二是有一些特殊的双宾语结构，即"给＋NP_直＋NP_间＋V"。例如，

（102）南洋报业控股曾于 2003 年 10 月份，<u>发出一批红股予股东</u>。

（103）郭洙镇一直口出诗词、中华经典，塑造饱读诗书的书生形象，同时也可能<u>予人高高在上、高不可攀的感觉</u>。

（104）要不，就终日<u>给脸色凤仪看</u>。（曾沛《考验》）

（105）读了书回来<u>给个官她做</u>？（曾沛《考验》）

上面的例（104）和例（105），在普通话中只能说成"给凤仪脸色看"和"给她个官做"。

（四）特殊语序

马来西亚华语的特色有二：一是一些副词性成分可以置于谓词性成分之后，这是受粤方言或马来语影响所致；二是某些定语性成分出现在名词性成分之后，尤其是村庄及其名称，很多时候"甘榜"在前，其名称在后，这是受马来语影响所致。例如，

（106）你<u>走先</u>。（调查所得）

（107）你<u>吃先</u>。（调查所得）

（108）比如，在我自己的早课或诵经时，我会在那天<u>诵多一圈</u>，把它回向给祖先。

（109）据悉，这名 9 岁的受害女童来自木中省的实巴荷，住在当地<u>甘榜西路苏巴</u>。

（110）沙巴东海岸又再发生绑架案，两名蒙面匪徒凌晨持械闯入古纳镇的<u>甘榜亚逸沙邦</u>（Kampung Air Sepang）一座养鱼场，掳走养鱼场东主陈赛群（译音，Chan Sai Chiun），和一名菲律宾籍职员。

最后，来看马来西亚华语的篇章特色。

一是动词"指"可以充当话语内容的引介标记词，相当于"说"，一般为间接引语。例如，

（111）吉隆坡消拯局行动室发言人指出，消拯局在傍晚 6 时 02 分接获投报，<u>指有人被倒下的大树压着</u>，立即从增江消拯局调派消防车和消拯员到场，协助将死者遗体移出。

（112）控状<u>指</u>他于 2012 年 8 月 8 日晚上 8 时 55 分，在警局的验尿程序中，尿液呈阳性反应，<u>触犯 1952 年危险毒品法令第 15(1)(a)条文</u>。

（113）雪州大臣丹斯里卡立周一晚声称，巴生河流域和布城的配水措施将于下周结束，但他在周二早上澄清，<u>指雪兰莪河水坝的水位依然处</u>

于不足的水平，<u>一旦取消配水措施，水坝只能支撑 29 天</u>。

二是举例标记词"好像"使用频繁，类似于现代汉语常用的"你像"。例如，

（114）我们华人教育机构从来就没有机会获得令吉 500 个 100 万的拨款。一般上的额外教育经费，都是从酬谢神明大戏、劲歌金曲比赛、校友会欢庆周年等等民间社团节约下来的费用捐赠出来。<u>好像黄荣盛先生从他的威利控股公司固定每年拨出数百万令吉做善事</u>，实在是凤毛麟角。

（115）不过如果候选人是大家所熟悉的，外貌可能就起不了很大的作用，就好像安顺补选的国阵候选人马袖强，即便他又高又富又帅，但如果他在过去担任议员任内表现不好，就是变身成为金秀贤恐怕也无法赢得选民的支持。

三是提问式话题导入语"询及"使用频繁，"询及"即"被问及"。例如，

（116）<u>询及在与家属会面期间最感动的事件</u>时，希山慕丁表示，他从家属的眼神中，看见散发出来的希望。

（117）<u>询及为何当初会选择售卖咖哩生虾面</u>，廖秀珍笑说，她是道地的布先人，打从 9 岁起便跟着母亲一起摆档卖咖哩面，不知不觉，一晃眼就卖了四十多年。

四是话语内容持续标记词"续说""续称""续指"等较为常用。例如，

（118）他<u>续说</u>，女老千的新公司也是以她一名亲戚的名义作为注册，期间的银行贷款和种种文件都是以该名亲戚签署，但如今该名亲戚被所有的罪名缠身，因此他相信该名亲戚也是受害者之一，唯一切有待警方的调查结果出炉。

（119）他<u>续称</u>，政府的资源有限，财政也面对赤字问题，数名部长也开始"试水温"，放话谈论是否应该继续注资马航，或要为马航寻找一个更善于管理航空公司的投资者加入。

（120）他说，若马航财务状况达标，国库控股将会考虑将马航股票转卖给来自私人领域的适合买家。"国库控股已设下目标，将马航现有的 290％净负债降低至 100％至 125％。"他<u>续指</u>，高达 60 亿令吉的重组计划，其中涵盖，旧马航退市的成本为 14 亿令吉，旧马航重组及裁员料耗资 16 亿令吉。

五是在篇章回指上，马来西亚华语有很多现代汉语普通话所没有的"有关＋(的)NP""上述＋NP"形式，现代汉语常用语公文文体的"该＋NP"指称形式，在马来西亚华语中不仅 NP 更为多样，而且可以出现在日常文体中。例如，

（121）另一方面，也有记者质疑卡立是特地制造水荒问题，以便在美国总统奥巴马访马期间，引起国际的关注？卡立对有关问题更是啼笑皆非，并摆出一副左右为难的样子反驳说："配水又被政治化、停止配水也被政治化……"

（122）死者从医院 5 楼病房跃下轻生后，记者到有关的厕所外查看有关厕所的窗户，发现有关窗户没安装铁花，相信死者因此而能够轻易从厕所内往外跃下。

（123）这个现象也如同上述小孩欲传达的讯息，"爸爸念书的时候，媒体报道；我念书的时候，媒体也报道"！

（124）阿末菲沙透露，除了上述脚车道之外，市政局也在峇都区及旺沙马朱区计划兴建脚车道，以互相连接住宅区、公园、学校及轻快铁站等，让居民可以骑脚车上班、上课或到公园去休闲。

（125）对于鲜为人熟悉的宝石，许证球的职责也包括了鉴定该宝石是属于哪一种物质。

（126）该理由读起来倒是让人有古代义士从容就义的伟大，听起来更是铿锵有力震耳欲聋！

马来西亚华语在篇章方面的上述五项特色，同样见于新加坡华语，详见祝晓宏的《新加坡华语语法变异研究》①。

第三节　华语词汇语法特征的跨变体研究

在本章的前面两节，我们分别给出了华语变体词汇、语法的描写框架。在这一节中，我们将探讨在描写的基础上，如何进一步拓展全球华语研究的学术空间。

要想对全球华语词汇、语法有深入的认识，静态的或者说定性的描写是远远不够的。因为，如果把第一节和第二节中的每一个词汇、语法特征比喻为一棵树，那么我们目前对马来西亚华语面貌的认识，还只能说是从远处朦朦胧胧看到的一片"森林"，因为我们并不知道这片森林中每一棵树木的参差高低与粗细，不知道哪些树木土生土长，哪些移植于外地，更不知道这些树木在别的森林中有无分布。如果要做到"既见树木又见森林"，同时又知道其"品种"与分布，就需要我们在描写的基础上，对华语的词汇、语法特征进行计算和分析。

---

①　祝晓宏：《新加坡华语语法变异研究》，北京，世界图书出版公司，2016。

邢福义、汪国胜①提出，全球华语语法研究要在单点调查研究的基础上进行区域调查研究和综合比较研究，但是区域调查研究与综合比较研究应该采用什么方法呢？在这方面，世界英语变体的研究已经在方法上做出了可贵的探索。

一、世界英语的跨变体研究方法：特征计算

Kortmann & Schneider②在《英语变体手册：多媒体参考工具》"前言（general introduction）"中指出，结构的描写与跨不同变体的对比是英语变体研究的核心。所以，在该书每一卷的最后，都会由编者按"不列颠群岛""美洲与加勒比""太平洋和澳洲""非洲、南亚和东南亚"这四大区域分别来写一个区域英语变体的"概览"，在分区总览的基础上再给出一个全球英语变体的"总览"，分别概述这四个较大区域及全球区域内英语变体的特征分布、变异共性和最典型特征。之所以要做概览和总览，首要目的就是了解哪些形态句法特征是某个区域或世界英语变体中鲜见的，哪些是使用频繁的，然后在此基础上确定哪些特征可以被称之为"变体共性（vernacular universals）"。

从方法上讲，Kortmann & Schneider③在"语音"和"形态句法"两卷所采用的跨变体特征研究是一样的。下面介绍"全球总览：英语的形态与句法变异"的研究方法。

首先，基于包含一定数目成员的英语变体集合，概括出一个变体特征表（the feature catalogue）。"全球总览：英语的形态与句法变异"确定了一个包含46个英语变体成员的集合，然后基于这个变体集合，以合取的方式从代词、名词短语、时与体、情态动词（modal verbs）、动词形态、副词、否定、一致关系、关系化、补足语、篇章组织、语序等多个形态句法领域选取76项特征构成一个"特征表"。每一个特征都有简单说明与示例。下面以情态动词和副词为例加以说明。

在总共76项变体特征中，情态动词和副词各占两条，其中情态动词的两条特征的编号为34、35，副词的两条特征的编号为42、43。例子如下（第一行为原文，原文下为我们所配的译文，英文例句不译）：

①　邢福义、汪国胜：《全球华语语法研究的基本构想》，《云南师范大学学报（哲学社会科学版）》2012年第6期。

②　Bernd Kortmann and Edgar W. Schneider: A handbook of Varieties of English: A Multimedia Research Tool. Berlin，Mouton de Gruyter，2005.

③　Bernd Kortmann and Edgar W. Schneider: A handbook of Varieties of English: A Multimedia Research Tool. Berlin，Mouton de Gruyter，2005.

34. double modals(e. g. I tell you what we might should do.)

情态动词连用(例如，I tell you what we might should do.)

35. epistemic mustn't("can't, it is concluded that… not"; e. g. This mustn't be true.)

表达认识情态的 mustn't("不能，认为……不"；例如，This mustn't be true.)

42. adverbs(other than degree modifiers)have same form as adjectives(e. g. Come quick!)

副词(非程度修饰语)与形容词同形(例如，Come quick!)

43. degree modifiers adverbs lack-ly(e. g. That's real good.)

程度副词缺少-ly(例如，That's real good.)

其次，依据使用频繁程度对该特征表中的特征进行分类。其方法是：逐一针对某一特定变体，请该变体的使用者与调查者，逐一鉴别 76 条特征的使用频繁程度。使用情况大致分为如下三类：

A：使用较为频繁(或必须使用)的特征；

B：有使用但是使用较少或不那么频繁(可以省略)的特征；

C：不存在或者没有使用的特征。

最后，在上述两步的基础上，要进行特征计算(feature statistics)。特征计算包括如下五个方面：①特征值(feature value)；②特征得分(feature score)；③特征比率(feature ratio)；④变体得分(variety score)；⑤变体比率(variety ratio)。

特征值指一个特征在某个变体中的使用情况的得分，该得分依据上述 A、B、C 三类来计算，分别是 A=1、B=0.5、C=0；即如果一个特征在某变体中使用频繁，就为 A；如果只是很少使用，就为 0.5；如果根本不存在，就为 0。如此，我们就可以依据前边对马来西亚华语语法特征的描写，对马来西亚华语的使用者进行调查，询问每一条特征分别属于 A、B、C 中的哪一类，由此就可以看到这些特征在使用频率或"凸显度(salient degree)"方面的高低参差，而不是把每一条特征都等量齐观，同等看待。

特征得分与特征比率是一对相关概念。特征得分是指某个特征在特定变体集合中的得分情况；变体集合中的变体数量，可以根据研究对象和对比需要而确定。特征比率，就是某个特征的特征得分除以最大可能得分的比值。比如，我们可以把"全球华语语法研究"(一期)所确定的六个区域(新加坡、马来西亚、中国香港特区、中国澳门特区、中国台湾地区、美国)的华语作为一个变体集合,如果某个特征在这六个区域变体中得到 3 个 A、2 个 B 和 1 个 C,那么该特征的特征得分就是 4,公式为 $3×1+2×0.5+1×0$,该特征的特征比率就是约 0.67,公式为 $4÷6$。特征比率是一个归一化数值(normalized value),某一特征在包含不同数量成员的变体集合中的得分可能相同,但是其特征比率一定不同。特征得分和特征比率的从高到低的排序,反映了该特征跨变体分布的广泛性和牢固性(entrenchment),我们可以根据这两个数值,建立分布范围最大和分布范围最小的语法特征表,以此来建构所谓的"变体共性"。

变体得分和变体比率是一对相关概念。所谓变体得分,就是一个语言变体在特征表中所有特征上的得分总和。假如我们基于"全球华语语法研究"(一期)的六个区域变体,概括出一个含有 50 条语法特征的特征表,而马来西亚华语在所有 50 条特征上都得到 A,那么马来西亚华语的变体得分就是 50,公式为 $50×1$,如果美国华语变体得到 30 个 A,10 个 B 和 10 个 C,那么其变体得分就是 35,公式为 $30×1+10×0.5+10×0$。而变体比率,就是变体得分与最大可能变体得分之比,比如刚刚提到的两种变体,前者的变体比率就是 1,公式为 $50÷50$,后者的变体比率就是 0.7,公式为 $35÷50$。变体得分与变体比率用于鉴定变体的"非标准程度(How non-standard)",即变异度,这两个数值的得分越大,表明该变体的变异度越大。

当然,要完成上述"特征计算"有一个前提条件,需要对较多的语言变体进行较为深入的调查和研究。全球华语方兴未艾,研究队伍也需要不断壮大,我们目前仅对新加坡、中国台湾地区等地的华语变体了解和研究较为深入,其他地区的华语变体研究亟须陆续推进。下面我们仅就我们目前所做的研究初步展示一下华语变体特征值的计算方法及其意义。

二、华语特征的跨变体分析:以趋向动词为例

本小节将以语料库为基础,考察趋向动词的若干典型特殊用法在现代汉语普通话、中国台湾地区现代汉语、马来西亚华语、新加坡华语、泰国华语中的分布及使用情况,希望在趋向动词这个语法点上,展现不同华语变体的面貌。下面将首先基于与现代汉语普通话的对比,详细描写趋向动词在马来西亚华语中的典型特殊用法;之所以选择马来西亚华语作为描写的基础,是因为在马来西亚华语中,趋向动词的用法与现代汉语普通话表现出了诸多不同,在变异的丰富程度上颇具代表性。然后,基于马来西亚华语和现代汉语普通话,建构趋向动词功能特征表,最后

再基于不同华语变体的语料库，标注这些功能在五个华语变体中的分布及使用频率。我们这里所使用的语料库为：现代汉语的语料来自北京大学中国语言学研究中心现代汉语语料库，中国台湾地区现代汉语语料来自台湾"中央研究院"现代汉语平衡语料库，马来西亚华语、新加坡华语和泰国华语语料来自暨南大学华文学院东南亚华文媒体语料库。

首先来看马来西亚华语趋向动词的特殊用法。

趋向动词可以分为单纯趋向动词和复合趋向动词两个小类。单纯趋向动词主要是"来""去""上""下""进""出""回""过""起""开"；复合趋向动词由"来""去"分别与其他八个单纯趋向动词组合而成。与现代汉语普通话一样，马来西亚华语中也没有"起去"。如表 2-1 所示。

表 2-1　马来西亚华语的趋向动词

	上	下	进	出	回	过	起	开
来	上来	下来	进来	出来	回来	过来	起来	开来
去	上去	下去	进去	出去	回去	过去		开去

基于与现代汉语普通话的对比，我们发现马来西亚华语在趋向动词用法上的显著特点主要有如下这些：

（一）趋向动词"上""下"搭配地名时，严格遵循"北上南下"的规律，这一点与现代汉语略有不同。

因为在汉语中，"下北京"我们一般不说——北京是首都，地位较高，应该用"上"；而在马来西亚华语中，由于马来西亚分东马和西马两部分，其重心是西马；西马是一个南北狭长的半岛，槟城位于北端，吉隆坡位于中间，马六甲位于南端，"下吉隆坡"和"上吉隆坡"完全符合"北上南下"的规律；既然"北"为"上"，"南"为"下"，所以，由南向北来到一个城市，就可以说"上来×城"，由北向南来到一个城市，就可以说"下来×城"。例如，

（1）那一晚，林日华因私务而下吉隆坡，A 党区主席也批准了他的请假。（陈政欣《特殊比赛大会》）

（2）不过另一名过去坚信"林冠英离不开马六甲"的党内人士却说，由于"形势有变"，他开始相信林冠英会北上槟城竞选，而且目标选区肯定是峇眼。

（3）据悉，去年 9 月 21 日当天，工人拉玛驾驶该辆灵鹿，北上吉隆坡接洽一单生意，并在之后，停放在当地一间旅馆的停车场，结果被有关银行授权的拖车公司拖走。

（4）他说，大家都以首相是槟城人而感到自豪，尤其是在他南下吉隆坡当官，且出任 4 年的首相后，更累积丰富的行政和政治经验。

(5)前几个星期，几位在新加坡工作的年轻朋友<u>上来</u>槟城游玩，为了在岛上吃吃喝喝、游游荡荡，便找我当导游。

(6)但当时身在芙蓉的父亲汪亚贵因有工作在身，所以不能马上<u>赶下来</u>吉隆坡接儿子回家。

(7)之后，她便去到柔佛新山探望亲戚，罗氏便打电话给孙女士表示可以帮她在本地找工作并帮她延迟签证来博取她的信任，还叫她<u>上来</u>吉隆坡。

(二)相比现代汉语，单音节趋向动词"来"后加"得"组成的"来得"虚化程度更高。

马来西亚华语的"来得"几乎已经完全丧失了其指称意义，具有了联系主语/话题与谓词性评价成分的类似于系词的功能，即使把它去掉，也并不影响句义的表达；现代汉语中也有这种用法，但是从使用频率上看，远不及马来西亚华语频繁。例如，

(8)从策略而言，他比其他三个领袖<u>来得</u>更亲民。

(9)有五个传统的强国好朋友，总比 500 个小国的小朋友<u>来得</u>强。

(10)这比起一篇文告或者政治演说<u>来得</u>更有意义，更有扎实的实践基础！

(11)马大今年的表现，显然已经比去年<u>来得</u>好。

(12)无论如何，在淡米尔族人居多的东海岸重建工作比科伦坡西部地区<u>来得</u>缓慢，因为淡米尔人一直被视为二等公民。

(13)熟悉报业运作的人都知道，报社主要盈利并非来自卖报所得，因为报纸的售价远比制作成本<u>来得</u>低。

(14)在一片声讨飚车族的"道德谴责"声浪中，政客的厮斗，难道要比飚车族的亡命赛车更<u>来得</u>有"道德"吗？

(三)单音节趋向动词"上""来""去""出"后加"到"

"上到""来到""去到"再后接表示终点的名词性成分，有一些特殊的搭配；"出"在现代汉语中不可以后加"到"再加表示终点的名词性成分，但在马来西亚华语中可以。

"上到"在现代汉语中，我们一般只说"上到×楼""上到山顶"等，"到"后表示的是某种终点，并且是具有一定垂直高度的终点。在马来西亚华语中，"上到"之后也是跟表示终点的名词，但是其搭配范围远比现代汉语广泛。例如，

(15)当前进阵线成员<u>上到</u>校长办公室时，该名负责人表示，所有的签收信都已交副校长阿萨里莫哈末。

(16)但<u>上到嫌犯的车子</u>之后，他不去酒店，而是把车开到一个巷子里僻静处。

(17)据指出，<u>上不到火车</u>，要在车站外等，<u>上到车</u>的情况亦差不多。

(18)黄清合表示，此时的他已全身乏力了，<u>上到对方渔船</u>时，也曾经三次跌在船板上，好心的印尼人还提供食水和食物给他，慢慢的才逐渐恢复体力。

(19)客户可以<u>上到亚行网站</u> www.airasia.com 缴付托运行李费，也能够前往到亚航的呼叫中心，机场销售柜台和销售办事处询问详情。

(20)有关传票是 300 令吉，若<u>上到法庭</u>，将是 500 令吉。

"来到"在现代汉语中，其后的宾语从语义上来讲，主要有两类：一类是表示地点的名词或代词性成分。比如，"北京""上海""这里"等，一类是诸如"21 世纪""六点"等表示时间的名词性成分；前者常用，后者不常用。而在马来西亚华语中，除了"来到"与表示时间的名词性成分之搭配更为常用外，后接表示事物发展阶段的名词性成分的用法也很常见。例如，

(21)"炸尸案"审讯今天<u>来到第 11 天</u>，再有惊人发展。

(22)<u>来到了 1960 年代</u>，马来亚虽然脱离了英国的殖民统治，经济模式走向进口替代策略，但也就在这个年代发生三件"大事"，影响日后的局势发展。

(23)已经<u>来到这一刻</u>，马来亚联邦人民成为一个独立与自主的民族，与世界上所有民族享有平等地位。

(24)以往 40 岁属于成熟稳定的年龄，如今 50 岁才<u>来到人生的高峰期</u>。

(25)过去两年阿都拉巴达威的智囊团尽管提出了许多新点子，不过，每每<u>来到执行的部分</u>时，他的行政班底却看似无着力处。

(26)有理想的大专组织也许已经<u>来到了这样一个阶段</u>，处在十字路口。

(27)民主行动党秘书长林冠英上周六在该党支部晚宴上表示，"2-4-3 方案"已<u>来到了紧要关头</u>，因为华小每周上课不能超过 50 节，在执行"2-4-3 方案"之前，节数总数是 48 节。

(28)吉华 K 校的维修工程原订在六月完工，可是六月已经<u>来到尾声</u>，公共工程部才姗姗捎去"口头消息"，公信力及工作效率引人诟病。

(29)你可以说你要捍卫"多元族群"的立场是正确的、绝对正确的，但是<u>来到现实操作</u>的时候，内部政治等，它将会产生影响。

（30）我们必须承认，今天我们已<u>来到最败坏的地步</u>。

在现代汉语普通话中，"去到"后面可以跟表示地点的名词或代词性成分，如"去到这里""去到外边""去到车站"等，但这种说法不是很常用。在马来西亚华语中，除了这些很常用以外，"去到"后面还常跟表示某个阶段或某种程度的名词性及谓词性成分。例如，

（31）这位登记选民<u>去到投票站</u>时，才发现已经有人捷足先登，利用他的名字投票。

（32）警方政治部主任和拉欣诺的办公室都在武吉安曼，为何他们需要<u>去到吉隆坡警区</u>总部开会？

（33）他也说，如果他们捉紧机会在国阵体制内更换首相，该党不会<u>去到国会</u>。

（34）若情况<u>去到最坏</u>，我们才来作打算。

（35）打压已经从"恶法"<u>去到"动用流氓手段"</u>的阶段，这个大学已经败坏到不可思议的程度。

（36）实际上我害怕想象，当阿都拉的耐性<u>去到极点</u>时，会发生什么事？

（37）在马来族群的社会里面，贫富悬殊已经<u>去到多年来最严重的情况</u>。

（38）当然在马来西亚，我们还未曾<u>去到那个地步</u>。

（39）但是，即使要发表这样的言论，也不要<u>去到"横扫一切"的程度</u>，而不顾其他种族的利益与希望！

（40）在暑假即将结束之际，该节目也<u>去到了尾声</u>。

"出到"就是"出来到"，其后以跟地点宾语为常，在马来西亚华语中偶有使用，而现代汉语普通话中没有这种用法。例如，

（41）卫生部长拿督斯里蔡细历揭露，有华裔部长为了讨好马来同胞，在内阁里讲一套，<u>出到外面</u>又讲另一套，来讨好华社。

（42）而黄家定的官车则是在约下午 1 时离开，当他的座车<u>出到首相署大门</u>时却忽然掉头而去。

（43）当男童的母亲<u>出到店外</u>，发现儿子失去踪影后，顿时惊惶失措，但亦临危不乱火速通知其哥哥及附近街坊，发动人马四处寻找儿子。

（44）<u>出到屋外</u>后，即惊见一辆横置的巴士，已撞毁其住家及邻居家的墙壁，并摇摇欲坠，家人都唯恐巴士会掉落住家的范围。

（四）在现代汉语普通话中不能带宾语或者带宾语必须离合使用的复合趋向动词，在马来西亚华语中可以直接带宾语。例如，

（45）耶，维强，你今天怎么有空<u>上来我们公司这儿的餐厅</u>？（朵拉《胜利者》）

(46)因为她们之前曾<u>上来大厦 10 楼第三被告的办公室</u>并留下一封信。

(47)人民公正党今早到马华公会交备忘录时，仅把备忘录投进马华公会行动室楼下的邮箱，人民公正党党员并没有<u>上去位于二楼的行动室</u>。

(48)最后前进阵线内务协调员黄勇进一人<u>上去行政楼</u>呈交签名，其他学生则在楼下等待。

(49)有一天，老板带着郭重阳<u>进来我的办公室</u>。（李忆莙《红颜》）

(50)聂慕斯达法：你不能随意<u>进来校园</u>，我们有我们的规矩。

(51)当特别行动组<u>进去房间</u>时，我就站在房门前。

(52)不过，如果我们非要<u>进去伊拉克</u>不可的话，可以通过红十字会进去。

(53)如果我现在就因害怕而不敢报道事实的真相，将来<u>出来社会</u>，我面对的是一个更阴险的世界，那我又怎么可能有勇气去报道真相呢？

(54)早些<u>出来社会</u>工作，吸取经验，为人民追讨公义，也可减少欠政府钱。

(55)母亲一早便<u>出去面档</u>，要晚上很迟才能回来。（李忆莙《痴男》）

(56)让学生知道什么是种族关系、国内其他种族的文化习俗与禁忌等等，好让这些背景知识协助他们在校园内或者<u>出去社会</u>工作时，掌握一些与人沟通交流的基础。

(57)<u>回来槟州</u>的谢宽泰是林敬益属意的槟州首席部长人选，可是许子根自己属意的人选却是丁福南。

(58)若要继续斗争、继续参与政治，就<u>回来巫统</u>，或领导回教党。

(59)林吉祥证实，诺奥玛的确曾发表"如果外国人认为马来西亚的警察残暴，他们可以<u>回去自己的国家</u>"的言论。

(60)记得中学时期寄宿在镇里学校宿舍，每周末都<u>回去乡村的家</u>。

(61)他说："在中国来说，深圳会比较特别，深圳的人民非常有钱，很多世界各地的旅游局都会<u>过来深圳</u>促销他国的旅游，希望大马的旅游年推广活动可以提早进行。"

(62)至于我国是否鼓励中国的厂商<u>过来马来西亚</u>设厂，黄燕燕表示，这要看有关的产品是否适合我国的市场，以免对国内原有的厂家造成不必要的竞争。

(63)知道了，大哥，你忙你的去吧。爸，我们<u>过去那边的沙发</u>坐，比较清静一点。（爱薇《回首乡关》）

（64）我昨天已经过去那边，但是我们还没有向公积金局或涉及的私专录取口供。

（五）在现代汉语中，"送""赶"等动词带复合趋向补语构成的"送进去""赶回去"等动补结构不能直接带地点宾语，如果要加上宾语，那么该结构必须以离合形式容纳宾语，如"送进学校去""赶回学校去"；有些即使用离合形式或者由介词来引导，也无法接受，如"赶过去"。在现代汉语中，"赶过医院去"或者"向医院赶过去"都不说。但在马来西亚华语中，动词加复合趋向动词所构成的动补结构是可以直接携带地点宾语的；需要说明的是，在马来西亚华语中，"赶回学校去"这样的离合结构也同样使用；这两种结构同时并存。例如，

（65）她续说，目前身在中国云南的丈夫，已获知女儿失踪，并已从中国赶回来槟城。

（66）其兄荣秋在受到其劝告下，已打消赶回来大马寻女的念头。

（67）福婶，杜宇今天要到州教育局去开会，所以昨晚就连夜赶回去怡保了。（爱薇《回首乡关》）

（68）身为威省市议员的郑丽菁，今日将赶回去威省呈辞函，辞去市议员一职。

（69）据悉近年派进来理事会的学生代表，除了来到时听院方汇报，然后达成共识或回答问题外无所作为，也没有做好院方与学生的沟通桥梁。

（70）英校接受改制以后，90％的家长才把孩子送进去华小。

（71）没有任何人在还未参阅及签署指控报告前就被直接送进去扣留营的，而其本身却被迅速送进霹雳太平甘文丁扣留营，很显然的，是有人想要他尽快离开吉隆坡。

（72）在短时间安排好一切后，就载著父母赶过来关丹医院。

（73）从波兰专程运过来马来西亚，运输费、技术人员、支援车、工程师住宿、运输费及保险，一共花了多少钱？

（74）他在巴刹逗留约半个小时后，就赶过去峇东埔巫统大厦了。

（75）以伊拉克为例，把美国人赶出去伊拉克，要如何维持伊拉克境内的和平与安全。

下面，我们借鉴上一节所介绍的特征值计算的方法但稍作变通。首先基于马来西亚华语趋向动词及现代汉语普通话趋向动词的部分用法，建构一个趋向动词用法表，然后基于对语料库的统计，从使用频率的角度把趋向动词的用法进行分类，使用频繁的用"＋＋"标记，较少使用或

偶见的用"＋"标记，没有用例的则不加标记，从而在一张表上呈现这些用法在中国地区现代汉语普通话、马来西亚华语、新加坡华语、泰国华语中的分布与使用情况，见表 2-2。

表 2-2　多地华语趋向动词用法比较

	中国大陆地区现代汉语	中国台湾地区现代汉语	马华	新华	泰华
1. 来得＋谓词性评价成分	＋	＋＋	＋＋	＋＋	＋＋
2. 上到＋山顶/×楼	＋＋	＋＋	＋＋	＋＋	＋＋
3. 上到＋车/船/网站/法庭			＋	＋	＋
4. 来到＋地点 NP	＋＋	＋＋	＋＋	＋＋	＋＋
5. 来到＋表时间的 NP	＋	＋	＋＋	＋	＋
6. 来到＋表发展阶段的 NP	＋	＋	＋＋	＋＋	＋＋
7. 去到＋地点 NP	＋	＋＋	＋＋	＋＋	＋＋
8. 去到＋表发展阶段的 NP			＋＋	＋＋	
9. 出到＋地点 NP			＋	＋	＋
10. 上来/去＋地点 NP			＋＋	＋	
11. 进来/去＋地点 NP		＋	＋＋	＋＋	＋＋
12. 出来/去＋地点 NP		＋	＋	＋	＋
13. 回来/去＋地点 NP		＋	＋	＋	＋
14. 过来/去＋地点 NP		＋	＋	＋	＋
15. V 回来/去＋地点 NP			＋	＋	＋
16. V 回＋地点 NP＋来/去	＋＋	＋＋	＋	＋	＋
17. V 进来/去＋地点/机构 NP			＋	＋	＋
18. V 进＋地点/机构 NP＋来/去	＋＋	＋＋	＋	＋	＋
19. V 过来/去＋地点 NP			＋		
20. V 出去＋地点 NP			＋		

关于上表，我们要做如下说明：

第一，关于"上/下＋城市"，主要受国家或地区的地理形状等因素影响，其用法不具有普遍性，故上表中不予列出。

第二，华语变体集合的成员可不限于我们这里所列的五个，随着全球华语调查研究的推进及越来越多的华语变体语料库的建立，我们可以随时把其他变体纳入考察范围。

　　第三，语法功能分布与使用频率差异的考察，有其本体和应用目的。本休上，我们可以根据研究需要概括全球或某个地理区域之华语变体在语法特征上的共性与差异；就共性而言，可以按分布范围的大小，为变体的共性特征排序，甚至可以归纳全球华语或某个区域华语的"变体共性"；应用上，本特征表可以为华语测试不同等级的判定标准、针对不同国家的华裔留学生的语法偏误分析等提供基本参考。

　　通过上表，我们可以得出如下结论：

　　第一，新、马、泰地域上相互毗邻，此三地的华语，尤其是马来西亚华语和新加坡华语，在趋向动词的用法上具有很高的一致性，当然，也存在细微差异。

　　第二，在趋向动词的用法上，新加坡、马来西亚、泰国三地的华语与中国台湾地区现代汉语的共性要大于它们与现代汉语普通话的共性。这应该是由下面两个原因造成的：一是新、马、泰三地很大部分华语的使用者与中国台湾地区现代汉语使用者有相同的汉语南方方言背景（闽南话），而这些华语变体与现代汉语普通话在趋向动词用法上的不同，多是由方言的影响造成的；二是在很长一段时间内，中国台湾地区现代汉语对东南亚华语各变体的影响要远大于现代汉语普通话。

　　第三，新加坡、马来西亚和泰国等华语变体在语法上更具"多样性（diversity）"。这里的"多样性"是说，对同一种意义的表达，现代汉语使用一种形式，而其他华语变体通常两种或多种形式并存，如新、马、泰华语既有"V 回来/去＋地点 NP"，也有"V 回＋地点 NP＋来/去"，而现代汉语普通话只有后者；这是华语变体在独特的环境中受不同"外来"影响而形成的"共存"现象。随着现代汉语普通话对其他华语变体影响的增强，"V 回＋地点 NP＋来/去"这种离合格式应该会越来越多。关于华语词汇语法的"多样性"问题，可参见本章第四节。

三、华语特征的跨变体分析：以形容词"优越"为例

　　《现代汉语词典》（第 7 版）对"优越"的解释是"优胜""优良"。在现代汉语中，"优越"多与"条件""性能""地位""地理环境"等名词搭配。但在马来西亚华语中，"优越"所搭配的名词性成分和"感""性""生"等类词缀，从语义类别上来讲，十分丰富；这是决定我们把马来西亚华语作为详细描写对象及跨变体对比基础的一个主要原因。

　　下面我们将首先以名词类聚的方式，描写"优越"在马来西亚华语中

的搭配情况，为下文的对比分析提供一个描写的基础。

A类：名词性类词缀，如"感""性""生"。例如，

(1)他缅怀过去农历新年路面上数寸厚的红彤彤爆竹纸屑、追忆过去华商控制本地经济命脉的<u>优越感</u>。

(2)它企图协助巫统恢复它的政治<u>优越性</u>及反对非马来人的种族性议程。

(3)该国总统于今日会晤首相拿督斯里阿都拉后，宣布提供6名大马<u>优越生</u>至其国进修的奖学金作为答谢。

"优越感""优越性"在现代汉语中极其常见，在马来西亚华语中也是如此。但在马来西亚华语中，还有"优越生"的组合，义同现代汉语的"优异生"，不过从使用频率上看，"优异生"更加常用。

B类：成绩类名词，如"成绩""业绩""战绩""成就""成果"。例如，

(4)马来西亚并不是没有能力在体坛取得<u>优越的成绩</u>，只不过是需要获得来自各单位的全力合作与协助。

(5)惠普公布<u>优越的业绩</u>减轻了投资者对陷入困境的金融机构的担忧。

(6)郭洙镇以本身在全国大选中<u>战绩优越</u>，多数票往往高居党内国会议员之上，来反驳林敬益说他不受基层欢迎的指责。

(7)马大百年历史的良好声誉，并不应该因为如今已获得<u>优越的成就</u>，而终止了马大以后的一切努力与发展。

(8)值得注意的是，本时期在维护民族教育及独中建设上取得了<u>优越成果</u>，也对改制华文中学起了牵引作用。

在现代汉语中，"优越"极少与"成绩"类名词搭配。例如，在北京大学CCL现代汉语语料库中，"成绩优越"仅有2条用例，且1条出自张爱玲的作品，只有1例来自当代，"优越(的)成绩"仅有1条用例，而在语料规模仅为CCL三分之一的暨南大学海外华文媒体语料库之马来西亚部分中，"成绩优越"有16例，"优越(的)成绩"有20例，远超现代汉语。

C类：表现类名词，如"表现""盈利(率)""财报"等。例如，

(9)另一方面，一名来自吉打州的马来考生在所报考的22项科目中，竟然考获20科1A及2科2A的全A佳绩，<u>优越表现</u>创下历年之冠。

(10)连续三年外资每年45亿，"槟城的<u>经济表现也非常优越</u>，我们的失业率低于2.1%，乃全国最低。

(11)在回顾刚结束的上年度业绩时，吴志权指出该公司取得<u>优越盈利</u>，是因收入增至2千440万令吉，比之前只有6百万令吉的收入增加

很多。

（12）主要是由于该银行在 2007 财政年拥有<u>优越</u>的 <u>23%盈利率</u>，以及活跃的资金管理措施。

（13）分析师称，大马良好的经济基础，<u>企业财报优越</u>，以及马币将进一步升值的期望，鼓舞本地和海外投资者买入蓝筹股，是帮助本地股市攀高的原因。

在马来西亚华语中，"优越"与"优异"均能与"表现"组合，并且均较为常用。A、B、C 这三类搭配也表明，在马来西亚华语中，"优越"与"优异"在搭配范围上有交叉与重叠。

D 类：教研类名词，包括"教育""大学""学府""中心""学术"等。例如，

（14）沙菲说，为了把大马打造成为<u>教育优越</u>的国家，政府将会在马来西亚第 9 计划下，在吉兰丹，丁加奴及雪兰莪各设立 1 间工艺学院。

（15）将高教学府提升成为卓越中心的措施已经被鉴定为一个建立<u>优越研究大学</u>的重要课题和需求。

（16）尤其是具有传统历史，且被国人视为国内<u>最优越的高等学府</u>的马大，其排位的跌幅甚至已到令人难以置信的地步。

（17）我也知道布城医院拥有专为乳癌及内分泌乳腺疾病医治的<u>优越中心</u>。

（18）他说，政府曾经批准公民权给一些聪明及拥有<u>优越学术</u>的申请者，但是，却导致他们为外国公司服务如制造药物。

在现代汉语中，"优越"极少与"教育"搭配，不能与其他名词搭配，但在马来西亚华语中却可以。

E 类：素质类名词，包括"素质""潜质"等。例如，

（19）以公正原则为基础，继续推动学生斗争议程，加强学生的<u>优越素质</u>和团结力量，谋取学生权力和为社会贡献，共同建立一个民主、自由和公正的校园。

（20）正如西蒙所言，卡莉有着<u>优越的潜质</u>，需要的只是一首足以表现的歌。

（21）展现出"主场"的<u>优越唱功</u>，牵起高潮不断的狂欢盛况。

（22）但是两名"高、慢、笨"的中卫搭档面对<u>渗透力优越</u>的西班牙，仿佛成为攻击重点。

"优越"与此类名词的搭配较为常见。

F 类：身份类名词，包括"身份""地位""民族""种族"等。例如，

(23)<u>优越</u>身份较易赢得尊重。

(24)他提醒党员不要忘记族群的<u>优越地位</u>，同时要一直向年轻一代灌输这个概念。

(25)世界各民族都是平等的，<u>没有一个民族比另一个民族更优越</u>。

(26)签署上述公约意味着一个国家无论在形式上和实际行动上，都要拒绝<u>某族较为优越</u>或低贱的概念，并通过教育灌输各族应该平等的概念。

此类名词与"优越"的组配在现代汉语中很常见。

G 类：地理位置类名词，包括"地理位置""地点"等。例如，

(27)马来西亚将以<u>优越的地理位置</u>，作为跳板，进一步面向世界。

(28)大部分组织拥有本身的会所，而且通常位于<u>优越的地点</u>，硬体建设更是日益完善。

(29)他指出，<u>地理位置优异</u>、劳力和基建成本低、丰富天然资源、良好政府服务，以及政策性优惠等都是该区所拥有的利好因素，能够减低企业的生产成本。

此类名词与"优越"的组配在现代汉语中也较常见。

H 类：人才类名词，包括"人才""人力资源""设计师"等。例如，

(30)为了打造一个拥有国际地位的高等学府，更为国家培育更多<u>优越的人才</u>，朝野政党应该携手合作，一起商讨对策来回应高教部将在九月国会会期提呈的修订案。

(31)不过仍然无法招回身处在外的人才，也没有办法吸引<u>优越的外国公民</u>前来我国工作。

(32)这项计划已经由一群最<u>优越的设计师</u>负责设计的工作，并将会带来 5000 个建筑业的工作机会以及 2000 个服务业就业机会。

(33)这项殊荣仅颁发给通过 ACCA 于外在及人力资源、高超学术水平和<u>优越管理层</u>及行政架构的严谨认证的高等学府。

(34)通过这样子的见面会，副首相和政府领袖可以向大学生表达要建立<u>优越人力资源</u>的努力。

(35)安华作为一个<u>优越的演说家</u>，将会站到道德高原上，对巫统和国阵的腐败滥权课题大加挞伐。

(36)自国家独立以来，华淡小在统一的课程纲要底下，为国家培育了无数的<u>优异人才</u>。

(37)他今日出席财政部<u>优异职员</u>颁奖仪式后向记者透露，国内的银行现在必需清楚了解，政府立法管制那些提供信贷情报服务的机构已是势在必行。

此类名词在现代汉语中不能与"优越"组合，而多与"优秀"搭配。而在马来西亚华语中，"优越"与此类名词的组合却很常见。

I 类：计划类名词，包括"计划""政策""纲领""策划"等。例如，

（38）为了进一步改善当地的投资气候，以及缩小各州之间的贫富差距，玻璃市将与沙巴砂拉越同样享有比较优越的所得税扣除计划。

（39）用更优越的政策压倒国阵，民心自然归顺。

（40）民联正在摸索和塑造比国阵更优越的施政大纲，人民相信前者比后者更胜一筹。

（41）这证明了优越的工作策划与执行可以带来可观的回收，以及巩固关税局的形象。

此类名词在现代汉语中不能与"优越"组合。

J 类：条件类名词，包括"条件""环境"等。例如，

（42）大马不止是条件优越的商业发展地点，而且也适合韩国人或其他国家人士到此定居或求学。

（43）马来西亚地理环境优越，以优质海滩、热带雨林、民族风情闻名遐迩，是亚洲著名的旅游国度之一。

此类名词与"优越"的组配在现代汉语中也极其常见。

K 类：管理类名词，包括"管理""经营""服务"等。例如，

（44）由于盈利记录以及资金管理优越，该证券行相信溢价估值是合理的。

（45）必须确保上市公司有优越经营模式及有效的管理方针，并加强上市公司收益。

（46）首相是在国内安全部秘书长丹斯里阿都阿兹尤索夫在这里出席部门的优越服务颁奖礼上，提到有关婚礼的进行时间时，纠正了他的说法。

此类名词在现代汉语中不能与"优越"组合。

L 类：其他类，包括"智慧""科技""水平""性能"等。例如，

（47）我们无法保证年资久的法官，就拥有较优越的智慧，甚至表现将会是（所有法官内）最好的。

（48）新经济政策之类的种族政策应由可以促进国民团结及鼓励竞争、价值创造、绩效、平等机会、卓越文化及科技优越的政策取代。

（49）大专法令中的数项条文限制了学生的创造力和大学管理层在全球达致更优越的水平。

（50）空客 A380 为双层客机，标准载客量约为 550 人，尽管体积庞大，却以噪音低，油耗低，舒适度高等各项优越性能著称。

通过上述描写，我们可以发现，在马来西亚华语中，形容词"优越"

的搭配范围更加广泛，"优越"与B、C两类搭配表明，马来西亚华语的"优越"跟"优异"有一定程度的混同，而在现代汉语中，"优越"与"优异"在搭配范围上极少有交叉现象。而D、E、H、K等组搭配则表明，马来西亚华语的"优越"具有了现代汉语中"优秀"才有的搭配。

我们选择在各个华语区比较通行的、语义较为宽泛且使用频率比较高的名词建构"优越"搭配特征表。在下表中，使用频繁的用"＋＋"标记，较少使用或偶见的用"＋"标记，没有用例的不加标注，从而在一张表上呈现这些搭配在现代汉语普通话、中国台湾地区现代汉语、马来西亚华语、新加坡华语、泰国华语中的分布及使用频率差异，见表2-3。

表2-3　不同华语变体"优越"搭配特征表

名词类与具体名词		中国大陆地区现代汉语	中国台湾地区现代汉语	马华	新华	泰华
A类	类词缀"感"	++	++	++	++	++
	类词缀"性"	++	++	++	++	++
	类词缀"生"			++		
B类	成绩	+		++	++	
	业绩			++	+	+
	成就			++	+	
C类	表现	+	++	++	++	++
D类	教育	+		+		
	大学			+		
	学术			+		
E类	素质	+				
F类	身份	+		+	+	
	地位	++	++	++	++	
	民族	++	++	++	++	++
G类	地理位置	++	++	++	++	++
	地点	+		+	++	+
H类	人才			++		
I类	计划			+		
	政策	+		++		

续表

名词类与具体名词		中国大陆地区现代汉语	中国台湾地区现代汉语	马华	新华	泰华
J类	条件	＋＋	＋＋	＋＋	＋＋	＋＋
	环境	＋＋	＋＋	＋＋	＋＋	＋＋
K类	管理			＋		
	服务	＋		＋＋	＋	

《全球华语词典》的出版，极大地推进了全球华语变体的词汇研究，但《全球华语词典》严格说来只是一部"全球华语的方言词典"①，对于"优越"这样的全球华语各个变体说法相同且意义也基本相同的词，该词典是不收的。《全球华语大词典》收录了"优越"，但其所举例证也是现代汉语普通话常用之例。本小节从形容词搭配的角度展示了全球华语各个变体之间存在的差异，我们认为，搭配差异也应该成为我们探究全球华语词汇差异、完善《全球华语大词典》的一个主要着力点。

第四节　华语词汇语法的多样性考察

"多样性"在语言学中是一个常用的术语，经常提及的就是"语言多样性(linguistic diversity)"。按一般理解，所谓"语言多样性"，简单地说，就是一定地理区域内的语言在语种上的丰富程度；语种越多，语言多样性越高。②

在东南亚华语的词汇语法研究中，我们经常会遇到这样一种现象，就是在某一个概念或意义的表达上，东南亚华语变体常常有比现代汉语普通话更多的同义形式可供选择。即在某个概念上，现代汉语用一个词来表示，其他华语变体可能有两个甚至三个同义词语共存；要表达某种意义，现代汉语用一种句法结构形式，而其他华语变体可能还有其他变异结构形式的存在。本书借鉴"多样性"这一概念，并基于与现代汉语普通话的对比，把东南亚华语中的这种现象称为"华语词汇语法的多样性"。需要指出的是，词汇语法的多样性在现代汉语中也有，比如"埋单/结账""巧克力/朱古力"等，但远不如一些华语变体常见。

---

① 李如龙：《海外汉语方言研究的新视野》，《辞书研究》2013 年第 1 期。

② Joseph H. Greenberg：The Measurement of Linguistic Diversity. Language，1956，Vol. 32.

下面将以马来西亚华语这个华语变体为对象，基于自建的马来西亚华语语料库（MHYL，300万字次），举例描述东南亚华语词汇语法多样性的表现，并在此基础上讨论其成因及研究意义等相关问题。

一、马来西亚华语语法多样性的表现

（一）词汇

主要选择名词、动词、形容词、副词、介词等词类进行举例说明。

现代汉语说"乘客"，马来西亚华语则"乘客"与"搭客"共存，不过二者的使用频率不同。在 MHYL 中，"乘客"有 326 例，而"搭客"仅有14 例。

（1）他在慰问安全着陆的航班乘客和机组人员后指出，虽然马航是国库控股的旗下企业，但马航在此事件上有必要向交通部作出合理交代。

（2）据知，一架新航班机 SQ998 从新加坡飞往仰光，机上共有 252名搭客及 13 名机组人员，原定早上 9 时 20 分钟抵达，结果飞机降落时飞离跑道，所幸虚惊一场。

现代汉语说"报纸"，马来西亚华语则"报章"与"报纸"共存。在MHYL 中，"报章"有 132 例，而"报纸"仅有 66 例，从使用频率上讲，"报章"远胜"报纸"。

（3）他那简洁明快的文笔不只是在曾编辑过的刊物和报章上留下痕迹，更出版过多本小说和散文。

（4）回想少年时期读报纸的时候，至今还能记得的华社一谈再谈的课题，这些课题成为华社各种场合发言人的开讲必谈话题。

现代汉语说"乡村""村庄"或"村子"，而马来西亚华语除此以外，还有马来语外来音译词"甘榜"使用。从具体使用上来讲，"甘榜"相当于"乡村""村庄"或"村子"三者之和。例如，在现代汉语中，可以说"乡村地区""乡村父老"，不可以说"村庄/村子地区""村庄/村子父老"；可以说"马来人的村庄/村子"，不可以说"马来人的乡村"；但"甘榜地区""甘榜父老"和"马来人的甘榜"都可以使用。在 MHYL 中，"甘榜"有 156 例，"乡村（34）/村庄（21）/村子（25）"共有 80 例。

（5）卡巴星曾经问他，为甚么华人习惯守在自己的生活圈子里，不进入其他种族的生活，不进入马来人的甘榜？

（6）许多甘榜地区小规模杂货店的东主，仍然愿意风雨不改的骑着摩托车，为顾客提供货物送上门的服务。

（7）位于大山脚直落卓坤的甘榜比桑（Kampung Pisang），原是一个

宁静的村庄，居民以巫裔居多，他们早年以种稻为生。

(8)水灾发生两周后，许多受灾的乡村地区还是满目疮痍，水电供应逐步恢复，也有官方和民间的义工在继续清理。

(9)其耗资的费用相当庞大，整项艺术节的一切开销约40万令吉，很难想象这么小的村子，人口这么少，却能凭着一股热情与对乡土的热爱，撑起了这么盛大的艺术活动。

在现代汉语中，"素质"最常用的意义大致等同于"素养"，而在马来西亚华语中，这一意义的用例较为少见，大部分用例中的"素质"与"质量""品质"同义①，且"素质"还有一个同素异序词"质素"。在MHYL中，"素质"共148例，其中与"质量"同义的"素质"用例有124例，占全部用例的84%，见例(10)和例(11)；"质素"仅有2例，如例(12)，而"质量"共有23例，如例(13)。

(10)权限扩大了、服务范围增加了，最关键的是槟岛市民生活素质也该升级了。

(11)这7个地区当中，以霹雳斯里曼绒的空气素质最恶劣，从中午12时的239点攀升至250点，虽然于下午3时下降至249点，仍处于非常不健康水平。

(12)环境急剧破坏、生活质素败退、连国人都觉得难以待下去而选择出国。

(13)尽管90%肺癌病例都与抽烟有关，但空气质量恶劣，以及环境污染等都是诱因之一。

在现代汉语中，"杪"是一个书面语用词，《现代汉语词典》(第7版)说，"杪""〈书〉指年、月或四季的末尾"。在现代汉语普通话中，"年""月"一般与"尾""末""底"搭配，基本不与"杪"搭配，而在马来西亚华语中，"杪"更为常用，"底"次之，"尾"再次之，"末"基本不用。在MHYL中，"年杪"和"月杪"分别有43例和34例，而"年底"和"月底"分别有40例和11例，"年尾"和"月尾"分别有21例和8例，"年末"和"月末"均为0用例。例如，

(14)黄丽盈来自贫苦家庭，现年59岁的父亲是一名退休小贩，60岁的母亲则是一名工厂女工，将于年杪退休，一家三口过去靠着微薄收入过活。

---

① 考虑到"生活质量""空气质量"等现代汉语常见的搭配，我们这里仅仅统计"质量"，不再统计"品质"。

(15)上月杪，我发现吊车将一个黑色的物体安置在一家店铺的顶楼，后来陆续看许多铁箱，一问之下才知道是电讯公司租下该店铺的顶楼来安装电讯塔，让我非常担心。

(16)俨如大马"一人兵团"的李宗伟今年初一度暗示有意于年底退役，但他目前已改变初衷。

(17)他曾于上月底呼吁华社各方勿再"阿芝阿佐"（意即讲多多），吵来吵去或意气用事，大家应该团结起来，"敢敢"让关中学生报考统考，中总也愿意成为华社的后盾。

(18)大马预料会在今年尾或最迟 2015 年 9 月起，全面执行美国《外国账户税收遵从法案条规》。

(19)亚航于 10 月推出零机票优惠，我就准备了今年的行程，买了 5 月尾去砂拉越的机票。

动词"杯葛"是英语 boycott 的音译，义为"抵制"。在 MHYL 中，"杯葛"共有用例 27 条，而"抵制"有 10 条。例如，

(20)李学德中学时期曾是左派思想的学运分子，因为情倾中国，热血青年时的他杯葛英文和马来文，但数学非常好。

(21)他在《大马局内人》发表公开信呼吁，我国人民勿再针对加沙事件抵制麦当劳和其员工，并强调麦当劳近 95％员工是大马人。

在现代汉语中，动词"离"和"距离"均可以处于两个处所或两个时间点之间表示二者之间的空间距离或时间距离，如"我们学校离/距离火车站很近"和"离/距离国庆节只有十天了"；而在马来西亚华语中，动词"离开"也具有这一功能。在 MHYL 中，这一功能的"离开"有 11 例，如例(22)和例(23)；而同功能的"离"和"距离"分别有 21 例和 96 例。

(22)奥斯曼是于晚上在坠机现场附近的临时行动中心召开记者会时指出，坠机现场离开大路约 1 公里。

(23)现在离开 2015 年 4 月 1 日消费税全面在大马落实的日子已经越来越近了，我们都作好准备了吗？

在现代汉语中，形容词"优越"多与"条件""性能""地位""地理环境"等名词性成分搭配。但在马来西亚华语中，"优越"也可以搭配现代汉语中只能与"优异""优秀"搭配的成分，如"成绩""表现"等。在 MHYL 中，"成绩"与"优异"搭配 9 例，与"优秀"搭配 12 例，与"优越"搭配 2 例，同时还可以与来自粤语的形容词"标青"搭配，有 6 例，"标青"就是"优秀""优异"的意思。由此可以看出，在"成绩优秀"这个概念的表达上，马来西亚华语有比现代汉语更多的选择。

（24）马来西亚电业公会今日举办 2014 年学术卓越奖颁奖礼，并颁发奖励金给 40 名来自小学、中学及大学<u>成绩优越</u>的会员子弟，作为他们在电子工程学术领域表现卓越的鼓励。

（25）章慧丝后来参加全槟高中及高师毕业会考，<u>成绩优异</u>。

（26）并不是所有中学毕业生能够进入国立大学（华文独中的学生早被排斥门外），并不是所有中学毕业生可以进入所属意的科系，虽然他也有<u>标青的考试成绩</u>。

副词方面，在马来西亚华语中，表示程度极深的双音节副词除了现代汉语常用的"极其""极度"以外，还有"极之"。在 MHYL 中，"极度"有 24 例，"极其"有 13 例，"极之"有 5 例。

（27）两名在私人公司任高职的女强人以<u>极度</u>残酷的手法虐待印尼女佣，引起社会的高度关注和谴责。

（28）交通部长兼马华总会长廖中莱便马上批评依斯迈沙比利的言论极度种族化，<u>极其</u>不正确和狭隘，令人反感和遗憾。

（29）年轻的我也<u>极之</u>不愿意被人当成是坐享其成的二世祖，所以我选择到新加坡工作，从低做起，靠自己能力才做到后来的经理位置。

在马来西亚华语中，副词"连夜"与来自粤语的同义副词"漏夜"并用。在 MHYL 中，做状语使用的"连夜"有 11 例，而"漏夜"有 18 例。

（30）此外，死者家属<u>连夜</u>通知殡葬业者安排两人的身后事，包括在住家单位楼下设灵堂。

（31）周四被劫匪抢车掳走的承包商黄辉能一家四口，因担心全家的人身安全，已<u>漏夜</u>离开哈菁园住家，暂时搬到亲友家寄宿。

《现代汉语词典》（第 7 版）在解释"透过"说，"透过"〈方〉 介 通过"。在一些方言中，"透过"具有介词用法，义同"通过"，表示"以人或事物为媒介或手段而达到某种目的"。在现代汉语普通话中，介词用法的"透过"几无用例，但在 MHYL 中，介词"通过"有 842 例，介词"透过"有 251 例。

（32）马大校方，尤其是马末的工作单位伊斯兰研究院，尝试<u>透过</u>电话和电邮联系他，甚至<u>透过</u>家人了解他的状况，惟他仍毫无音讯，始终没有返回工作岗位。

（33）他说，当初是<u>通过</u>与拯救大马委员会的接触，以及<u>通过</u>报章才惊觉莱纳稀土厂的存在，后来此课题越演越炽热，他才开始大量阅读相关资料，并意识到此环境公害的危害度。

（二）句法

下面主要以框式结构和"是"字判断句为例来展示其多样性。

先来看框式结构。在现代汉语中需要以"在……上/中/里"框式结构来表达的，在马来西亚华语中，既可以以框式结构的形式出现，很多时候也可以把框式结构后面的方位词省略掉。例如，

(34)仁保警区主任韩沙阿利亚斯警监周二在记者会披露，警方是于4月6日下午接获雇主的投报，当场扣留现年39岁的女佣。

(35)长女阿怡在记者会受询及父亲节到来，她苦笑说，过去12年来，父亲节只是一个普通日子，不曾有所谓的庆祝活动。

(36)哥打丁宜警区主任拉末在记者会指出，5名嫌犯皆住在洛兴(西)土展区，4男1女是亲属关系，其中两人是一对夫妇。

(37)哈山马力周四为知识产权颁奖典礼主持开幕礼后，在记者会上受询及上述措施带来的涨潮程度时，如此指出。出席者尚有贸消部副部长拿督斯里阿末巴沙、秘书长拿督斯里阿利雅斯与知识产权局主席拿督哈芝马南。

(38)达祖丁在记者会上指出，这项行动从上周五展开，参与这次"象牙行动"的人数有279人，他们分别来自16个政府机构，包括警方、军方、民防部队、移民局及环境局。

例(34)的"在记者会"，在现代汉语普通话中要说成"在记者会上"，例(35)和例(37)、例(36)和例(38)两两对比，其后搭配的动词一样，差别就在于方位词"上"的有无。在MHYL中，"在……记者会上"有69例，"在……记者会"有17例。

(39)巴士公司必须从7月1日起，在乘客座位贴上巴士车牌号码及投诉电话，方便乘客即时投诉，违规司机的驾照可即时被扣留。

(40)本月2日午夜返回住家时，在家门前遭4名枪手近距离连开6枪夺命，倒毙在驾驶座位上。

(41)就在大选前夕，金海五金店的老板死在戏院楼上的前排座位上。

在MHYL中，"在……座位上"有5例，"在……座位"有7例。

"是"字判断句方面，现代汉语中很多不需要使用"是"或者使用"是"("是"后的成分之后必须加上"的")的句子，在马来西亚华语中，可以用"是"或者不需要加"的"。例如，

(42)住在百宝庄1A座13楼的黄姓屋主说，他堆积在走廊角落的杂物，是要捐给槟城伊甸残障中心。

(43)辩护律师周东妮为被告求情时提到，根据死者的解剖报告显示死者是因跌倒才致命，遭法官反驳说，"若被告没有攫夺死者，死者会跌倒吗？她会死吗？"

（44）但其实，他<u>是在哈姆雷斯业绩最艰难的时刻接手掌舵这家老字号公司</u>。

（45）他<u>是接到通报后从园坵赶到女婿住家</u>，当时女儿已被抬上救护车，身上有灼伤的痕迹。

（46）邱慧铭透露，她<u>是18岁那年在一家夜店与艾伦认识</u>，彼此发展成恋人关系后，艾伦还买了一栋公寓及一辆马赛地送给她。

（47）案发单位只有他们两人住，男死者<u>是从事运输业</u>，有自己的货车载送货物。

（48）卡立<u>是于周一早上出席第三届国际警务院校交流协会（INTERPA）会议后</u>，<u>向记者这么表示</u>。

（49）事发前，吴佳蔚<u>是到时代广场促销香烟</u>，并在凌晨1时50分离开时代广场准备回家。

（50）郑志豪是当地居民，他<u>是于周五晚上9时在1B座2楼走廊发现身穿红衣纵火狂企图第八次纵火后</u>，<u>立即联络队友四面包抄对方</u>。

在现代汉语中，例（43）、例（44）和例（45）的画线部分最后要加上"的"；例（46）、例（47）、例（48）和例（49）的画线部分最后加上"的"，或者去掉其中的"是"；例（50）需要去掉"是"才是符合语法的句子。这些句子的存在，使得马来西亚华语在"是"字判断句的表达上，比现代汉语普通话多了一种形式。

（51）他<u>是于周日出席槟州华校校友会联合会举行的"永续经营社团领袖训练营"开幕礼时</u>，<u>这么说</u>。

（52）女事主通过电话向《光明日报》投诉说，她<u>是于10年前在墨西哥一家电子组装厂工作时认识嫌犯</u>。

（53）根据她的报案书，她<u>是于周五晚10时15分步行前往学院途中</u>，突然陷入昏迷。

（54）他<u>于周二向八打灵再也法庭申请庭令后</u>，率领12名执法人员前往云数贸充公货物，不过没有封店。

（55）邻居说，<u>她于事发当晚到死者家中</u>，看见已有三四人正为死者施救。

在MHYL中，"他/她＋是＋于NP时间＋VP"有13例，这13例在现代汉语中都必须在VP后加"的"或者删除"是"才能被接受，如例（51）—例（54）；"他/她＋于NP时间＋VP"有117例，如例（55）、例（56）；从数量上看，前者远不及后者，但也绝非少见。

二、马来西亚华语词汇语法多样性的成因及其研究意义

(一)马来西亚华语词汇语法多样性的成因

我们把前文提到的词汇语法多样性现象列表,用"( )"展示其在 MHYL 中的出现频次,其中现代汉语普通话不用或极少使用的形式加粗,并在后面注明其来源。见表 2-4。

表 2-4　马来西亚华语词汇语法多样性现象

多样性表现及其使用数量	来源
乘客(326)/**搭客(14)**	"国语"传承或粤语
报纸(66)/**报章(132)**	"国语"传承
乡村、村庄、村子(80)/**甘榜(156)**	马来语词音译
质量(23)/**素质(124)/质素(2)**	"国语"传承或粤语
(年)底(40)/(年)尾(21)/**(年)杪(43)**	"国语"传承
抵制(10)/**杯葛(27)**	英语词音译
离(21)/距离(96)/**离开(11)**	马来语影响
(成绩)优异(9)/优秀(12)/**优越(2)/标青(6)**	"国语"传承或粤语
极度(24)/极其(13)/**极之(5)**	"国语"传承或粤语
连夜(11)/**漏夜(18)**	"国语"传承
通过(842)/**透过(251)**	粤语或闽语
在记者会上(69)/**在记者会(17)**	传承语的不完全习得
他/她＋于 NP 时间＋VP(117)/**他/她＋是＋于 NP 时间＋VP(13)**	传承语的不完全习得

从来源上讲,这些普通话中没有或极少使用的词语与结构可以大致分为四类:一是源自马来西亚华人主体所操的方言,主要是粤语和闽语;二是源自马来西亚本地较为通行的语言,比如,马来语和英语;三是华语作为传承语的不完全习得现象,对当地华人而言,华语是其传承语。根据 Montrul[①],对于传承语者而言,其输入的主要源头就是其上代移民,如果上代人或者中间代际群体的传承语存在迁移、简化、磨损等不完全习得和化石化现象,那么随着代际传承,就会对下一代传承语者产生影响,比如,年轻的传承语者可能就是传承语历时变化的始作俑者;

---

① Silvina Montrul:The Acquisition of Heritage Languages. Cambridge,Cambridge University Press,2016,122-128.

马来西亚华人所说的"在记者会"等,就是受英语、马来语的迁移影响而产生的不完全习得现象。

Azirah Hashim 指出,由于历史原因,语言接触(language contact)与多语制(multilingualism)一直是马来西亚社会和语言生活的一个特点;语言接触广泛发生于本地区的各语言之间,这些语言有马来语及马来语方言,汉语和汉语方言,印度语言,如泰米尔语、马拉雅拉姆语(Malayalam)等,东马土著语言,如伊班语(Iban)、卡达赞语(Kadazan)等,阿拉伯语,英语、荷兰语等殖民者语言。① 所以,马来西亚语言使用最显著的一个特征就是各语言间的语码转换和借用。这种复杂而独特的语言环境就是前述四种来源中前三种的诱因。至于第四种"国语传承",则要考虑马来西亚华语近百年来的独特的形成过程。关于这一点,周清海有较为清楚的说明:"1949 年之后,各地华语与现代汉语标准语分别发展。各华语区保留了'国语'的许多特点,受'国语'的影响是巨大的。各地的华语也没有经历过类似近期中国社会的激烈变革与变化,受现代汉语标准语的影响也很少。各地华语又受到不同外语的影响,各地的社会、经济、政治制度也不同,和大陆的差距更大,因此造成了各地华语之间,各地华语和现代汉语标准语之间出现差异。"②

关于马来西亚华语受传统"国语"之影响的问题,我们在本书第四章第二节还有详细论述。

(二)华语词汇语法多样性问题的研究意义

一是华语词汇语法多样性的考察,可以深刻认识华语变体词汇语法的共时面貌。当前的全球华语研究,首要任务就是要全面系统地描写其基本面貌。就现有的研究而言,一般采用普—华对比的方法,即把某个华语变体与现代汉语普通话进行对比,把华语变体有而汉语普通话所没有的特征视为华语变体的特色而加以描写,如陈重瑜③、周清海④和祝晓宏⑤等人的研究均是如此。但通过前边多样性举例可以看出,如果我们只是描写马来西亚华语使用"搭客""报章""甘榜""透过"等词汇,并将之视为马来西亚华语的典型特征,而没有对其使用频率及其同义形式的使用加以说明,那么我们对马来西亚华语词汇语法面貌的认识就是不深入

---

① Azirah Hashim：English and the linguistic ecology of Malaysia. World Englishes,2014,Vol. 33, No. 4.

② 周清海：《华语研究与华语教学》,《暨南大学华文学院学报》2008 年第 3 期。

③ 陈重瑜：《新加坡华语语法特征》,《语言研究》1986 年第 1 期。

④ 周清海：《新加坡华语变异概说》,《中国语文》2002 年第 6 期。

⑤ 祝晓宏：《新加坡华语语法变异研究》,北京,世界图书出版公司,2016。

的、不完整的。比如，"搭客"的使用就远不如"乘客"常见，"乘客"才是主流，但现有的研究一般只见"搭客"而不提"乘客"。

二是华语词汇语法多样性的考察，是共时变异研究的基础，同时也可以为华语变体的历时演变研究提供基础性的材料与数据。社会语言学学者认为，多样性是变异的基础；秉持"以用为基观(a usage-based perspective)"的功能语言学对使用频率在语言变化中的作用异常重视，认为定量分布就是语法的一部分。[1] 基于这样的学术理念，有了华语词汇语法多样性的考察结果，在共时变异方面，我们就可以进一步地调查、研究每一个具有多样性表现形式的相关变异参项，某个词语或语法结构，哪些人在说，什么场合说，等等。在整个华语圈，现代汉语普通话作为核心华语变体的影响力正在日见其大，对大陆地区之外的其他华语变体词汇语法多样性的考察结果，正是多年以后我们考察华语个体历时演变的一个非常好的窗口。

三是华语词汇语法多样性的考察，是深入开展全球华语跨变体对比研究的一项基础工作。上一节中我们曾提到了跨变体特征计算的方法，邢福义、汪国胜[2]也提出，全球华语语法研究要在单点调查研究的基础上进行区域调查研究和综合比较研究。多样性问题的考察及其定量分析，是跨变体特征研究或区域比较研究中的一个重要问题。比如，新加坡华语在表示两地或两个时间点之间的距离时就极少使用"离开"。再如，在MHYL 中，"杯葛"有 27 例，而"抵制"有 10 例，但在同规模的菲律宾华语语料库中，"抵制"有 33 例，而"杯葛"仅有 2 例。

---

① 　Joan Bybee：Language，Usage and Cognition. New York，Cambridge University Press，2010，122.

② 　邢福义、汪国胜：《全球华语语法研究的基本构想》，《云南师范大学学报(哲学社会科学版)》2012 年第 6 期。

第三章　华语语法现象的描写与研究

上一章我们从四个方面论述了华语词汇语法研究的基本框架和方法，其中所涉及的华语的例子都是示例性的。在本章中，我们将以马来西亚华语、菲律宾华语、新加坡华语以及印尼华语等为研究对象，以若干词类范畴、特殊句式、动词"相信"的情态化等语法现象为例，基于普—华对比，深入细致地展示全球华语语法在一些语法范畴、语法项目等方面的基本面貌。

第一节　马来西亚华语动词描写

从所表达的意义上讲，动词主要表示动作行为、心理活动、存在、变化、趋向、判断等。从语法功能上讲，华语动词主要做谓语，少数可以直接做定语、主语。关于动词的分类，主要有两个角度，一个是按照动词能否带宾语进行分类，可以分为及物动词和不及物动词，及物动词中能够带两个宾语者，称为双及物动词；另一个是主要参照语义—功能的分类，大致可以分为动作动词、使令动词、心理动词、存现动词、趋向动词、能愿动词、判断动词和形式动词等多个小类。

下面我们对马来西亚华语动词的描写就从这两个角度展开，两个角度的描写，例子不重复，彼此相互参照。最后会涉及马来西亚华语动词的重叠形式及其特殊格式。

一、动词的及物性分类及其描写

首先来看马来西亚华语的及物动词。

(一)词项特色词

先来看下面一组。左边为马来西亚华语词语，右边为其所对应的现代汉语普通话词语或其简单释义。

献议——建议	步出——走出	上载——上传
杯葛——抵制	牵起——引起	攫夺——抢夺
爆窃——盗窃	询及——问及	续称——继续指出
吁请——呼吁并请求	促请——催促并请求	受落——接受

叩应——英语 call in 的音译，指给工作单位、电台或电视台打电话

来看上述一些词语的用例：

(1)妇女组主席丽娜巴较早前，曾要求郭洙镇退位让贤，并<u>献议</u>他成为民政党顾问。

(2)他们于是<u>献议</u>我出任政治部人员一职，只需将马大华文学会的事务记录下来，交给政治部人员，他们每月会给我二百元薪酬。

(3)批评马华公会最狠的，是不是想换来马华公会敲门，送来种种诱人的<u>献议</u>？

(4)森州一天只能提供雪州 500 万公升生水，可是为解决目前的生水问题，我们需要 1 亿公升的生水，对方的<u>献议</u>只解决 5％的水供问题而已。

在马来西亚华语中，"献议"的使用较为频繁，大部分为携带宾语的动词用法，如例(1)和例(2)，此外也有不少用例充当名词短语的核心，如例(3)和例(4)。在马来西亚华语中，与"献议"同义的"建议"的使用也非常频繁，并且从用例上看，远多于"献议"。

(5)他在儿子重获自由后，便匆匆跟儿子<u>步出</u>法庭。

(6)我连忙追上想<u>步出</u>餐厅的一位老太太，并将钱包归还。

(7)此外，她平时也<u>上载</u>不少个人照，或与丈夫、朋友出游的照片至面子书。

(8)自从我有面子书后，我还<u>上载</u>照片到网上去。有时候我的家人会唠叨我，说我上网的时间太长了！

(9)我们可以不排队领取，传达明确的讯息：你要垄断，我就<u>杯葛</u>到底。

(10)当马来社会已经不再相信主流媒体，其至<u>杯葛</u>第三电视、《马来西亚前锋报》等媒体时，华社竟然阻止不了马华公会收购南洋报业控股。

在马来西亚华语中，"杯葛"与"抵制"共存，其中"杯葛"的使用略多于"抵制"。

(11)也是槟州首长林冠英于今早提出附加问题，质问诺莫哈末为何在全球<u>牵起</u>经济危机时，竟允许马来亚银行以多出市价的一倍(82 亿 5 千万令吉)收购印尼国际银行(BRI)多达 55.6 巴仙股权，并因此而招来 40 亿令吉的损失。

(12)沙巴进步党国会议员的表现已经显示沙巴的国阵成员已对首相兼巫统主席阿都拉的执政失去信心，继而不惜代价向后者投出不信任票，<u>牵起</u>第二次的政治海啸。

"牵起"在现代汉语中是一个词组，一般搭配是"牵起手"，而在马来西亚华语中，"牵起"除了这一短语用法之外，还有一个义同"引起"的动词用法。

(13)若被告没有攫夺死者，死者会跌倒吗？她会死吗？

(14)周东妮说，被告攫夺时没有使用武器，也对自己的所作所为感到忏悔，已向死者家属道歉，并答应不再重犯。

(15)他认为，安装隔热膜其实对保护皮肤有一定的作用，同时能防止匪徒从外窥见车内情况，从而减少汽车遭爆窃的风险。

(16)15岁辍学生结伙4人爆窃邻居家，从天花板潜入干案时被62岁的独居单亲妇女发现，以木棍攻击妇女的后脑，以致妇女被活活打死。

(17)询及副机师是否曾有做过相关举动时，他并没有给予任何回应。

(18)哥打士打县警区主任阿查曼周四询及此案时说，初步调查，女司机驾驶途中没发现2名小死者，因来不及闪避而撞击他俩，导致2名死者当场毙命，警方将援引1987年陆路交通法令第41条文查案。

(19)他续称，政府的资源有限，财政也面对赤字问题，数名部长也开始"试水温"，放话谈论是否应该继续注资马航，或要为马航寻找一个更善于管理航空公司的投资者加入。

(20)何光亮续称，一名自称是老板的男子过后现身，他向对方讨价还价后，最后以赔偿600令吉了事。

(21)她也吁请村民们做好准备，尤其要在本月28日至30日期间的大潮日特别小心。

(22)吉打慈济全体志工吁请大家踊跃出席，接受证严上人的祝福及为灾民祈福。

(23)同时，他促请雪州子民要未雨绸缪，即日起精明用水、爱惜及不浪费水源。

(24)他们促请马大学生事务处撤回上述决定，停止干预学生的表达与言论自由。

(25)周恩来是中国人最尊敬的其中一位领导人，纳吉这番话，毋庸置疑将使广大中国人民受落非常。

(26)为一件商品改一个能为大众受落的名字，非常头痛，考起广告人，一字千金。

(27)一般歌手刚出道都会去小型活动或登台试唱、试胆量以及看看观众是否受落。

(28)他还透露，林熙隆人脉非常广，擅长打交道，在马青非常受落。

（29）除此之外，卡立在非马来选民中也颇为<u>受落</u>。

（30）所以，一般金钻行通常只制造小件且符合大众口味的首饰，由珠宝设计者天马行空的创作反而不<u>受落</u>。

动词"受落"源自粤语，为及物动词，意义为"接受""接纳"，但其后不出现宾语，如例（25）—例（27）。"受落"也可以是不及物动词，其意义为"被接纳""受欢迎"，如例（28）—例（30）。

（31）许多忠实听众纷纷<u>叩应</u>电台，表达支持与关怀，<u>有些</u>甚至情不自禁地在电话中哭了出来。

（32）今天早上的爱 FM《爱开唛无障碍》<u>叩应</u>节目中，主持人讨论了蚊症在我国多个地区肆虐时，不少听众投诉被灭蚊喷雾人员强性要求付款进行喷射的遭遇。

（二）义位特色词

马来西亚华语的义位特色动词有："收藏""报效""申诉""操作""离开""投入""肖"等。

（33）一个人会<u>收藏</u>艺术作品，不只是说明他具有艺术鉴赏眼光，也同时具备了投资眼光。

（34）股票市场有起有落，钞票也贬值风险，具有一定的投资风险，唯有<u>收藏</u>艺术品，其价值会随着时间久远而不减反增，甚至会涨升 10 倍以上，与此同时，<u>收藏</u>艺术品在无形中也提升了个人的品味。

（35）因为纯粹是兴趣，陈锡润并没有作公开搜集，而是通过地砖生意，询问有<u>收藏</u>黑胶唱片的屋主可否转让，就这样慢慢收集到上万张黑胶唱片。

（36）第二，一般相信用在死者身上的炸药属于 C4 级炸药，而这个新产炸药一般上<u>收藏</u>严密，究竟如何会掉入相关警员的手中？

（37）占米说，他每晚午夜 12 时就会把当天的录影带<u>收藏</u>在他办公室的台架上。

（38）他指出，经过调查后，那两名男子带领执法单位至他们被捕附近的一间货仓，起获共 6000 公升<u>收藏</u>在大油槽的柴油。

（39）警方因此推断死者即是当时遭人肢解，然后被<u>收藏</u>在雪柜内。

（40）由于慧婷是家中独女，父母亲接获消息后情绪激动，家人担心慧婷父母想不开，已把厨房里的刀具利器<u>收藏</u>起来，以防老人家做傻事。

（41）在刑事法典 411 条文下，任何人不诚实地接收或<u>收藏</u>任何赃物，并明知或有理由相信该赃物为赃物，必须判处最高可达 5 年监禁、或罚款或两者兼施。

（42）他说，把私人的隐秘资料<u>收藏</u>在电脑会比较安全。

动词"收藏"，在现代汉语普通话中的意义是"收集保藏"，充当其宾语的主要是"文物""艺术品""古籍"等具有重要价值的东西，这一意义在马来西亚华语中也有，如例（33）—例（35）；但除此以外，马来西亚华语的"收藏"还有"收存""储藏""存放"之义，充当其宾语的可以是任何东西，且这些意义较为常用，如例（36）—例（42）。

（43）他说，运动员的运动生涯十分有限，辛辛苦苦训练多少年，只希望在国际大赛展示自己，取得优异成绩，<u>报效国家和人民</u>，也许一次杯葛，就会永远没有机会参加如此规模的国际赛事。

（44）峇冬加里大屠杀收尸人黄天来（74 岁）指出，当年年仅 8 岁的他在事发 10 天后，随着爸爸及其他 15 名老前辈一同前往案发地点收尸，以罗里载送尸体至乌鲁音，再由家属辨认及第三者<u>报效</u>棺木。

（45）巴生光华国中筹建综合楼和提升讲堂筹款晚宴获得热烈反应，原本已<u>报效</u> 120 桌的辉煌大酒楼将"加码"至 130 桌，<u>报效</u>当晚全场的餐席。

（46）她庆幸目前有善心人士<u>报效</u>奶粉给两名女儿至年杪，以减轻他们的负担。

（47）这是团体的义务工作，但胡南一家只<u>报效</u>五十瓶廉价的汽水，并没有派人来参加。（马崙《槟榔花开》）

（48）我们放一个大架子，放菜呀、米呀、油呀、盐呀、米粉呀，都是村民们<u>报效</u>。

（49）这名善心人士答应捐献一块位于士毛月的土地，及<u>报效</u>一间价值超过一亿元的中医学院。

（50）还需州政府同意将发展商<u>报效</u>的土地，从屋业保留地更改成为华小保留地。

（51）槟州太平局绅公会是在趁着巡视时，也移交 1 台 29 寸彩色电视机、1 台数码录影机、3 台迷你音响组合、3000 粒蕉柑及由发绅<u>报效</u>的 8 支电剪及 100 块瘦身肥皂。

（52）丽丽的长女丽芬每天都会向阿姨拿钱买菜煮饭，一些小贩因同情他们的处境，有时也会<u>报效</u>蔬菜给他们。

"报效"在《现代汉语词典》（第 7 版）中的释义是："为报答对方的恩情而为对方尽力。""报效"在现代汉语普通话中的用例，其宾语无外乎"祖国""人民""党""家乡"等词语，这一用法在马来西亚华语中也有少量用例，如例（43）。例（44）—例（52）中的"报效"可以解释为"提供""馈赠",这种用法在马来西亚华语中非常常见。这一意义的"报效"在近代汉语和民国时期的汉语中有使用,如"十一年,广东奸民李光照觊觎富贵,具呈内务府,请报効木植,重修淀园。"[(清)陈康祺《郎潜纪闻》]"该监犯因红丸案判处徒刑,情愿报效巨款,请求赦免。"(《司法公报》,1922 年第 170 期)今粤语也常用。这里需要指出的是,从用法上来讲,"报效"与"捐赠"存有差异,即"报效"的宾语一般为实物、土地、房屋等,而"捐赠"的宾语成分除了这些之外,还可以为金钱和人体器官,"捐赠"还可以做定语构成"捐赠者""捐赠家""捐赠同意书",而"报效"不能。

(53)马来西亚律师公会代表一家公司向法律专业纪律局<u>申诉</u>维卡纳伽林甘不当地操纵法院体系,却遭维卡纳伽林甘起诉诽谤。

(54)大专生曾经多次就校园选举中所发生的不民主和不公平现象向校方和高等教育部提出<u>申诉</u>,但是却未曾获得正视。

(55)今天由民主行动党安排到国会大厦走廊召开记者会,向媒体<u>申诉</u>他们的恶劣遭遇。

(56)一对姐弟<u>申诉</u>,他们自 18 岁以来就一直帮活跃于标会活动的母亲还债,至今 20 年已还逾 30 万令吉,不料母亲所欠债务如"无底洞"般,这边厢未还清,那边厢又冒出逾 5 万令吉债务,令为债务疲于奔命的他们几乎崩溃,哭诉"帮了 20 年还不够吗?"

(57)阿旺载阿妮回瓜拉吉赖县的住家,她的下体一直流血,尽管向父母<u>申诉</u>疼痛,父母不予多加理会。

(58)他说,在这之前,他陆续帮小春存款到小春工厂的银行户头里,以便大耳窿可以在支票到期前兑现有关款项,但大耳窿过后却向他<u>申诉</u>领不到钱。

(59)邻居们<u>申诉</u>,这户人家经常乱丢脏物,包括垃圾、鸡蛋及粪便,而且他们不只把这些脏物抛在路边,还直接抛进邻居的住家庭院和所栽种的植物内。

(60)林老师在面子书上<u>申诉</u>,医生基于大女儿正接受癌症化疗,已致函要求校方豁免大女儿参与动作激烈的课外活动,不解为何校方如此不近人情,执意在大女儿的课外活动科目上给了 E 级评价,形同刻意刁难及"欺负"行为?

《现代汉语词典》(第 7 版)对"申诉"的解释是:"①诉讼当事人或其他公民对已发生法律效力的判决或裁定不服时,依法向法院或检察院提出重新审理的要求。②国家机关工作人员和政党、团体成员等对所受处分不服时，向原机关或上级机关提出自己的意见。"但在马来西亚华语中，"申诉"的使用不限于法律途径，除了上述情况可以使用"申诉"以外，只要公开陈述、诉说自己的遭遇、权益等，均可使用，"申诉"对象可以是政府机关、媒体乃至家人、邻居、朋友等；这是一个现代汉语所没有的义位。如例（53）和例（54）与现代汉语相同，但是例（55）—例（60）却是现代汉语普通话没有的。

（61）郑文水并不懂得操作电脑，作品都是手写，因为对写作充满热情，如今仍会不定时投稿至报章。

（62）他表示，事实上，黑胶唱机的操作原理并不复杂，它类似手工机械表，反而比现在的光碟唱机更耐用。黑胶唱片也比光碟和卡式录音带好，不会发霉。

（63）因此教总促请教育部继续聘请临教以填补有关的空缺，以免影响华小的正常操作。

（64）启用后，水坝上游的泥土将陆续流失，沉积在水坝内，妨碍水坝操作。

（65）不料提款机早已因频频停电而停止操作，根本没有现款，空手而归的匪徒一怒之下，在临走前烧毁提款机泄忿。

（66）峇章圣约翰洗肾中心虽未获得执照，但是却依旧操作。

（67）非法食肆愈来愈多，全部都无牌操作，但都可以继续作业。

（68）TCK 滑机油经销公司董事主席郑自宽披露，公司搬来新厂投入操作至今已一年半，期间共遭遇两次劫案和一次偷窃案。

（69）他说，虽然本地的小型炼毒厂难以被察觉，但是毒品罪案调查局还是透过所掌握的情报成功捣破很多本地小型炼毒厂，调查也显示这些操作炼毒厂的犯罪集团，炼毒技术并不纯熟。

（70）分析师指出，马航保留操作的国内航线比预期更多，共达 19 个，这使它成为整个航线重组计划中的赢家之一。

（71）营养是孩童时期整体健康成长和发展的重要因素，缺乏健康的饮食会导致身体发育不良、减缓大脑的发育，同时会抑制人体免疫操作。

（72）据说就快退休了，但这时他脑筋的操作，却迅速得很："不会是优等吧？"（驼铃《焚》）

（73）在这段期间，总会长只能掌控"过渡中委会"，维持党机关的操作，但不能作出重大决策。

（74）但我们仍觉得目前的实际操作车子练习时间是足够的，因为我国驾驶者大多是态度问题，而非技巧问题。

(75)陆路交通局从本月起实行的新驾驶者教育课程(KPP)和旧有课程最大的区别，则是把原本 5 小时理论课增加至 6 小时，同时大幅提升学员实际操作车辆时间，考场和路上练习从原有的 8 小时，增加至 15 小时 30 分。

(76)我随着家人逃难到山芭里去，整天在田芭里操作，更是无缘读书。(马汉《过江泥菩萨》)

《现代汉语词典》(第 7 版)对"操作"的解释是"按照一定的程序和技术要求进行活动或工作。"可以带宾语，构成动宾结构，如"操作电脑""操作机器"等，也可以直接做定语，构成偏正结构，如"操作方法""操作原理""操作规程""操作系统"等。该种意义及用法在马来西亚华语中也有，如例(61)和例(62)。但马来西亚华语还有很多搭配是现代汉语所没有的，我们可以根据搭配的不同，给"操作"归纳一些新的义位。例(63)—例(65)中的"操作"可以解释为"运行"；例(66)和例(67)中的"操作"可以解释为"经营"；例(68)—例(70)中的"操作"可以解释为"运营"；例(71)—例(73)中的"操作"可以解释为"运转"；例(74)和例(75)中的"操作"可以解释为"操控"；例(76)中的"操作"可以解释为"劳作"。

(77)我没有了母亲，只有一位父亲，在乡下靠割胶维生，离开这里有一百多公里路。(孟沙《遗爱》)

(78)我被告知，采锡活动只准在离开这里不远的甘榜章格伯鲁浪进行。

(79)警方还派出一架直升机在空中盘旋，监视状况，直升机一度低飞至离开地面 300 公尺与 400 公尺之间的距离，直升机低飞造成的强风把示威人群的衣物掀起。

(80)他们是在下午 2 时下水，当时海水处于退潮，约 45 分钟后海水开始涨潮，其中 4 人离开岸边约百余公尺，其他人已陆续返回海滩。

(81)经历了两个灾难后，大马人开始发现到幸福不是必然的，灾祸随时会降临到任何人的身上；虽然战火离开我们十万八千里，却一样会夺走亲人的生命。

(82)加上其他在野党，总数将是 57 席，离开否决国阵三分之二国会议席，还有 16 席之多。

(83)现在离开 2015 年 4 月 1 日消费税全面在大马落实的日子已经越来越近了，我们都作好准备了吗？

在现代汉语普通话中，动词"离"和"距离"可以处于两个处所、两个时间点或现状与目标之间表示二者之间的空间距离、时间距离或现状与目标之间的距离，如"我们村离/距离车站很近""离/距离国庆节只有十天了""现在离/距离目标越来越近了"；而在马来西亚华语中，动词"离开"也具有这一功能。在马来西亚华语中，此一功能的"离开"的用例虽远不及同功能的"离"和"距离"常见，但用例也为数不少。

（84）当年，受到家庭经济的束缚，他必须立刻投入到社会去赚钱，而他选择了担任小学老师。

（85）问题在于剧场的工作时有时无，而他们不想觅一份固定的工作，不然就无法投入于剧场的工作了。

（86）或因把大部份时间投入训练和参赛，分身乏术，李宗伟近年来哪怕是多么渴望享受天伦乐，却事与愿违，仍须不时暂别妻儿，飞赴国外各地为国为己东征西伐。

（87）这些入境柜台已经于 5 月 2 日午夜 12 时投入服务。

（88）一直以来，政府都致力于打造国民学校为人民首选的学校，并投入大量拨款到教育领域。

（89）举起个人著作《为沙巴觅正义》投入人民公正党，究竟会在沙巴政坛上引起多大的震撼呢？

（90）现年 30 岁的法蒂玛自 1996 年投入警队，当时为辅警，2005 年被调到特别行动部队。

（91）参与及投入华人社团的，真的是剩下"有心人"了，差别在于有的人致力于社会工作，有的人则处心积虑纠缠于权位争夺。

（92）我们只有默默耕耘，自己既然投入这一行，免不了往自己的兴趣坚持，尽量把自己的艺术推向更高层次。

（93）李良树早在 1986 年已经考获产业经纪执照，但真正投入这行业是从报界退休后的事。

作为动词，"投入"在现代汉语中的意思主要有二：一是"进入某种阶段或状态"，如"投入社会""投入生产""投入新生活""投入使用"；二是"投放资金、时间、精力等"，如"少投入，多产出""投入资金""投入兵力""投入时间"等。这两个意义在马来西亚华语中也较为常用，如例（84）—例（88）。但是除此以外，"投入"在马来西亚华语中还有一个非常常用的意义，那就是"加入（某个机构、团体、党派、行业等）"，如例（89）—例（93）。

（94）你又不是肖虎的。

（95）你肖什么的？

在现代汉语中，动词"肖"的意思是"相似""像"，一般不能独立入句，只能出现在"惟妙惟肖""神情毕肖"等固定短语中。但是在马来西亚华语中，"肖"有一个新的义位，相当于汉语的"属"，用来表示人的属相，多用于口语。如例（94）和例（95）。

（三）搭配特色词

搭配特色动词，这里简单介绍"抵触""帮忙""生气""开展"。

在现代汉语普通话中，动词"抵触"的意思是"跟另一方有矛盾"，可以做定语，如"抵触情绪"，可以做宾语，如"产生抵触""有抵触"，做谓语时常以"与/跟/和……相抵触"的格式出现，其后不能直接出现宾语。但是在马来西亚华语中，"抵触"后可以直接出现宾语成分，而"与/跟/和……相抵触"的格式极少出现，这是"抵触"在马来西亚华语的特色搭配。例如，

（96）同时，促请媒体不要依据这些报案资料随意写新闻，同时警告公众不要传播这些资料，否则，将<u>抵触</u>1972年官方机密法令。

（97）8名关税局官员都涉嫌向"A"君或"A"公司收取贿赂，作为不向该公司走私酒活动采取取缔行动的交换条件，<u>抵触</u>了2009年反贪污法令第16a（A）条文，一旦罪成最高可被判坐牢不超过20年及罚款超过贿金的5倍或1万令吉，视何者为高。

（98）作为一家上市公司，南洋报业更因股票在公开市场的流通量太低而<u>抵触</u>了马来西亚交易所的上市条例。

（99）若说没有<u>抵触</u>华社的利益，为何当时有超过五百个华团出来反对、有超过一百个知识分子、时评作家参与罢写行动？

（100）马哈迪会捍卫自己的历史地位，对马哈迪而言，更动国家的政策，就是<u>抵触</u>马哈迪的政治利益。

（101）马来西亚华文小学家长会总会（家总）筹委会主席黄华生非议全国校长职工会拒绝执行华小管理指南，并非担忧<u>抵触</u>教育部指南，而是拒绝接受透明机制的管理。

（102）此外，立碑纪念包括马共在内的抗日英雄，不但毫不<u>抵触</u>明年庆祝国家独立50周年纪念，反而相得益彰。

（103）批准这些种植项目不只违背政府官员自1995年以来所作的承诺，也<u>抵触</u>了巴贡水坝环境影响评估报告所提出的多项建议。

"帮忙"在现代汉语普通话中是一个不及物动词，如果涉及所帮对象，要以"帮××一个忙"的离合形式出现，或者用介词"给"等引介所帮对象，但是在马来西亚华语中，"帮忙"却是一个及物动词，并且鲜有离合形式的用法，其用法等同于现代汉语普通话的"帮"和"帮助"。同时，"帮忙"

与"帮助"一样，可以充当"给予""得到""接受""提供"等动词的宾语，这一点也是现代汉语普通话所没有的。从功能上来讲，在马来西亚华语中，"帮忙"是一个及物动词；从意义上来讲，马来西亚华语的"帮忙"与现代汉语并无区别；但是从搭配上来讲，马来西亚华语有自己独特的搭配。例如，

（104）她毅然决然地将自己的积蓄全部拿出来，帮忙阿本弄个小贩档口。（孟沙《遗爱》）

（105）帮忙别人要诚恳，不能想到回报，如果你对每一件事情都等待收获，那么你很早就会失望、放弃。

（106）身为家中长子，我小时候还得不时帮忙父亲载送鸡蛋到市区的商店。

（107）如果你不要帮忙我们，就直接告诉我们，那就算了。

（108）他中学时身兼数职，除了上学，还得到阿依淡巴刹帮忙爸爸看档，同时也到菜馆当学徒。

（109）在报案后迟迟没有下文，也联系不到林姓女子的情况下，他决定透过报章，希望公众能帮忙他尽快找回女儿。

（110）不过，我需要在阅读有关孙艟华的新闻后，再看看能不能给予帮忙。

（111）我们（马航）是政府相关公司，我们应该得到所需的帮忙。

（112）在蒲种看到一名 49 岁华裔车主在路边不断开动休旅车引擎，嫌犯假藉好心上前提供帮忙，趁车主不备时亮刀抢车。

（113）基于当时我已委托超级摩托爱心组筹款，也与吉隆坡鹰阁医院安排日期做检查及动手术，所以我们感谢拿督李的善意，但没有接受他的帮忙。

动词"生气"与"帮忙"类似，在现代汉语普通话中，如果要出现生气的对象，一般以"生××的气"这样的离合形式出现，但是在马来西亚华语中，离合形式几乎不用，而是生气对象直接出现在"生气"的后面，"生气"在现代汉语中是不及物动词，在马来西亚华语中是及物动词。例如，

（114）不要生气我啊！（调查所得）

（115）她说，即使当时的自己还只是个小孩，但她的思维都是负面的，很生气父亲，很讨厌社会的不平等。

（116）其家人与朋友在获知事实时先是会感到非常震惊并拒绝接受事实，接着会生气跨性别者，恐惧他人如何看待跨性别者。

(117)王妤娴说，父亲、母亲或身边的亲友切勿在孩子面前批评加害者的不是，虽然孩子很<u>生气</u>加害者，却不是很愿意听到别人对他父母的评价，他听了心里更难受。

(118)她说："其实事发后第二天，我的心情已平复，我并没有<u>生气</u>或讨厌他，事情过去就算了，他不一定需要向我道歉，更重要的是他能够真心悔改。"

在现代汉语普通话中，动词"开展"一般后接"批评""活动""运动""工作""斗争""研究"等词语做宾语，在马来西亚华语中，这样的搭配也较为常见，如例(119)—例(121)；此外，"开展"还有不少特色搭配，如例(122)—例(129)，其中与"计划"的搭配更为常见。例如，

(119)今年，CTT 与国大医药中心(UKMMC)合作<u>开展</u> MyDerm 临床试验，目前已有 9 人受惠。

(120)事实上，政府也看中科学和技术领域<u>开展</u>深入研究的需要，以改进现有的材料、产品和生产过程。

(121)然而，我们<u>开展</u>每场斗争，目的都是为了取胜，而不是想要失败。

(122)过去，联邦政府大刀阔斧<u>开展</u>大型计划，如布城行政中心、吉隆坡国际机场等，皆未深思熟虑，以致许多耗资庞大的大型计划大而无当，令人民蒙受巨损。

(123)马来西亚动物福利团体有史以来首次通过专业零售店空间<u>开展</u>领养计划。

(124)两年前，马来政府<u>开展</u>了一个旨在改善种族关系的国民服务措施，从三大民族中挑选出 18 岁的学生参加军事训练营。

(125)了解与跳脱这个局限，我们才可以<u>开展</u>更多的想像力，寻找改革媒体的其他可能性。

(126)他于 1963 年以 27 岁之年，在没有参选的情况下受委砂州加入马来西亚以后的第一个内阁成员，<u>开展</u>至今长达 43 年的政治生涯。

(127)即使是现在，三人也在不同的领域<u>开展</u>他们的人生。

(128)当然，各独中有各自的发展背景和地方因素，所<u>开展</u>出来的办学姿态又不尽相同，对于学习外来的教育理论和经验，仍然存在一些磨合的状况，这就需要独中的办学者去思考如何去寻求解决的办法了。

(129)原本老人<u>应该</u>留下更自由的言论空间，让这个年代的年轻人从彼此言论的碰撞中，击出更大的火花，<u>开展</u>更大的空间，而不是要他们"争取"原本享有的基本权利。

（四）频率特色词

马来西亚华语中频率特色及物动词主要有"恋栈""撙节""借镜""装置"和双及物动词"予"。

"恋栈"在《现代汉语词典》（第7版）中的释义是："马舍不得离开马棚，比喻做官的人舍不得离开自己的职位。"该词在现代汉语普通话中用例偶见，如："恋栈北京的士兵，则不可能成为未来的元帅！"但是在马来西亚华语中，"恋栈"的使用频率要远高于现代汉语普通话。例如，

（130）那么，马华公会本身也是因为有高层领袖因过于恋栈党职和官职，不惜制造幽灵党员和天兵残将自保，使马华公会陷入一片乌烟瘴气中。

（131）纳吉指出，国阵并不恋栈权位，相反的，国阵希望我国人民继续投选国阵政府，是出自对国阵的信任，而不是因为政府宣布戒严而向这些高压强制手段低头。

（132）槟州民政党秘书拿督丁福南指出，州主席许子根辞掉主席职，显示民政领导层不恋栈权位，是很潇洒的决定。

（133）那些恋栈政府高职的马华公会高层，更不会轻言放弃难得的升官机会。

（134）就连总会长拿督斯里黄家定也表态再做一届就走，表达不恋栈权位的立场，其他人还能"赖着不走"吗？

（135）蔡细历受丑闻缠身后，干脆俐落的承担责任及认错，不过，社会与党员的认知及感受却有极大的落差，因此他毫不恋栈地引咎辞卸所有的党政职位。

在现代汉语中，"撙节"为"节省"之义，用于书面语，且用例鲜见。但"撙节"在马来西亚华语中远比在现代汉语普通话中常用。"撙节"可以直接带宾语，如例（136）—例（138）；更多的是放在"措施""运动""口号"前直接做定语，如例（139）—例（140）。例如，

（136）他说，这个50亿令吉可以从政府撙节开销，包括解决纰漏和贪污问题，及把国能由独立发电厂所提供的后备电供从40巴仙减少至20巴仙来筹措。

（137）联邦与各州政府数年前对官用车已有指南，规定政府官员需以国产车取代外国车，目的有二，即提高国产车的形象以及撙节开销。

（138）槟州首席部长林冠英在槟州行政议会后表示，为了撙节开支，槟州政府决定暂缓购买供议员们，还有议长使用的手提电脑和打印机。

（139）虽然马航在首季的客流有所增长，加上撙节措施取得一定效

果，但这些利好却被市场负面情绪、载客率承压及非核心营收逊色所抵销。

（140）另一方面，她指首相拿督斯里阿都拉昨日公布多项缓解通膨压力的撙节措施是为了挽救形象。

（141）首相阿都拉周四推展撙节运动时，促国人撙节，应精打细算，但是政府却没以身作则。

（142）他说，如果首相一上任就推行撙节政策，这5年来就不必浪费100亿令吉之巨款了。

（143）这项发展是否代表了，首相阿都拉巴达威上任以来提倡的撙节治国政策将来个大拐弯？

（144）阿都拉在2003年11月上任后，打着肃贪与撙节的口号，搁置了这项百亿工程。

"借镜"就是"借鉴"，少数充当谓语核心，大多用作名词短语的核心。在马来西亚华语中，"借镜"远比"借鉴"常用。

（145）本区域另一个在汽车工业发展方面值得我们借镜的国家是韩国。

（146）赖姓妇女是于周三下午，在槟州副议长陈福良陪同下向记者陈述，她遭到3名老千骗走钱财的经过，并希望能借镜，将此遭遇诉说出来以警惕公众，以免再有人受骗。

（147）过往前首相马哈迪羞辱安华，造成其家属诸多不便而引来激烈反弹的经验，可以成为纳吉的借镜。

（148）近年来，擅长笛子、二胡、扬琴和古筝多项华乐演奏并极力投入于华乐教学的陈重平积极往返大马和中国两地，曾主办两次马中音乐交流会并多次受邀到中国参与民族乐器艺术节等，希望藉此参考中国当地的华乐发展作为推动本地华乐的借镜。

《现代汉语词典》（第7版）对"装置"的解释是："①动词，安装；②名词，机器、仪器或其他设备中，构造较复杂并具有某种独立功用的部件，如'自动化装置'。"在现代汉语中，其动词意义极少使用，常用的是其名词意义，而马来西亚华语正好相反，"装置"的动词意义常用而名词意义不常用，也即在两个义位上，其使用频率均与现代汉语不同。例如，

（149）政府一度规定巴士需装置黑箱，但最终却让业者自行决定是否安装，因非强制性措施，许多业者因此也不加理会。

（150）于是我们看到了从中央政府到地方当局，无不竞相在打造"安

全城市"的名义下，耗巨资在全国各地所鉴定的罪案黑区装置闭路电视。

（151）由于左手臂上的肿瘤过于肿大，目前已无法为她装置铁架来取代已疏松的骨质，加上媚珊病情恶化，治疗方式也和之前的规划不一样。

（152）由于她尚未习惯装置两条义肢，所以只能在一条腿的情况下，练就"单脚骑摩多"的本领到巴刹做生意。

（153）丹绒加弄 130 名居民联署反对瓜雪县议会罔顾居民健康与意愿下，批准在玛慕花园内的店屋屋顶上装置电讯塔。

（154）她说，槟榔河的垃圾阻隔器，是该局在去年所装置，主要功能是阻隔河流的垃圾流向大海，大量垃圾堆积在阻隔器前形成为一个垃圾岛。

（155）车子的外部装饰可随意拆卸、装置，车主可随着自己的心情、天气或时节的转变，改变车子的颜色和外部装饰。

（156）但他感叹，生意已大不如前，目前每个月大约能售出 200 台各式的装置，约占他回收量的一半。

双及物动词"予"是"给"的意思，书面色彩浓重。在现代汉语普通话中，多与"给""赋""交"等动词联合构成双音词"给予""赋予""交予"使用，偶尔有"V＋NP1＋予＋NP2"（如"送画予人"）、"予＋NP$_{间}$＋NP$_{直}$"（如"予人无限的想象空间"）的格式出现，不过用例非常少。而在马来西亚华语中，"予"的这两种格式出现非常频繁。例如，

（157）过去八年，联邦政府的收支都处在入不敷出的状态，它通过发售债券予国内外的投资者，以筹集资金来应付国家的发展开支。

（158）他吁请公众继续与警方联系，提供更多的详情予警方，公众可以拨打吉辇警局热线 05-7212222，联络刑事调查部警官。

（159）呼吁政府关注及解决劳工短缺问题，同时提供奖掖予改进及转型以提高生产力的业者。

（160）今日联合移交 5 万 4 千 300 个签名予董总，让董总百万签名运动至少收集了 80 万人的签名。

（161）我只能打 45 分阿都拉的谦逊身段与柔软语言，与前朝相比，分外予人好感。

（162）我们相信包括淡马锡旗下公司在内的国营企业必须出价高于私营企业，才能从政府手中获得赌场经营许可而又不会予人话柄。

（163）如今，副内长维护沙巴东部特别保安指挥区之余，更把矛头指向度假村，难免予人护短之感。

(164)虽然每当报章出现"争取官职"的报道时，不论国阵民联都会予人一种负面的感观，让人觉得当政者只为做官。

下面来看马来西亚华语的不及物动词。

(一)词项特色词

马来西亚华语中常用的特色不及物动词主要有如下这些，几乎全部都是动宾结构的复合词：

张眼——睁眼	落雨——下雨	落车——下车
发梦——做梦	过身——过世	展期——延期
割名——过户	出粮——发工资	车衣——用缝纫机做衣服
吃称——缺斤短两	入贼——有贼进入	受薪——领受薪水
出街——上街、刊出、播出		干案——作案
造案——作案	当机——死机	吃/食风——旅游
启业——开业		

来看部分词语。例如，

(165)杨嘉庆博士说，练习正念时，无关张眼或闭眼，重要的是随时可以将正念实践于日常生活中。

(166)我一抵达门口，张眼一望便看见死者吊毙在风扇底下。

(167)气象台预计灾区今明两日都落雨，不利救灾。

(168)不过，受到余震及上游落雨的影响，大坝崩塌的可能性增加。

"发梦"就是"做梦"，与"做梦"的用法一样，"发梦"也是一个离合词。例如，

(169)此举触怒槟首长连串发炮，指责查哈拉硬把话套在他口中，不仅不专业，而且在议会上发梦。

(170)又有多少人能够靠梦想起家，靠梦想养家糊口。梦想，偶尔发梦和想像就够了，不用太认真。

(171)对于维再也医生的死讯，陈博士直言，这有如发了一场恶梦，教他难以置信。

作为动词，"展期"就是"延期""推迟期限"的意思。而在当前的现代汉语普通话中，有一个与之同形的"展期"，是"某项会展之持续期限"的缩略，近年来，马来西亚华语受现代汉语影响，"会展期限"之"展期"也有使用。例如，

(172)第二次来，当然是准备面对审讯，但结果是展期。（驼铃《撕》）

(173)他因为要养家，而被迫缺席国民服务计划，当局肯定会给与豁免或展期服役。

(174)继小六评估考试(UPSR)科学试卷确证泄题及<u>展期</u>进行后，在考试于周四进入最后一天，国小的英文科试卷一和试卷二也被证实泄题。

(175)首先，看到吉兰丹州务大臣表示，尽管吉兰丹发生水患，但是29日为通过伊斯兰刑法修正法案的特别会议不会<u>展期</u>。

"割名"义同"过户"，有时也说"过名"。在马来西亚华语中，"割名"较为常用，如上面的例子所示，它可以做谓语，也可以做定语。在马来西亚华语中，"过户"和"过名"也有使用，但从使用频率上讲，均少于"割名"。例如，

(176)"谈起我的老子就生气，他这个老家伙也太不公平了，把那些好的产业全<u>割名</u>给我的弟弟。"蔡一虎忿然地说。(云里风《俱乐部风光》)

(177)她说，艾伦过户后于2月8日出现在她的娘家，要讨回车和公寓的钥匙，当时她只好敷衍对方，答应两天后去<u>割名</u>。

(178)2月10日，他等不到我出现为车子<u>割名</u>，又跑到我娘家大吵大闹，我母亲只好报警。

(179)晚上在适耕庄海口仙法师公庙，出席适耕庄渔业公会主办的第16届渔民收工联欢晚宴时，也吁请渔船未完成<u>割名</u>手续的渔民，尽快办理渔船的<u>割名</u>手续，否则货不对办，无法处理申请每日200令吉的渔民生活津贴。

(180)因此，国人平时就应做好准备，除了明智消费，也要有适度的投资和储蓄，不是把全副身家放在风险高的投机活动，或月头<u>出粮</u>时就大买特买，沦为每月都钱不够用。

(181)《星洲日报》曾经在1987年两度遇上灾难：一是被银行接管，当时的UMBC(合众银行，RHB银行前身)接管，就是已经穷没钱<u>出粮</u>了结果让人接管；二是"茅草行动"把《星洲日报》关掉，走到绝路上。

(182)你搬来跟我们一起住，不要来住也不要紧，每天到我<u>车衣</u>间来看我的衣有没有车错，日子会容易过。

(183)据周月娇透露，刘秋月中五还未念完，便于17岁的时候，离开老家，来到新山一带居住，并担任一间工厂的<u>车衣</u>女工。

(184)趁圣诞节假日与家人到森美兰州波德申度假，却接获警局的电话，告知他在雪兰莪首邦市(Subang Jaya)的双层排屋住家<u>入贼</u>，并偷走其私人手提电脑。

(185)根据康瑞美披露，当时曾敏兴尚是行动党全国主席，接近大选的一个晚上，住家也<u>入贼</u>，贼匪没有将屋内弄得乱七八糟，只是拿走曾

敏兴的手机和收音机。

"受薪"即"领受薪水"之义。除了充当动词核心以外，更多的是充当定语，如"受薪族""受薪阶级""受薪员工"等。例如，

(186)另一方面，针对园丘工人的薪金，阿都拉曼则指出，目前全国超过 20 万名园丘工人已通过每月固定发薪的方式受薪，而且待遇也较之前好。

(187)只要他们符合资格，包括是马来西亚国民、贫穷、不受薪于任何的雇主以及非政府公务员，所有种族都能获得治疗。

(188)而受薪 1000 令吉以上的公务员将可获得一个月的花红，相关的花红将不会低过 1500 令吉。

(189)可是，进行研究、把研究报告结集成书、收集、管理和保存资料工作，都需要一笔不小的经费，华研目前有 17 名全职的受薪职员，包括研究和图书管理员，每年的开销约需 100 万令吉。

(190)像许多受薪族，一直在付出，没有方向，身不由己。

(191)其实我们已经够小心门户，刚才出街时，前后门都加了锁。(孟沙《贼》)

(192)突然成名后，李世平意识到外表和形象的重要，不能再随随便便出街。

(193)回到家后跟我太太提起，她就劝我别再穿短裤拖鞋出街，以后要穿长裤包鞋才出街。

(194)虽然已是老夫老妻，但两人还是保持着牵手的动作，不管是出街还是在家里看电视。

(195)这则专访出街后，国内各语文报纸纷纷转载，其中一家英文报如此报道："新上市交易所将派发马币 8 亿 6000 万元股息予股东。"

(196)毕竟这案件涉及太多人，警方必须作更好的调查后才公布，无奈，报案者 26 日报案，新闻便于 27 日晚出街了。

(197)节目出街后，各地回响如雪片飘来。

(198)各国漫画随时任由他们翻阅，连热爆未出街的剧集，都有人有本事骇出来先睹为快了。

(199)她说："知道纪录片完成出街，确实令人雀跃万分。"

(200)影片出街后，不少人质疑警方的讲法，指警员对手无寸铁的杰坎斯基滥用暴力，做法可耻。

例(191)—例(194)中的"出街"为"上街"之义；例(195)和例(196)中可以解释为"刊出""问世"；在例(197)—例(200)中可以解释为"播出"。

（201）跨境干案的菲南武装分子短时间卷土重来，显然是有恃无恐，大马军警单位却似乎束手无策。

（202）我不认为匪徒会因隔热膜而决定是否干案，我也无法接受警方以这个理由限制安装隔热膜。

（203）据警方调查，匪徒是从住家后方屋顶潜入造案，事后，黄辉能已命人修补屋顶上的破洞。

（204）据了解，在匪徒造案过程中，曾经有数名路人步行经过，但是都没有发现这件事情的发生，让人纳闷。

（205）电脑当机，滚动指示牌无法移动。

（206）马来西亚网站经营者今天表示，执政党在选举中意外挫败之际，点选新闻的流量太高，导致许多新闻网站当机。

（207）大马交易所午盘开市后又出现类似无法交易的当机问题，交易所随即中止午盘交易，直到约15分钟后交易系统才复恢正常和交易。

（208）他表示，由于很多商家要求当局给予宽限期，以便能够配置销售终端系统，因此当局决定宽限至4月30日，之后所有手写的发票都不被允许使用，除了面对特殊情况如系统当机时，才能使用。

（209）他指出，类固醇不能作长期治疗，这是因为它会一直指示免疫系统不要对外来物有反应，这让机体曝露在感染的风险中，如果一旦有病原体来袭，身体就不会主动出击抵御入侵者，最终遭到对方肆虐而"当机"。

（210）在这个学生比上班族还忙的年代，小学生放学后的时间几乎是在安亲班里度过，做功课、补习、额外习题，周末还得上才艺班，所以得知黄筱媛从来没有上过补习班，我忽然脑袋当机，浮现的问题是："功课怎么办？"

"当"是英语 down 的音译，"当机"义同"死机"，如例（205）—例（208），也可以通过隐喻用于身体机能的不工作或大脑运转的停顿，如例（209）和例（210）。

（211）他花了一大笔人民血汗钱到太空去吃风，然后在地球上的我们还是得继续唾骂地心引力为我们带来的交通阻塞。

（212）国庆大典的经费也砍了，却突然要花大钱把全体77名后座议员送出国去吃风，长达十二天，美其名曰：农业考察。

（213）哈斯曼开始不耐烦说，这是一个很简单的算术，连手指都可以数得出来，然后揄揶证人说，难道你是去吃风吗？

（214）到了1990年代，从峇冬加里通往云顶高原的公路通车后，食风更是推高，形成小镇在周末假日常出现车水马龙的景象。

"吃风"和"食风"表示"旅游"，是对马来语"makan angin（旅游）"的意译，makan 是"吃""食"，angin 是"风"的意思。有趣的是，汉语的粤方言中"吃风""食风"意为"驾车兜风"，与"旅游"义近；清朝的黄遵宪《不忍池晚游诗》："银鞍并坐妮妮语，马不嘶风人食风。"钱仲联笺注："粤人以御车兜风为吃风，吃俗字，此以食代之耳。"复旦大学社会学系教授梁绍文写于 1933 年的《南洋旅行漫记》①中也提到了"食风"。

（215）今年欣逢启业 4 周年纪念，有关管理层再次与商场租户联手在 3 楼举办一项为期 4 天的数码科技产品展销会。

（216）近年来人人已开始注重养生，而标榜全身经络养生保健疗法的缘生经络养生馆，日前正式新张启业，竭诚为各界提供整体治疗法服务，为您打造健康亮丽人生。

除此以外，马来西亚华语中还有一些来自粤语等汉语南方方言的动宾结构的不及物性质的"惯用语"，常见的有：

车大炮——吹牛

吃老米——吃老本

拗手瓜——扳手腕、掰腕子

捞偏门——混迹社会，从事不正当的职业

打太极——推诿敷衍，不负责任；回避躲闪，不正面回答

下面来看具体的用例：

（217）行动党"自夸"效率快，李学德呛声："车大炮！"

（218）既像个慵懒痴肥的六旬老人，理想阙如，吃着老米赖以为生；又像不务正业、油口滑舌的二世祖，靠着一把阿谀奉承的嘴，换取不必劳务就有的财富。

（219）后来马华公会 A、B 两队也借此事拗手瓜，马华公会网站甚至激烈攻击当时身处 B 队的马青总团长翁诗杰。

（220）同时，也有邻居指出，赖富强疑涉及捞偏门。

（二）频率特色词

马来西亚华语中频率特色不及物动词以"驾车""出世""医病""旅行"为例说明。

现代汉语中常说"开车"，而较少使用"驾车"，但是在马来西亚华语

---

① 转引自邱克威：《马新华语词汇研究史上的第一部特有词词典——许云樵〈南洋华语俚俗辞典〉评议》，载《南洋学报》2016 年第 70 卷。

中"开车"和"驾车"同样常用，在口语中"驾车"还要更常用。在马来西亚华语口语中，表示"开（交通工具）"常使用动词"驾"，自行车、摩托车、汽车、飞机等都可以用"驾"。例如，

（221）有个顾客说，当初每次驾车经过，都犹豫要不要停下来。

（222）一名老翁与朋友喝茶后，驾车回家时在交通灯肇祸，连人带车撞入大沟渠，整辆车动弹不得，需劳动消拯员赶到用绳索展开拯救行动。

（223）一名不愿具名的居民指出，他在今早约 9 时驾车出门时，在路口被一名印裔男子截停。

（224）一名路过的巫裔骑士见到我们，知悉我们被掳时，打电话叫来朋友驾车载我们知甘峇都警局报案。

在马来西亚华语口语中，用"出世"表示"出生"。在现代汉语普通话中的口语中常使用"出生"，书面语中"出世"才较为常见。

（225）"我妈妈说我出世那年是 1936 年，又好像是 1935 年。但我的身份证记录是 1938 年。"所以，当你问他今年几岁，他说："应该是 76 岁吧。"

（226）他透露，女儿是于去年 10 月 16 日出世，并于 12 月 5 日被抱走，连名字都还没取好。

（227）在 2010 年 4 月间，甫出世 5 个月的小嘉欣被诊断患上心脏有孔，急需 6 万令吉进行心脏手术。

（228）在孩子出世的头半年，幸好有我母亲替我照顾孩子。

在马来西亚华语中，"治病"之外，"医病"也很常用，尤其在口语中。而现代汉语普通话中，"医病"的使用频率很低。例如，

（229）她说，丈夫之前的积蓄也因为医病花尽。

（230）王慧英说，中医师在医病时是以一种自然意念医病，这种意念主体叫"辨症论治"，而这也涉及"同病异治疗，异病同治"，指导他们看病、为病人治疗，也指导他们如何养生。

（231）去年在古晋医病，也想起你。

（232）她表示，医病过程，病人与医生都必须配合，才能找出病源，用对适合的中药。

在马来西亚华语口语中，极少用"旅游"，而常用"旅行"，现代汉语普通话恰恰相反。

（233）不让他随行是因为他常会打翻醋坛子，"旅行时男男女女总会拍照啊，他看到我和别的男人拍照就会不高兴，那就别让他去好了"。

（234）如今已是财大气粗的中国人，从天上骂到海上，骂到不仅数以

万计的游客取消来马<u>旅行</u>，而且让我们再也没接到中国游客来马的订单。

(235)66岁的拿督林炎葵，经常被人误以为是香港著名影视艺人秦沛。在广州<u>旅行</u>，当地人还跑上前要求他签名。

(236)值得一提的是，那位女学生"<u>旅行</u>结婚"的对象，原来是个搞"学生运动给政府扣留"的青年，显示小说也有富其时代意义的潜文本。

二、动词的意义—功能分类及其描写

在动词的意义—功能分类方面，下面主要描写动作动词、使令动词、能愿动词、心理动词、形式动词等五类。关于马来西亚华语的趋向动词和判断动词"是"，本书上一章中已经给出了详细的描写，此处不再重复。

首先，来看马来西亚华语的动作动词。

前文在描写马来西亚华语动词的及物动词和不及物动词时，已经给出了不少的双音节动作动词的用例，下面将仅举例说明单音节的常用动作动词。例如，掷、载、徇、割、储、派、起、唁、煲、念。下面分为二组分别举例说明。

(一)掷、载、徇、割、储

(1)他见药箱只有药物就很生气把药箱<u>掷</u>在地上。

(2)事件殃及饮食店，一众狂徒<u>掷</u>汽油弹企图焚烧店铺。

(3)律师和人权份子要求医院交出验尸报告时，政府医院往往仅<u>掷</u>出一句，"我们只照警方所说的去做!"

(4)电费高涨12%的噩耗向人民<u>掷</u>声：狂人描绘的电供私营化美景，已经彻底幻灭!

(5)为什么他的内心会干枯，让没有犯罪的人像动物般被囚铐、与外面世界隔绝，更<u>掷</u>以恶劣的指控，但却不愿在法庭上公开审讯他们。

(6)在交棒日期到来之前，有人会不断向纳吉投<u>掷</u>指责，以令纳吉看起来不再有资格担任副首相。

动作动词"掷"意为"扔""投"，在现代汉语普通话中，充当其宾语的一般都是具体的事物，如"铅球""鞋子""石头"等，但是在马来西亚华语中，"掷"已有了进一步的隐喻发展，言语类名词可以出现于其后做宾语，如例(3)、例(4)和例(5)。由"掷"构成的双音复合词"投掷"同样具有这样的用法，如例(6)。

(7)她说林先生已决定在这个星期天驾车来<u>载</u>亚娇去槟城，然后在槟城举行婚礼，结婚后要带亚娇去中国台湾日本吃风。(云里风《亚娇》)

(8)他解释，替阵今日拦截了约二十辆疑是<u>载</u>着幽灵选民的巴士，然而由于乘客的名字皆出现在选民册上，他们只能无奈放走他们。

（9）一名邻居说，周三早上 8 时，他准备载孙女到幼儿园时，看到男死者独自在五脚基抽烟，当时孙女还高喊对方"uncle"，男死者当时还报以微笑回应。

（10）一架载满 166 名乘客和机组人员，周日晚从吉隆坡飞往印度班加罗尔的马航波音 737 客机，在起飞不久后发现右翼起落架爆胎，被迫折返作紧急降陆。

（11）坐摩托啦，我载你回去。

（12）院长，我的脚车载不下叻，可不可以帮我载回去？

动词"载"意为"用交通工具运送"，自行车、摩托车、汽车等都可以用"载"。在马来西亚华语中独立使用，且用例较为常见。

（13）现年 40 岁的余芷恩在数年前和老友林葆琳在槟城牛奶巷（Lorong Susu）开了嫲嫲面馆，一开始只是卖面食，后来徇众要求也就卖起套餐便饭，其中就包括每周二才有的咖喱鸡饭。

（14）徇众要求，油较歌舞娱乐世界（Copra Mill Leisure World），再次重金礼聘本地活力动感的"风采姐妹"登场，吸引逾千粉丝争睹，掀起爆满人潮！

（15）本报徇众要求，6 月 1 日起恢复之前已经沿用超过 60 年的书法报头。

（16）前首相敦马哈迪发表说他开设部落格是徇众要求。

动词"徇"意为"依从""屈从"，在现代汉语普通话中一般出现于"徇情""徇私"等词语中，不能独立使用。在马来西亚华语中，"徇"常出现在"徇众要求"这个固定搭配中。

（17）吴暹香长大后即从事割胶工作，在 17 岁那年，她与当时 19 岁的猪肉贩胡木莲缘定终生，组织幸福家庭，是村内的模范夫妻。

（18）一个首长把山脉拿掉、一个把海域割掉、一个把山谷送出去及另一个则投注在水务交易上。

（19）我听说你们公司利诱我们的职员，把别家运输公司载的货，都割给你们载，这是否事实？（曾沛《上司》）

（20）有些德士司机真的很鲁莽，经常在公路上飙车，不知道是不是因为累积太多的怨气，所以就通过和其他驾车人士较量"割车技术"来发泄心中的怒火？

（21）他说，涉及违规范围的包括割车，双线割车，使用紧急通道，插队，闯红灯等，这些都可以造成车祸，因此将面对罚款高达 300 令吉。

（22）行动党关注两项将在未来两个月内通过的水务法案，它不仅将令用户缴付较高的水费，也要将没缴付排污费的用户<u>割</u>水。

（23）为了避免被<u>割</u>电、<u>割</u>水、<u>割</u>电话，共管委员会须想方设法来筹集抵押金，以解燃眉之急。

（24）由于诉讼费用高昂，许多无辜的用户承担不起法律费，而被迫缴付有关费用，以免被<u>割</u>电。

（25）于是我被<u>割牌</u>出院了。（云里风《冲出云围的月亮》）

（26）也许是硬规矩，医生说来到CCU就不能直接走出去，必须转到普通病房至少过睡一晚才<u>割牌</u>出去。

单音动词"割"，在《现代汉语词典》（第7版）中的释义有："①用刀截断；②分割，舍弃。"在马来西亚华语中，这两个义项均有使用，如例（17）和例（18）；但同时受马来语对应动词的影响，"割"也有了新的发展。一是可以单独使用，表示"从全部中切割一部分出来"，如例（19）；二是除了前边提到的"割名"以外，还可以构成"割车""割水""割电""割电话""割牌"等，其意义分别为"超车""切断供水""切断供电""切断电话""医院注销病人的牌号，促其出院"。

（27）我满心欢喜地一路抱着把它带了回来，在家里的饭桌上用个浅浅的藤托盘摆放观赏了许多天，才<u>储</u>进冰箱里。

（28）我告诉他，我们已经立刻煮了些，母亲说好吃，也把一大半一包包在冰箱里<u>储</u>好，准备只在特别的日子里才拿出享用。

动词"储"在现代汉语普通话中一般不能独立使用，而在马来西亚华语中，"储"可以单独使用，意义相当于"存放"。

（二）派、起、啃、煲、念

（29）人民期待联邦政府预算案是否大<u>派</u>糖果之际，对于联邦政府的各项支出和拨款的去向与成效更需要密切关注。

（30）另外，行动党议员报案指控，国阵<u>派</u>礼篮涉贿选。

（31）他们周一上午从太平前往巴里文打一带分<u>派</u>香烟，中午时分抵达巴里文打市中心，在靠近一家快餐店时，其中一人到一家迷你市场送货，另一人坐在客货车上等待。

（32）事主驾车<u>派</u>报途中遭刀匪拦截，奉上袋中200令吉现金，匪徒却不满足，强拉事主下车砍人。

（33）过年<u>派</u>红包是一种传统习俗，坦白一点吧，我们小时候都喜欢收红包，在没有能力挣钱的年纪，那可是我们一年一度的"收入"啊。

（34）王建民也呼吁雪州政府在容易发生制水的地区成立专属的<u>派</u>水

队伍，以便随时提供充足的资源。

（35）他坦言，有舆论认为慈善组织定时<u>派</u>饭给这些游民，助长了这股歪风，养成游民好吃懒做的恶习。

（36）张健行为狂妄，有人形容他出手慷慨，大方<u>派</u>钞票、金条和宝马名车给幸运的会员或"弱势群体"，也确有一<u>些</u>"受惠者"站出来给予力挺。

（37）我们都对大学教育发展都感到失望时，以上两则新闻可谓对高等教育的发展<u>派</u>了一颗定心丸。

（38）另外，在该公司的企业社会责任下，马来西亚达能多美滋工厂也将邀请公众以及孤儿院的孩童前往进行参观，向外界大<u>派</u>定心丸。

（39）马华蕉赖区会服务中心主任吴心一将这好消息告知当地业者及居民，至于没能够接到好消息的居民，他则会<u>派</u>信通知他们。

（40）支持签名运动也好，<u>派</u>传单也好，积极策划串联动员也好；热点集中就是火把，把悲观烧掉，把恐惧烧掉，把要不得的法令烧掉。

（41）带领交易所完成上市工作的马来西亚交易所行政总裁尤斯利（Yusli）接受外国通讯社路透社专访，内容谈及马来西亚交易所的<u>派</u>息政策。

（42）所以，通过奔走 39 个城镇，除了进行分享会，同时也<u>派</u>发关于稀土厂的传单，至少留下一些资讯给他们仔细阅读。

（43）曼绒县的学校已停止户外活动，一些学校亦<u>派</u>送口罩给学生配戴。

作为动作动词，"派"在马来西亚华语中，除了现代汉语常用的"分派""派遣""摊派"等意义之外，还有一个非常常用的意义，即"分发""送"，常用的组合有"派报""派息"和"派糖果"；"派"有时也与"发""送"组成"派发""派送"的双音节形式；此义的"派"源自粤语。

（44）大马政府证实，机长住家<u>起获</u>的模拟飞行器日志已被删除，专家正在全力修复。

（45）全国毒品罪案调查组捣破一个在森州及巴生河流域横行的贩毒集团，<u>起获</u>总值 800 万令吉的各类软性毒品。

（46）除了武器外，军方同时<u>起出</u>大批红衫军名牌，全部收缴作为证物。

（47）警方随后在现场<u>起出</u>一把制式手枪及 M16 步枪，现场弹痕累累，警方开五六十枪，疑犯开枪数尚待清查。

（48）展开逮捕行动的东北区警方重案组警员，是在垄尾大华高原相信是嫌犯的住家将 2 人逮捕，并起回部份赎金、金饰品、手机等证物。

(49)警方在追查 16 天后，成功逮捕一名拥有拿督头衔的画廊老板及 7 名员工助查，并起回所有画家的画作，宣告侦破此案。

(50)你看，那边起了好多新的商业中心。(戴小华《沙城》)

(51)他们已收到罗地，说那地区要起工厂。(碧澄《落地生根》)

(52)"对了，莉莉，最近地皮和屋价起得惊人，你先生一定赚了一大笔吧!"(马汉《体面人家》)

(53)导致这期间的混合饲料价格每吨从马币 1200 元起至马币 1500 元，共起了马币 300 元。

(54)可是，在国际油价继续下跌之余，国人听说 12 月份的 RON95 油价可能设定下降区区 3 仙，而国际油价稍微上涨时却起了 20 仙，不禁让人质疑这笔账究竟如何计算?

(55)这些年来，我国电费涨了多次、各领域的收费也起了数次，目前如果调整水费并不过份，也是合理的。

(56)比如当中央政府调涨电费或取消白糖津贴时，林冠英就不断声称槟州民联政府没有起水费、门牌税等。

动词"起"，在现代汉语普通话中有多个义项，其中两个是:"把收藏或嵌入的东西弄出来"，如"起货""起钉子";"建立"，如"白手起家""平地起高楼"。这两个意义，在马来西亚华语中比现代汉语中常用。在马来西亚华语中"把收藏的东西弄出来"的"起"常和"获""出""回"搭配构成动补结构的短语使用，如例(44)—例(49);而"建立"意义的"起"，可以独立使用带宾语，如例(50)和例(51)。除此以外，"起"在马来西亚华语中还有一个特殊的意义，即"涨(价)"，使用非常频繁，如例(52)—例(56)。

(57)我啃着饭粒，默默地，却嚼不出滋味来。(孟沙《第二梦》)

(58)换句话说，第一银行集团以啃下两笔债务的代价，达到控制兴业银行的目的。

(59)尽管如此，分析员哈菲利斯认为，首要媒体若要啃下《马来邮报》，对其而言也是一个负担，这只不过是从左手转到右手的把戏，而且娱乐性质的刊物也不是什么新鲜点子。

(60)我同 Ada 是十几年的朋友，现在这么大只死猫我啃不下(指这个委屈吞不下)!

(61)这个圣诞节，市道低靡，人心更难测，索性把自己关在家里，啃着干粮过节享受公假，想想既省钱又低风险，看来还是不错的点子。

闽语潮汕话中的动词"啃"与现代汉语普通话的"吃"相当，可以与

"饭"搭配，就是吃饭的意思；受此影响，在马来西亚华语中，"啃"后出现的宾语，有很多是现代汉语普通话中所不曾有的，如例(58)—例(61)。

(62)于是赶着把客厅和房间打扫干净，又煲了开水，冲了一大壶的中国茶。(云里风《俱乐部风光》)

(63)开瓦斯煲水后即出门而酿成小爆炸，乌龙妇女从外归来听闻厨房出事，却因惊吓过度而当场休克！

(64)由于回家后各自收拾，我抵达后才发现他们不是简单的来玩水而已，还捡树枝起火烤番薯和玉米，以及煲水煮咖啡。

(65)坐飞机其实是一件很无聊的事，尤其是长途航程，我根本无法睡觉，唯一可做的，就是在机上煲戏。

(66)我坐过航程最远的班机，虽然只是 13 个小时的法国航班，却是我人生中最痛苦的航程。我总共煲了 4 部电影，剩下的几个小时，就是发呆，还有观察人家的睡态。

动词"煲"在现代汉语普通话中常用的宾语为"汤""粥"，但是受粤语影响，在马来西亚华语中，"煲水"也偶有使用，意为"烧水"。更为有趣的是，源自粤语的"煲电话粥"表示长时间打电话，而在马来西亚华语中，"煲"又有了新的搭配，可以说"煲戏"和"煲电影"等。

(67)不要碎碎念啦！

(68)我妈妈要知道我这样，一定会念我！

在马来西亚华语口语中，动词"念"有"唠叨"的意思，例(67)和例(68)取自赵敏的文章①。

其次，使令动词方面，使令动词"请""使""派""让""叫""令""要求"等在现代汉语中均有使用，且较为常用。下面举例说明马来西亚华语特色的使令动词，主要有"俾""给""令到"和"使到"四个。

(一)俾

在使令动词上，马来西亚华语的一个特色是对"俾"的使用。"俾"在汉语中出现很早，在《尚书》中就有不少用例，意义是"使"，如"俾我有周无斁"(《尚书·微子之命》)；但在古代汉语中，"俾"后的被使成分很多时候可以省略，在这种句法环境下，"俾"可以被重新分析为一个介词，其后跟的是目的成分，功能类似表达目的的"以"，如"敷求哲人，俾辅于尔后嗣"(《尚书·伊训》)；在汉语史上，这两种用法一直存在于汉语书面语中，早期现代汉语甚至 1966 年之前的汉语中依然如此。在粤语中，"俾"

---

① 赵敏：《马来西亚华语口语语法研究》，暨南大学博士后出站报告，2013。

也有"使"的意义。

在马来西亚华语中，"俾"可以单独使用，也可以与"使""让"组合使用。"俾"单独使用时，又分为两种情况，一种是其后有被使成分，用例不多。例如，

(69)只讲述马共的立场和斗争目标，<u>俾</u>社会同情及珍惜他们的贡献。

(70)以至诚祭祀神明祖考，并兴起大事业<u>俾</u>人心得以由松弛中趋于紧束。

(71)<u>俾</u>民政党拉茶委员会主办此项论坛，目的是让公众了解司法独立的重要性，同时探讨首相近日为了改革司法，提出成立司法遴选委员会遴选法官的建议，是否能恢复大马司法以往的公信力。

(72)是项比赛也获得各酒店的赞助蛋糕，<u>俾</u>州内的体育与康乐团体、工厂及狮子会等志愿团体的 26 个团体能顺利参与赛会。

(73)于是，我答应把大城由横梁上一步步地带到屋顶去，<u>俾</u>救生员能够及时发现我们。（马崙《洪水浩劫》）

在上面五例中，使令动词"俾"后均出现有名词性成分充当被使对象，例(69)中是"社会"，例(70)中是"人心"，例(71)中是"民政党拉茶委员会"，例(72)中是"州内的体育与康乐团体、工厂及狮子会等志愿团体的 26 个团体"，例(73)中是"救生员"。

另外一种是"俾"后的被使成分悬空，使得在线性顺序上，"俾"后没有了名词性成分，而是直接与其他成分相连。例如，

(74)对制度性改革的三大建议，值得各方关心外国与本国平民在马来西亚人身安全的人士思考，<u>俾</u>不困于外交、族裔、道歉或者惩罚犯罪人员与否的框框。

(75)民主制度要求国家决策的过程透明化，<u>俾</u>在人民的参与和监督下，国家的利益能够得到保障。

(76)呼吁彭亨州人民勿参加任何非法集会，因为这是违法的，反而应继续支持政府，<u>俾</u>持续享有和平与繁荣。

(77)吁请州政府少玩弄政治及少说话，<u>俾</u>能专注于治理良好政府的要事。

(78)记得 2014 年到来时，声称现在事事都优先考虑家庭和家人的李宗伟曾一再表示，为了保持竞技状态，避免遭遇伤病，他今后将作选择性参赛，甚至可能退出一些原已报名的超级系列赛，<u>俾</u>能专注于备战今年内相继举行的汤杯决赛圈、共运会、世锦赛和亚运会。

此外，"俾使""俾让"的使用也相当频繁。例如，

(79)我们在此要求，董理事会必须秉持公心，放弃对柯院长每年一聘的不合理作法，改以三年一聘，以表示对一位公共知识分子的尊重，俾使院长能有效执行校园规划和落实科系学术发展的系列计划。

(80)他也倡议设立马来西亚宗教发展局，俾使信仰各宗教的国民有一个协调的空间。

(81)对《大专法令》的整体内容，包括其实施以来，对于校园自主性、学术自由、学生自治、行政效率、校园选举等层面，来个整体的检讨，俾让我国的大学生不再受限于《大专法令》的枷锁。

(82)拿督斯里的一生，着重于塑造自己的人格修养，他也对自己灌输了一股强烈的社会感，俾让槟城成为一个更美好的家园。

需要指出的是，与"使""让"等广泛使用相比，使令义的"俾"显然已经日渐式微。

（二）给

在现代汉语普通话中，"给"也具有"叫""让"的使令动词用法，如"那封信他收着不给看"；而从使令到被动，又是一个较为普遍的语法化共性路径，所以在现代汉语普通话中，"给"又可以表示被动，如"我的钱包给小偷偷走了"。在马来西亚华语中，"给"的使令动词用法要比现代汉语普通话丰富。例如，

(83)我这里没地震，阿芳，别跟那衰人，他要骗你，他要带你去送死——给他一个人死。（碧澄《扫不尽的枯残》）

(84)要是给她知道了，回去难免又要挨骂了。（云里风《俱乐部风光》）

(85)阿香倒也没有给她失望。（云里风《处处陷阱》）

(86)过了不久，也许是有什么风声，给紫瑛的母亲知道了。（马崙《槟榔花开》）

例(84)和例(86)中的"给"，可以有不同的解释，解释为使令动词和被动标记均可。而例(83)和例(85)中的"给"只能是使令动词，并且现代汉语普通话是不这么说的。

（三）令到和使到

在马来西亚华语中，双音节使令动词方面，比较常见的有"令到"和"使到"，其意义和功能与现代汉语普通话中的"使得""让"相当；其中"使到"更为常用。例如，

(87)最近内阁及大道局又再批准一条新大道——白沙罗金銮大道（KIDEX），引起八打灵再也一带的居民强烈抗议，甚至进一步令到最近

课题缠身的雪州民联政府和大臣卡立再成为众矢之的。

（88）可是随着更多罗里司机来上班，令到匪徒开始乱了阵脚，频频询问保安员到底还有多少名司机会上班，最后决定放弃造案计划。

（89）一旦扣除医药费和水电费，一个月就只剩下三四百令吉的生活费，令到拾荒伯感到非常无助。

（90）马来西亚是一个多元文化国家，尤其在吃方面，不同种族或籍贯都会将本身特色带入食物，可能到了另一代又有改良混合，令到整个菜式更加多元化、更加精彩。

（91）趁巡逻队人员在提水救火时，他就在另一座组屋纵火，使到巡逻队人员疲于奔命，也让当地居民提心吊胆。

（92）谭媚珊左上臂 20 公斤重的巨瘤不仅会压得她透不过气，也像是一颗炽热的火球，使到她非常不舒服，彻夜难眠。

（93）她说，环境局希望未来处于东北季候风时，不会使到大马或南马发生烟霾问题。

（94）为了确保国产车顺利发展，政府制定一些干预政策，包括提高车辆与零件进口课税、实施汽车入口准证（AP），使到进口车与零件价格高昂。

（95）因为如此折腾一番，已有约 10 名准教师放弃接受调派，一些选择到新加坡教书，使到华文师资流失。

（96）旅游及文化部长拿督斯里纳兹里日前在上海指出，马航 MH370 事件使到大马旅游业受重创。

再次，现代汉语常见的心理动词有"想""爱""恨""妒忌""羡慕""了解""相信"等。在这一方面，马来西亚华语的特色是"相信"和"冀（望）"的用法。关于动词"相信"，本章第五节有详细论述，此不赘述。

"冀"是"希望"的意思，在现代汉语普通话中偶有使用，是个书面语用词；但是在马来西亚华语中，"冀"的使用频率较高，既可以单用带宾语，又可以与"望"组合成双音词"冀望"使用。例如，

（97）纳吉透露在获悉后，他遂与副首相兼教育部长慕尤丁讨论，结果同意批准在安顺设立依德利斯师范大学（UPSI）分校，并冀于三四年内落实。

（98）马华是真正在服务华社，冀华社莫忘马华的贡献。

（99）新马航放眼会在退市的 3 年内，即于 2017 年转亏为盈，并冀在 3 至 5 年的时间内，于 2019 年重新挂牌。

（100）另外，马来西亚道教总会会长陈和章冀政府能够将道教节列为

国内公共假期。

（101）他说，如果政府能在年终开放对中国签证措施，业者就能<u>冀望</u>中国游客人次在明年春节回流。

（102）他二话不说随手从摊位里拿起一粒粒西瓜剥开让他们享用，<u>冀望</u>可以让队友解暑。

又次，现代汉语中常见的能愿动词有"肯""敢""能""会""能够""可以"等，这些词在马来西亚华语中均有使用。马来西亚华语在能愿动词上的特色主要表现为两点：一是受闽南话的影响，"懂"具有能愿动词的用法；二是"会"有新的发展与功能，尤其在口语中。

（一）懂

在《现代汉语词典》（第 7 版）中，"懂"为动词，意义是"知道""了解"，主要有两个功能：一是充当动词核心带宾语；二是充当动词的补语。充当动词核心带宾语时，其所构成的结构均较为短小，具有类词短语的性质，如"懂事""懂行""懂英语""懂政策""懂业务""懂礼节"等，如果跟小句做宾语，一般要用"懂得"；做补语主要跟在"听""看""读"等动词之后。但在马来西亚华语中，"懂"的宾语在多样性上要远胜现代汉语普通话，并且可以直接跟小句。例如，

（103）我就是想要<u>懂</u>你们偷什么东西咯。

（104）我看你眼睛就<u>懂</u>你在讲骗话。

（105）可是哦，我们只有三十天哦，不<u>懂</u>做得到没有？

（106）不<u>懂</u>哪一家报馆拍了六张连环照片。

（107）许多商家告诉我，他们要打月饼广告，却不<u>懂</u>要接洽谁。

（108）他这种人最好不能借钱给他，那个 900 万不<u>懂</u>是谁借给他的，谁要是借钱给他，下届不管竞选什么职位都会输掉！

（109）经过两旁都长满青草蜿蜒的道路，父亲看着一座很大的墓碑，问起了我<u>懂</u>不懂林连玉是谁？

（110）黄丝带运动其实在这些年来一直在保持温度，久而久之，媒体界都<u>懂</u>有这场运动，读者也渐渐知道需要有另一种声音。

马来西亚华语中，"懂"还有另一种解读，就是当它处于动词或动词性结构之前的时候，可以被重新分析为是一个助动词，意为"会"，这与闽南话是基本一致的。从"知道（know）"到能愿动词"会（can）"是一个较为普遍的语法化路径，古汉语的"解"、粤语的"识"和英语的 can 的演变都是这样。例如，

（111）让只<u>懂</u>操弄政治却不追求知识与思想之长进的从政者领导，不

折不扣是国民的悲哀。

(112)另外，也有工人自画卡片，挪揄政府只<u>懂</u>灌满自己的肚腩，不关心人民。

(113)如此情况去评估"舆论"到底给当权者产生多大压力，恐怕只是让"<u>懂</u>读中文报"的马华公会领袖有所感受罢了。

(114)紧张得几乎连心跳也停止了，一时连话也不<u>懂</u>说了。（李忆莙《痴男》）

(115)这些人不<u>懂</u>说吉兰丹话，明显不是本地人（吉兰丹人），但是名字却出现在选民册内。

(116)陈利良也提到目前的参考书都附有答案，制造了一群不<u>懂</u>回答就"翻后面、看答案"的学生。

（二）会

在马来西亚华语口语中，"会"有一些特别用法，来看赵敏的文章①提到的例子：

(117)A：你<u>会</u>吃辣吗？

   B：我不<u>会</u>吃辣。

(118)我不<u>会</u>喝茶，喝茶就不<u>会</u>睡。

(119)A：（扭到脚）<u>会</u>痛吗？

   B：不<u>会</u>。

(120)A：（摔了一跤）<u>会</u>很严重吗？

   B：不<u>会</u>。

(121)A：（菜）重吗？

   B：不<u>会</u>啦！

上述几个例句中，例(117)中的"会吃辣"是"吃得了辣"的意思，"不会吃辣"是"吃不了辣"。例(118)中的"会喝茶"是"喝得了茶"的意思，"不会睡"是"睡不着"之意。例(119)中的"会痛吗"意为"痛不痛"。例(120)中的"会很严重吗"意为"严重不严重"。例(119)、例(120)和例(121)中的回答"不会"分别表示"不痛""不严重""不重"。这样的回答形式，在闽南方言，比如潮汕话中就经常听到，马来西亚华语的用法当为闽南方言影响所致。

最后，现代汉语常用的形式动词有"进行""从事""加以""给予""予以"等。在马来西亚华语中，这些词语均有广泛的使用，与现代汉语普通

---

① 赵敏：《马来西亚华语口语语法研究》，暨南大学博士后出站报告，2013。

话差别不大，只是个别形式动词的宾语，有些是现代汉语普通话所没有的，如例(122)和例(123)；现代汉语中形式动词后一般只能跟不带宾语的双音节动词，但是在马来西亚华语中，形式动词后可以出现动宾短语，如例(124)和例(125)。例如，

(122)华团作为第三种声音，在我们这个成长中的民主社会显得非常重要，因此，必须加以保住。

(123)我从地上把它拾起来，用心加以撕烂。(驼铃《君子之诺》)

(124)而她也尽量做到满足所有食客的要求，无论评语好坏，她统统照单全收，并按照食客的喜好加以调整食物的品质。

(125)在黑箱寻获后，调查团需要3天时间获取飞行数据，并需要一周时间加以分析数据。

在马来西亚华语中，动词"告"也有发展为形式动词的倾向。在现代汉语普通话中，"告成""告捷""告罄""告终""已告结束"等较为常用，这些在马来西亚华语中同样较为常用，但是马来西亚华语中，"告"后的宾语还有如下这些。例如，

(126)老伍长闻言，态度又告温和了许多。(驼铃《不中用的人》)

(127)结果不上两年，那间父亲遗下的老店便告关门大吉。(云里风《卡辛诺》)

(128)可是多年来拥有权力的推事庭和检控官皆没有履行责任，以至公审机制告瘫痪。

在上述三个例子中，"告"均可去掉而毫不影响句子意义的表达，已经与形式动词无别。

除了上述动词特色的分类描述，马来西亚华语动词在重叠上也有自己的一些特色。

在马来西亚华语中，汉语普通话动词的各式重叠均广泛存在。比如单音节动词的 A(一)A 式、AAB 式和双音节动词的 ABAB 式均普遍使用。例如，

(129)就这样，在大人打打骂骂、拉拉扯扯下，我们长大了。(马汉《鸿沟》)

(130)我留在学校至少还会接触很多学生，忙进忙出，也有同事老师们可以聊聊说说。

(131)所以她说呀，去作作客住住几天倒可以，常住就不要了。(爱薇《回首乡关》)

(132)他知道我表叔穷，确实邀他在那个暑假到那家去借住写作，附

带条件是，帮忙安慰一个可怜的姑娘，给她讲讲故事，陪她说说话。

（133）好，让我考虑考虑！（碧澄《重整步伐》）

马来西亚华语的某些动词在重叠之后仍然可以后加数量短语，而现代汉语普通话绝无此组配。例如，

（134）不过哦，如果你们 support 我的话，我是可以试试一下的哦！

（135）我去去一下就回来。

（136）有空去外面走走一下啦！

（137）烈叔心想：赶明日该到关帝庙化解化解一下才好。（陈政欣《钥匙串》）

（138）老张，我去向董事长说说下可好。（陈政欣《有原则的人》）

（139）用餐的时候，她瞟一瞟那挂在墙上的月份牌一眼，记起了她回到这阔别了十三年的吉隆坡已经有三天了。（马汉《得与失》）

粤语方言表示短时量用"V下"。例如，

（140）老咗喇，响屋企都系睇细路嘅嘛，晚头打下麻雀。（老了，在家就是看小孩而已，晚上打打麻雀。）

（141）点解唔试下？（为什么不试试？）

闽南话表示短时量用"VV下"。例如，

（142）有闲着加来行行下。（有空要多来走走。）

（143）敢会使去恁社底农民厝内看看下？（可以到你们村里农民家里看看吗？）

（144）有闲工加来坐坐下。（有空多来坐坐。）

马来西亚华语口语的"VV 一下"应该是受到粤语、闽南语的影响。

第二节　马来西亚华语副词描写

从功能上来讲，副词是起修饰作用或限制作用的词，都能做状语，少数可以做补语。做状语时，一般附加在形容词、动词或其他谓词性成分之前，有时也附加在整个句子之前，用来说明动作行为或性质状态在程度、时间、频率、范围、情状、语气、肯定否定等方面的情况，有些副词在复句中还可以起一定的连接作用。从意义上来讲，副词主要可以分为如下几类：程度副词、重复副词、范围副词、时间副词、语气副词、否定副词、频率副词、评注性副词等。

下面我们基于普—华对比，依次说明马来西亚华语在一些副词下位分类上的特色。

一、马来西亚华语的程度副词

程度副词方面，现代汉语常用的程度副词"很""极""太""挺""最""更""非常""格外""十分""稍微"等在马来西亚华语中均较为常用。与现代汉语相比，马来西亚华语在程度副词上的特色主要表现在如下四个方面：

（一）表示极端程度的"极之"使用较为频繁。

（二）现代汉语不太常用的超量级程度副词"太过"在马来西亚华语中很常用。

（三）表示"具有一定程度"的副词"比较"可以修饰"不/没有＋谓词性成分"。

（四）现代汉语中较为书面语的"颇"在马来西亚华语中分布远比现代汉语中广泛。

下面分别来看。

极端程度副词"极之"相当于现代汉语中的"极其""极度"，早期现代汉语和现今粤语有用。例如，

（1）因此，我们认为你出席马来西亚人权委员会在 9 月 9 日召开的"2005 年人权日会议"是极之不当的。

（2）社青团全国副宣传秘书刘永山谴责马华巴当拉浪区州议员陈德钦的言论是极之愚昧的，他不应该鼓吹以暴制暴。

（3）在国际油价上涨时，我国的电费及燃油零售价跟着飙升；但国际油价下跌时，它们却未跟着调低，极之不合常理。

（4）毫无疑问地，这对极之依赖油价及谷物价格的家禽业有一定的影响。

（5）社团里很多人都叫他老孙，这位老孙极之厌恶装腔作势的伪善人。

（6）程雅仕说，由于身体感到极之不适，他事后转到私人医院进行检查，最终该院医院诊断出其头部内出血及头盖骨轻微破裂的症状。

（7）年轻的我也极之不愿意被人当成是坐享其成的二世祖，所以我选择到新加坡工作，从低做起，靠自己能力才做到后来的经理位置。

（8）午休整形是美医的"金漆招牌"，在韩国极之盛行。

（9）支持塔辛的红衫军对宪法法院一再打击塔辛势力，放任素贴违法作乱，极之恼恨。

（10）新村人口占了乡区总人口的 14％，除非在第九马来西亚计划下另有未公布的发展拨款，否则新村得到的只占乡区发展拨款的 0.4％，

尽管新村人口占了总数的 14％，这是<u>极之</u>不公平、不合理、不负责任与不可接受的！

马毛朋[1]指出，在港式中文中，"极之"也较为常用。

超量级程度副词"太过"来自粤语，意义相当于"过于"，近些年来也逐渐进入了现代汉语。"太过"在马来西亚华语中有大量使用，其后可以是形容词性成分，也可以是动词性成分。来看：

（11）当然，有机会，我一定会劝劝她，叫她别<u>太过</u>拼命。（李忆莙《风华正茂花亭亭》）

（12）这主要是因为有几所华小校舍<u>太过</u>陈旧，不适合继续采用而需要大批款项来进行维修工作。

（13）我们希望我们的政府、政党人士不必对这个言论<u>太过</u>紧张、<u>太过</u>在意。

（14）据了解，在野党曾经报案，但此风<u>太过</u>盛行，根本阻止不了。

（15）但现在新型的药并不会，女性朋友只要正确用药，这点是无需<u>太过</u>担心的。

（16）很多艺术家也是对生命不妥协，因为如果你<u>太过</u>安于<u>现状</u>，就不会出好的艺术作品。

（17）在旅途中，她也保持低调，尽量不让脚车<u>太过</u>引人注目。

（18）新古毛州议员李继香说，她发现乡下人民<u>太过</u>依靠政府援助，所以此次和新古毛县议员、村长及村委会组团前来，希望关怀老人外，也从中了解"施"的意义。

（19）独中生的英文是不是太烂，这本来是一个可以讨论的严肃课题，问题是黄明志所采用的手法，被认为<u>太过</u>"粗俗低级""走火入魔"。

（20）她提到，虽然她不能<u>太过</u>劳动，但也不能完全不动，因此她把做家务当做运动，每天洗衣、晒衣、扫地、抹地及擦家具等，让自己动动筋骨。

在马来西亚华语中，"太过"的出现频率虽然远比现代汉语高，但其使用频率仍远低于现代汉语常用的"过于"。刘晓梅指出，现代汉语中近年来"太过"也偶有使用，当来源于粤语与普通话的接触。[2] 祝晓宏也提到，在新加坡华语中，"太过"较为常用。[3]

① 马毛朋：《港式中文程度副词简论》，《汉语学报》2014 年第 4 期。
② 刘晓梅：《来自粤方言的超量级程度副词"太过"》，《中国语文》2007 年第 5 期。
③ 祝晓宏：《新加坡华语语法变异研究》，北京，世界图书出版公司，2016，第 95 页。

在现代汉语中，"比较"表示具有一定程度。吕叔湘主编①进一步指出，"表示具有一定的程度。不用于否定式"。但在马来西亚华语中，"比较"可以用于否定式，其后可以接"不＋谓词性成分""没有＋谓词性成分"。例(21)和例(22)是与现代汉语相同的用法，例(23)—例(32)为"比较"修饰"不/没有＋谓词性成分"的用例。

(21)他说，警队需要更多华裔和女性的加入，以加强警方与华社之间的沟通，而女警则<u>比较</u>方便处理有关儿童和女受害者的案件。

(22)志豪个子矮小，而纵火狂<u>比较</u>高大，应对起来<u>比较</u>吃亏。

(23)当我决定不再提起时，妈妈却主动问起了，如润的家人是否接受等。现在她<u>比较不排斥</u>了，也会称润是我的女朋友，把她当成家里一分子。

(24)倘若你和外国人一样的动机学习中文，那么，对于长期华小师资不足，学校设备不全，教育资源分配的不均和偏差，需要华小的地区，不管增建、搬迁困难重重等课题和现象，当然就显然地<u>比较不痛不痒</u>，反正是自己有机会学习就好，儿孙自有儿孙的选择，管他甚么单元、同化的语言政策、教育法令和蓝图。

(25)当然，这不是说，享有免费水的雪州子民会特意开着水龙头，刻意浪费水源，但是在没有付费压力的情况下，他们<u>比较不可能谨慎用水</u>。

(26)傅伟程也指出，海青班的课程是针对"零基础"的学生所设计的，反而<u>比较不适合</u>曾经受过相关课程训练的学生作为晋升选择。

(27)随着减少椰浆，她所烹煮的椰浆饭也<u>比较不油腻</u>，且不易发臭，即使食客把椰浆饭放到下午才食用也没问题。

(28)既然民联这个因利益结合的政治联盟不是那么靠谱，那么人民应该会希望有一股强大第三势力崛起，毕竟大家也不希望在来届大选时，要面对谁<u>比较不烂</u>的选择题。

(29)如果那天他心情不好，他的画作<u>比较不美</u>，或颜色用得比较少。

(30)他说，无可否认，华校在纪律管教方面比较严格，功课也多，学习生活比较充实，学生<u>比较没有多余</u>的时间在外流荡。

(31)砂拉越土保党比较强硬，因此资源<u>比较没有滥用</u>。

(32)在民联组织政府的州属里，虽然只有短短的两个月，我们看到华裔选民或社团还是认为寻求华人议员的协助，<u>比较没有压力</u>。

---

①　吕叔湘：《现代汉语八百词》(增订本)，北京，商务印书馆，1999，第75页。

祝晓宏①指出，"比较"修饰"不/没有＋谓词性成分"在新加坡华语中也很常见，并且进一步指出，在 20 世纪五六十年代某些的政论性著作中，"比较＋不"也多有使用。李如龙、刘晓梅②指出，"比较不"应该来自闽南话。

除了"比较"修饰"不/没有＋谓词性成分"以外，在马来西亚华语中，还有一些副词"比较"的用例较有特色。例(33)—例(37)，从语序上来讲，如果在现代汉语普通话中，我们一般会说成"一举一动留意的人会比较多""有些父母比较迟才发现孩子有视障""以前学生要回国当医生繁文缛节比较多""谁走得比较快""调整心态比较难"；例(38)中，"比较"直接修饰区别词"恶性"，例(39)和例(40)中，"比较"后接能愿动词，这都是普通话所没有的。

(33)作为艺人，一举一动会<u>比较多</u>人留意。

(34)有些父母<u>比较迟</u>发现孩子有某方面的视障，所以延误了他们受教育的机会，比同龄的孩子迟受教育，自然也需要比较长的时间学习。

(35)他说，以前学生要回国当医生<u>比较多</u>繁文缛节，薪水和居住环境也不如台湾；现在则有所不同，大马人才机构(Talent Corp)到国外征才，加上台湾健保制度让医生收入受限和医疗纠纷问题，相比之下，学生回马服务具有一定吸引力。

(36)患上渐冻症的病患，谁<u>比较快走</u>(去世)、<u>比较慢走</u>(去世)，没有人知道，但是不要冤枉死。

(37)她不讳言，家里的长辈<u>比较难调整心态</u>，因此鼓励年轻人多包容新家庭。

(38)此外，受试者的肿瘤细胞皆经组织学或细胞学分类为透明细胞(clear cell)型，此类型占了所有 RCC 的 75％，肿瘤行为<u>比较恶性</u>。

(39)最好是概念性的东西，我<u>比较会</u>有更多的弹性。

(40)还有，她建议病患白天不要睡太多，应该多干活，那么晚上就<u>比较可以</u>入睡。

副词"颇"意为"很；相当"，在现代汉语普通话中较为书面，一般常见的搭配是"颇佳""颇为费解""颇具规模""颇具影响""颇不以为然"等。而在马来西亚华语中，其搭配范围大于现代汉语普通话，使用频率也高于普通话。例如，

---

①　祝晓宏：《新加坡华语语法变异研究》，北京，世界图书出版公司，2016，第 88～94 页。

②　李如龙、刘晓梅：《东南方言语法对普通话的影响四种》，《语言研究》2004 年第 4 期。

(41)Tecoma 开花颇激起民间的躁动。

(42)他颇高兴培中学生里头不乏有闲情逸致写诗者，因为"在紧张的生活中，仍能保有一点诗意，略具一点诗人的气质，便可提高一点人生的境界"。

(43)他从小喜欢诗词，颇以没有出版诗集为憾事。

(44)比较国际学校每年数万令吉以上的费用，独中的收费是颇微少的。

(45)记者在林猷进和志工们的率领下，骑着各自的铁马，在路途中——发现不曾在市中心看过、走过的小路，而原来这些被人遗忘的小路也可以通往吉隆坡多个地方，颇适合地方政府开辟成脚车道！

(46)其中颇成为话题但有关审讯和判决看来不会引起争议，或被视为罪有应得的，包括上周三及上周四相继下判的一对男女半裸模特儿在街头拍摄性感婚纱照，以及新加坡某 DJ 非礼女主播罪成等案件。

(47)马青总团长，年轻的张盛闻上议员在今年的马青常年大会上，阅读讲稿之余，脱轨发表个人求学生涯的不幸，是颇让人讶异及同情的。

(48)国际或私立学校的收费不便宜，尤其是国际学校的学费加上其他收费每年可超过 10 万令吉，相对于国民学校的"零学费"，是一个颇大的差距，可是一些家长仍宁愿花这笔钱。

(49)我心里觉得颇贵的，但我没有把这当作是"马来商人"的问题，而是觉得商家也实在会赚钱。

(50)环顾吉灵万山二手书店四周，堆放在店主自制的木头书架或是地上的皆是一本本用绳索捆绑的泛黄旧书或是颇新颖的二手书。

二、马来西亚华语的时间副词和范围副词

时间副词方面，马来西亚华语的特色之处主要表现在如下四个方面。

（一）广泛使用表示时间上具有连贯关系的副词"才"。

（二）"一直""一向"与"一直（以）来""一向（以）来"共存，还有现代汉语不用的"一贯（以）来"和"一路（以）来"。

（三）书面色彩浓厚、意为"刚刚"的副词"甫"在马来西亚华语中使用广泛。

（四）副词"漏夜"使用频繁。

下面我们分别来看。

邢福义曾以"才"为例谈了源方言对新加坡华语的潜性影响，指出在新加坡华语中有一种以"才"充"再"的现象，这种现象是受到闽方言的影

响而出现的。① 在闽南话中，不管是已然的还是未然的，表示动作连贯的时间副词只有一个，而不是像普通话一样分为"才"和"再"两个，"才"表示已然的时间上的连贯，"再"表示未然的时间上的连贯，即普通话的"才"和"再"，在闽南语区的厦门话中都说[tsiaʔ]。这种以"才"充"再"的现象在马来西亚华语中也大量存在。例如，

（1）喊道："小心，等车停住，才下车。"（陈政欣《引魂》）

（2）长城牌的啤酒顺便买两打，喝不够，半夜才去敲他们的门！（陈征雁《钟馗夜访》）

（3）无论如何，林秀凌透露，有关阵线将在向人权委员会呈交报告以后，才安排会晤首相阿都拉。

（4）林玉唐说："先让我们跟华基政党商量，会谈后才说，好吗？"

（5）若情况去到最坏，我们才来作打算。

（6）北京希望吉隆坡做了调查后，才到北京解释，这样才有诚意。

（7）因为这里的人没有用奶粉抚育婴儿的传统，再说奶粉太贵，他们买不起，他们也没有把水煮沸后才饮用的习惯。

（8）回到家后跟我太太提起，她就劝我别再穿短裤拖鞋出街，以后要穿长裤包鞋才出街。

（9）我原本打算退休才做，机缘巧合下遇上杨老师，所以就提早圆了这个一直存在心底的梦。

（10）至于其他的活动，就看当地的情况和设备才作决定。

时间副词"一直""一向"在马来西亚华语中均有广泛使用，在现代汉语中较为常用的短语"一直以来"和不太常用的"一向以来"在马来西亚华语中也有使用。除此以外，现代汉语中极其少用的"一直来"和"一向来"在马来西亚华语中也使用频繁。例如，

（11）不少国内外游客一直以来都视吉隆坡廉价航空终站为亚航的专属机场。

（12）槟岛的一些旧式咖啡店，为了迎合各族群、外国人及游客的口味，一直以来都有售卖传统的西式早餐。

（13）我们有马华为后盾，一向以来我们都是马华，我们都是一个团队，上届是这样，来届也是一样。

（14）一向以来，……马来人对行动党有戒心。

（15）然而，政府在这方面，包括扶持义工组织和培训义工方面一直

① 邢福义：《新加坡华语使用中源方言的潜性影响》，《方言》2005年第2期。

来做得并不足。

(16)<u>一直来</u>，我在早上 8 时已经在交通局办理更新路税工作，如果要购买银行汇票，整个程序会拖延几个小时。

(17)民主行动党今日吁请华团坚守<u>一向来</u>"关心政治，超越政党"的中立传统。

(18)<u>一向来</u>，中学华文组的毕业学员都是被派往国中(包括国民型中学)执教华文班，以教导中学程度的华文课。

此外，在马来西亚华语中，"一贯(以)来"和"一路(以)来"也有与"一直(以)来"同样的用法，并且使用较为频繁。例如，

(19)他指出，华小的私人户口<u>一贯以来</u>都是由校长、董事长、董事总务及董事财政四人中的两人签署，国阵领导人没有理由会不知道。

(20)董教总强调，作为民间领导华教的独立团体，在维护与发展母语、华文教育方面将秉持<u>一贯以来</u>实事求是、公开透明的立场与做法，向当局提出具建设性的看法和建言。

(21)华小的私人户头<u>一贯来</u>都是由校长、董事长、董事总务或财政四人中的两人签署，多年来都相安无事，不过却有一小部份的董事部全权交由校长去处理。

(22)因民主行动党不放弃<u>一贯来</u>要在华裔选民占多数的选区出征之策略，……但该党仍不会把这个选区让给公正党华裔领袖。

(23)马来西亚自独立前到今天，<u>一路以来</u>，不少人为了捍卫和推进马来西亚人权进程，抱着不畏惧牺牲、不屈不挠的精神，默默耕耘。

(24)慕尤丁说："政府<u>一路以来</u>所做的就是继续给以保证，我们也是希望和平，就如新加坡的人民一样，我们喜欢繁荣和团结。"

(25)事实是，我们一向来都有表示，我们<u>一路来</u>都有动作。

(26)<u>一路来</u>，古晋还可说是人联党的一个强区、堡垒区。

在现代汉语普通话中，"甫"意为"刚刚"，是一个文言色彩浓厚的时间副词，常见的用例是"惊魂甫定""年甫二十"等。但在马来西亚华语中，"甫"的使用较为广泛、频繁，并且不限于书面语。例如，

(27)据悉，由于飞机<u>甫</u>起飞不到 15 分钟便接到指示需折返机场，因此飞机当时是满载燃油，机长在执行紧急降落前需先在空中将飞机内的燃油释放至安全程度，再执行降落。

(28)正当安华预料将在无竞争的情况下成为新任的公正党全国主席，<u>甫</u>当选为加影区州议员的旺阿兹莎"突然"提名与其夫直接对垒，寻求蝉联她自 1999 年就出任至今的党魁，再让党内外感到"愕然"。

（29）钟同学披露，<u>甫</u>开课时连教学、写字的白板都没有，在学生们要求下才获得新增。

（30）早前一名政治人物的妻子<u>甫</u>获知 MH17 坠毁，便在社交网站出言不逊，引起争议。

（31）来到这一站，我们再次面对餐馆没营业而缘悭一面的情况，无法顺利采访"六古走地鸡"餐馆。不过，在村长的介绍下，我们意外发现<u>甫</u>开张的鲜水河小食。

（32）陈顺利（武吉丁宜肉骨茶店业者）："我<u>甫</u>花费 2 万令吉装修及美化店周围的五角基，如今被指示拆除令我担心血本无归。"

（33）<u>甫</u>在今年选上居銮中华公会青年团团长职的他表示，很多年轻人对华团的认识不多，刻板印象停留在是老人家聚在一起唱歌、吃东西的场合。

（34）据了解，少妇去年<u>甫</u>结婚，生产后疑患上产后忧郁症，不时产生幻觉，曾向家人申诉有人在她身边与她讲话。

新加坡华语、马来西亚华语中的"漏夜"来自早期现代汉语。李宇明收录了"漏夜"，释义是"深夜"，但未注明词性。[①]《现代汉语词典》（第 7 版）对"漏夜"的解释是"名词，深夜"，但未举用例。从"漏夜"在马来西亚华语中的用例来看，该词应该定性为时间副词，因为它只能做状语，可以释义为"连夜（当天夜里）"。例如，

（35）城市的华小在新学年前，家长总是为了让孩子接受母语而必须<u>漏夜</u>排队报名。

（36）上任未满一个月，他已必须为马航管理层留下的糊涂账，<u>漏夜</u>赶到国会接受议员们的质询。

（37）自从政府在今年 2 月 27 日<u>漏夜</u>宣布汽油等燃料每公升狂涨 30 分以来，民间组织及在野党已经在 3 月 3 日、3 月 10 日及 3 月 26 日于吉隆坡双峰塔一连举行了三场和平抗议活动。

（38）尽管没有指名道姓，人民公正党副主席兼执业律师西华拉沙质疑昨晚有人<u>漏夜</u>做了手脚。

（39）他的妻子和父亲事后也<u>漏夜</u>从吉兰丹赶到文冬医院照料他。

（40）他两次遇车祸皆因从吉隆坡<u>漏夜</u>赶返槟城，拟于翌日准时上法庭办案，9 年前第一次导致他下半身瘫痪，9 年后第二次竟告伤重骤逝。

---

① 李宇明：《全球华语大词典》，北京，商务印书馆，2016，第 986 页。

(41)周四被劫匪抢车掳走的承包商黄辉能一家四口，因担心全家的人身安全，已<u>漏夜</u>离开哈菁园住家，暂时搬到亲友家寄宿。

(42)发现 3 名疑是来自吉兰丹的马来男子还一同掳走其他 7 名各族青少年男女及儿童，要<u>漏夜</u>载往泰国。

范围副词方面，现代汉语普通话中"都""全""共""只""单""仅""就""一概"等常用的范围副词在马来西亚华语中也均较为常用。马来西亚华语在范围副词方面的特色主要表现在如下五个方面。

（一）文言色彩浓重的"咸"有"咸认（为）"之固定搭配。

（二）文言色彩浓重的"惟"使用频繁。

（三）文言色彩浓重的"在在"较为常见。

（四）"皆"的使用频率远高于现代汉语普通话。

（五）由"单"和"只"复合而成的"单只"使用频繁。

下面我们分别来看。

"咸"在现代汉语中活跃度很低，往往只出现于"老少咸宜"等固定结构中，在马来西亚华语中，"咸"自由活跃度也很低，除了"老少咸宜"以外，往往只出现于"咸认（为）"这一固定结构中。"咸认（为）"的意思就是"都认为"。例如，

(43)公民<u>咸认</u>这种趋势会令报章作为社会公器的意义，受严重贬压，并进一步打击资讯自由。

(44)教育大蓝图各社群不同回响，<u>咸认</u>应有执行力免沦为空谈。

(45)政坛<u>咸认</u>，阿都拉政府在 2006 年 4 月突然决定中止取代柔新长堤的美景弯桥施工计划，是激发马哈迪公开与阿都拉交恶的导火线之一。

"惟"具有多种功能，范围副词是其用法之一；《现代汉语词典》(第 7 版)说"惟"同"唯"，释义有二：一是"单单""只"；二是"只是"。在现代汉语普通话中，"惟"较多地用于正式的书面语体。在马来西亚华语中，"单单""只"这一意义的"惟"常与动词"有"构成"惟有"一起使用，义同"只有"。例如，

(46)病愈后，他深知<u>惟</u>有保持健康的体魄，才能在创作路上走得更远。

(47)新型"人机关系"正损社会人际关系，亲人疏远、朋友冷淡、信任、教育及道德危机日益加剧，<u>惟</u>有构建完善的道德体系，现代社会生活方式才可朝往真善美方向。

(48)例如他们试过去找学校赞助场地拍摄有关青少年课题的短片，

校方却以题材不适宜而拒绝，他们惟有再另觅场地。

（49）每个地方都有各自存在的环境问题，惟有打倒莱纳这个象征性环境公害，往后要推倒其他公害项目则会相对比较容易。

（50）截至今日上午 11 时，各州的空气污染指数（API）普遍处于良好水平，惟雪兰莪州情况较为严重。

"只是"意义的"惟"也使用频繁。例如，

（51）他说，乌鲁柏南警局在接获事主的投报后已开档调查此案，惟他还未听取查案官的汇报，暂时不便发表谈话。

（52）话望生华小校长郑美玉受询时证实，林伟康是该校学生，惟她拒绝透露更多的详情。

（53）她的珠宝作品以大胆独特为主，惟商业化的市场因素限制了她这方面的才华，令她感到难过。

（54）虽然弟弟在政府医院治疗是免费，惟生活费包括屋租、水电及伙食费等都需要用到钱，租金更拖欠多个月未还，幸邻居友好时有资助，并送来弟弟所使用的纸尿片，否则三餐都成问题。

副词"在在"意为"处处"，早期现代汉语常用，在如今的现代汉语普通话中该词已逐渐衰亡。在马来西亚华语中，"在在"还是很常见的。例如，

（55）总结商家们对预算案的评语及想法，在在显示他们对马来西亚经济"路在何方"都感到特别迷惘。

（56）这在在证明本国现有广电秩序在政治与经济的双重垄断中，抵制了异议言论的传播。

（57）这种政治经济的利益勾结与双重压制在在地控制了整体的媒体发展。

（58）他形容，这些现象在在警示着我国，癌细胞正在我国蔓延，我们必须确认问题，并着手解决问题。

（59）事实上，根据教育部的统计，有高达百分之九十五的华裔家长把孩子送到华小受教育，这在在说明了华裔子弟对华小的实际需求。

（60）除了政敌因素、自身问题，在在都需要一位如同安华的角色，来共策、协调、妥协这些不同程度的分化、分歧、异议动作。

从使用频率上讲，副词"皆"在马来西亚华语中远比在现代汉语普通话中常用。例如，

（61）马华淡马鲁区会属下 30 个支会及 30 个来自淡属华团属下的属会皆踊跃出席，活动主要是马华淡马鲁区会号召得到淡属华团的

响应。

(62)这个地点属于偏远地带，距离任何可能性降落的地点皆偏远，因此我以万分难过及遗憾的心情宣布，根据这项崭新信息，马航MH370客机已坠入(ended)南印度洋。

(63)麦伟兴的亲属皆指他是位好好先生，与家人关系亲密，大家对他的逝世难以接受和不舍。

(64)本报记者周一中午到其住家时发现许多亲朋戚友已经抵达，但他们皆不对此事作出任何发言，至于张父则表示没有甚么想要发言，并感谢媒体朋友的关心。

(65)如说黛安娜是比基尼女郎，马袖强是一再循环的弃物，我们朝野的政治人物，皆是垃圾场里的臭东西了。

(66)阿航驻布基纳法索代表在记者会说，机上所有乘客皆是要过境，转往欧洲、中东或是加拿大。

"单只"在早期现代汉语中也很常用，详见本书第四章第二节第四部分。而"单只"在马来西亚华语中较为常用，其意思就是"单""只""仅""仅仅"。例如，

(67)不单只马华公会，很多团体也有联络董教总表示关注此事，希望我们尽快解决问题。

(68)我们无法开发及保持我们的人力资产，不单只国外的非马来人不要回国，很多马来人也一样不愿回国发展。

(69)他表示，那些前来槟城参加国际龙舟赛的代表，保守的估计每人每天单只住宿及交通就要花上60美元，相等予200令吉。

(70)他说，此事件不但令非土著感到愤怒，连土著也感到不满及不安，而且不单只半岛，即使沙巴和砂拉越的人民和领袖也表达了不满。

(71)民主行动党秘书长林冠英说，单只在食物的价格便上涨了12%，马来西亚人极需援助以应付物价高涨的难关。

(72)韩江学院名誉院长拿督谢诗坚博士表示，韩院的特色是建立中文学术平台，单只今年中文系的新生首次突破30名达到33名，较之去年的19名，增加率高达73%。

(73)虽然甲州动物园将全面提升，若管理者心态不改变，单只改善了硬件，动物的福利和安全还是令人担心。

(74)马来西亚评估机构首席经济学家姚金龙提醒大家，不要单只看周期性(cyclical)的问题，应该也还要注意结构性(structural)因素。

三、马来西亚华语的语气副词和重复副词

语气副词方面，现代汉语中"却""倒""居然""究竟""简直""果然""一定"等常用的语气副词在马来西亚华语中也较为常用。马来西亚华语在语气副词方面的特色是：

（一）表示反问的"讵料"较为常用。

（二）意为"恰好"的副词"正"的重叠形式"正正"偶有使用。

"讵料"意为"岂料""岂"，在近代白话文小说中有用，如晚清小说《二十年目睹之怪现状》："讵料渠此次亲身到京，不贞之据已被我拿住。"在马来西亚华语中，"讵料"使用频繁。例如，

（1）讵料，郑志豪在晚上 11 时返回 1A 座 11 楼住家休息时，却被埋伏在楼梯间的纵火狂偷袭。

（2）女事主于下班后，独自驾驶本田 Innova 休旅车返家，讵料途中遇上两辆车子跟踪，并前后阻挡去路把她逼停。

（3）两名共乘摩多（托）的马来少年，凌晨时分与一群友人在马路上兜风，讵料期间摩多（托）突然失控，撞向路灯柱子，导致要害严重受创，经医护人员到现场了解后，证实双双当场死亡。

（4）她说，她见这名男子出示身份证，便不疑有他开门。讵料，该男子问房价后就骂粗话，甚至对她动粗，往她左手臂拍打。

（5）到了第 5 天，我决定去银行关闭户头，讵料职员说我的户头涉及刑事案件，随后一名鹅唛警区的查案官更扣留我 4 天来协助调查，准备起诉我触犯刑事法典 411 条文，即是接收赃物。

（6）6 州董联会联署要求召开特大倒邹，讵料叶新田来一招"回马枪"，宣布召开特大议决关丹中学是否可考统考。

（7）她称，事发当天，依米里央蒂放工后本来打算洗了澡、刷好衣服后，就要前来探望她，讵料却发生了事故。

（8）大山脚自愿治安队队员罗顺德于 7 年前患上鼻癌，首个疗程成功后，讵料去年再度被鼻癌缠身，积蓄耗尽后，如今惟有变卖屋子筹措医药费，情景堪怜。

在现代汉语中，"正"有"恰好"之义，比如"正中下怀"。在马来西亚华语中，该意义的"正"可以重叠使用。例如，

（9）他的决策方式正正反映了这一点。

（10）而如今，唯一劝得动哈迪阿旺的人应该就是安华，1974 年安华担任马来西亚伊斯兰青年阵线主席，而当年的秘书正正就是哈迪阿旺，

虽然两人一度在不同阵营，但关系却相当密切。

重复副词表示动作或事件的重复，如"又""也""再""亦"等。在重复副词方面，马来西亚华语的特色是：

（一）文言色彩浓厚的"亦"使用频繁。

（二）"又""再"组成"又再"的复合形式使用。

关于"亦"的用例。例如，

（11）惟教人困扰的是，在坟前燃烧香烛、纸钱，还带来环境污染的问题，为此，近年来，环保人士亦大力推行"低碳祭祀"的理念。

（12）人脑记忆号码的功能萎缩，写字能力亦跟着退步，汉字书写方式变成字母拼音，手指只懂随着键盘按键，摆在眼前的一张白纸与笔却教人无从下手。

（13）有些经济援助与基金亦是着重于援助土著。非土著就连买房子，亦会感受到不公平的存在。

（14）这是一个多元种族的国家，张三是马来西亚人、慕都也是马来西亚人、阿末亦是马来西亚人。

（15）咖啡的摄取量因个人喜好而异，每天喝上 3 至 5 杯符合一般健康标准，亦可为人体健康带来好处。

（16）另一次亦是中午，客人扰攘往来，虽不及天黑以后热闹，却未见清冷至此。

（17）曼绒县的学校已停止户外活动，一些学校亦派送口罩给学生配戴。

（18）除了卫生问题，街边小吃亦带来许多交通问题。

关于"又再"的用例。例如，

（19）因为纵火狂尚未落网，黄姓屋主整夜无法安心入眠，不时留意门外动静，尤其家里有小孩，他很担心在外工作时，纵火狂又再上门犯案。

（20）但是有谁可保证，在共同利益下，有朝一日两党不会又再成友？

（21）然而到了今天，政府又再讲同样的话，说甚么要规定长巴安装卫星导航机。

（22）沙巴东海岸又再发生绑架案，两名蒙面匪徒凌晨持械闯入古纳镇的甘榜亚逸沙邦(Kampung Air Sepang)一座养鱼场，掳走养鱼场东主陈赛群(译音，Chan Sai Chiun)和一名菲律宾籍职员。

（23）遗憾的是，拉查里不但没有自我检讨，反而又再发表目前全国有 455 间华小学生不足，为何还要增建华小的言论。

第三节 菲律宾华语代词描写

代词，是从实词各类中把一些具有临时指代功能的词抽象出来形成的一个特殊类别。所以，从语法功能来看，有动词性代词，如"这样""那样"等；有名词性代词，如"你""我""他"等；有副词性代词，如"这么""多么"等；有数量性代词，如"多少"等。

通行的分法，是把代词分为人称代词、指示代词和疑问代词三大类。就现代汉语普通话而言，人称代词有第一人称代词"我""我们"，第二人称代词"你""你们""您"，第三人称代词"他（她、它）""他们（她们、它们）"，此外还有具有相对称代作用的"大家""自己""各自""彼此"等。指示代词如"这""那""这里""那里""这样""那样""该""本"等。疑问代词如"什么""谁""怎样""哪里""几""多少"等。

现代汉语中的这些代词在菲律宾华语中均较为常见。下面基于普一华对比，从人称代词、指示代词和疑问代词三个方面分别叙述菲律宾华语的特色之处。需要说明的是，本节的语料来自本人自建的"菲律宾华语语料库（约 300 万字）"。

一、菲律宾华语的人称代词

与现代汉语普通话相比，在人称代词方面，菲律宾华语的特色主要表现在：

（一）第二人称的敬称形式"您"使用频繁，尤其是在广告语言中，并且"您"后可以加"们"构成"您们"使用。

（二）第三人称代词"其"的使用较现代汉语普通话为多，并且"其"后可以加"的"构成领属形式。

（三）指称动物或事物的"牠"字仍有使用，"它"亦具有与现代汉语不同之用法。

（四）"本身"的功能与分布更加多样。

（五）有现代汉语所没有的无定代词"有者"。

在菲律宾华语中，"您"这个中国北方汉语常用的敬称形式使用频繁，尤其是在广告语言中，如下面的例（1）—例（3），而在现代汉语普通话中，这样的场合用"您"反而不是很多。例（4）—例（6）中，"您"与词缀"们"组合构成"您们"。关于"您们"，吕叔湘曾关注过"您们"的出现及使用情况①；邢福义进而指出，"您们"老北京人用过，老舍、王蒙等著名作家笔下也出现过，电视广播媒介语言中也逐渐运用开来，"您们"作为敬称复数形式的地位应该得到承认②。通过 BCC 语料库"历时检索"部分的检索结果可以看到，在 20 世纪 50 年代和 60 年代，"您们"还有着较高的使用频率，尤其是 20 世纪 50 年代，进入 21 世纪，"您们"有消亡的趋势；但在菲律宾华语中，"您们"依然常见。例如，

（1）现代科学技术突飞猛进，日新月异，网络电视高清播放器再次更新换代，3D 智能全高清网络电视播放器已应运而生，并迅速风靡全球，高超的科技创造高尚而质量的精神生活，让您在繁忙的都市生活中，在属于自己的空间里，静心体验全高清时代 1080P 的震撼画面，聆听温暖而逼真的原始音效。

（2）届时网络电视与计算机同时使用，使您的人生更加完美，让您欲罢不能，请拨咨询电话：02-2458455，02-6680299，09174175528，欢迎试看！

（3）Innova 配备了可折叠，翻倒，后仰的座椅，让您根据您的需求与舒适进行设置。除此之外，您还可以操作方向盘上的控制，体验新添加的触控屏幕影音导航系统（V 级车型）为您带来的娱乐享受。

（4）李逢梧博士在致词中表示：非常欢喜得到尊敬的张市长一行的光临，您们是来自家乡的领导，是来自家乡的亲人，让我们倍感亲切，感受到各位的深情厚谊。

（5）阿姨，您们先到我家坐，我先送按摩师回去！

（6）这份不寻常的荣耀成就，都是有赖广大热心的观众爱护和支持。本台特此敬向您们献上最崇高的感恩和谢意。

根据《现代汉语词典》（第 7 版），人称代词"其"有两种用法，一个是相当于"他（她、它）的；他（她、它）们的"，如"各得其所"；一个是相当于"他（她、它）；他（她、它）们"，如"不能任其自流"等。在菲律宾华语中，这两种用法均有，如例（7）—例（10）。在例（11）和例（12）中，"其"直接做主语，这种情况在现代汉语中比较少见。例如，

（7）敏乃想要角逐总统宝座从来就不是秘密，其新政党将于今年 6 月 12 日，也就是菲律宾的独立日成立。

---

① 吕叔湘：《关于"您们"》，《中国语文》1982 年第 4 期。

② 邢福义：《汉语语法学》，长春，东北师范大学出版社，1996，第 474 页。

（8）菲气象局在其每周预测报告中指出："该低气压的中心点将于周三经过南棉兰佬，因此，会为棉兰佬及未狮耶区大部分地区带来多云，零星小雨及雷阵雨。"

（9）一个归还一位抵境乘客留在他车中的一千澳元（约四万披索）之出租车司机，获尼蕊·亚谨诺国际机场（NAIA）当局赞扬其诚实。

（10）家庭事业需其全副精神照顾，分身乏术，转而推荐精力充沛，为人慷慨豪爽，且热心会务的安利宗长为新届理事长。

（11）当然，骆家辉大使任内"确实赚到了朴素善良的中国人的眼球"，例如其"轻车简行、背包自助行、坐经济舱"等，就算是其在作秀，起码是让人看了舒服的好作风。

（12）曾读到美国华人的一篇"美中若敌对，华人先遭殃"，其反映美华人所产生的一种担忧和焦虑。

在菲律宾华语中，"其"后可以加"的"做定语，这一用法也是现代汉语普通话所没有的。例如，

（13）社会气象站说，根据六月二十八日至三十日进行的民调显示，83％的受访者满意敏乃的表现，7％的受访者不满意敏乃的表现，使其的净满意率达到正七十六，这是一个"极好的"评分。

（14）亚罗育在法庭就对其的选举舞弊控案软弱，而批准其保释请求后，于昨日结束了长达8个月的医院软禁。

（15）检控方较早前在听证会上解释，他们附加在传票补充申请的文件是由一名"小女人"交给乌马利众议员的。描那众议员在上个月也在其的大闸前发现同一份文件。

随着汉字简化，多用于指称动物的第三人称代词"牠"已经并入"它"，"它"指代人以外的事物或动物。菲律宾在很多场合使用繁体字，因而在书面中文里仍存在"它"与"牠"的区别。在菲律宾华语中，关于"它"的使用，有一点值得注意，就是它可以用于指称国家、政府机构、组织；比如某种报告、声明，政府机构或组织说了什么，或者报告、声明指出了什么，菲律宾华语径用"它说""它指出"，而这一点在现代汉语普通话中较为少见，如例（20）—例（25）。例如，

（16）被吉尼斯世界纪录列为"世界最大被生擒鳄鱼"的"落龙"（Lolong）昨晚暴毙，距牠被捕入园不到1年半。

（17）地方当局以主导诱捕行动的鳄鱼专家Ernesto Lolong Conate为牠命名，饲养于布纳万社生态园。

（18）蜂王的身躯很大，是只雌蜂，牠只住在窝里，从来不工作。

（19）这只蜜蜂又飞到另一朵花上，<u>牠</u>从花中采取花蜜，然后把花蜜储藏在<u>牠</u>的胃里。

（20）刑事调查侦察队警监马牙朗首席警司在克楠美警营的记者会上说："这确实是令人震惊的，但重要的是，菲国警正在致力于清除<u>它</u>的队伍中的犯罪警察。"

（21）该份于灾后四个月发布的报告阐明了联合国儿童基金会及其合作伙伴一起努力，为九十三万灾民提供安全食用水，为超过二十三万一千名儿童提供卫生用品。另外还为八万三千二百名儿童注射麻疹疫苗，发放了五万五千三百份维他命 A 药片，<u>它</u>同时还指出有九万七千名儿童营养不良。

（22）菲气象局说，在极北的吕宋地区有一个冷锋正在形成，及将为该地区带来阴云密布的天空和微雨。<u>它</u>又说，到了星期一，东未狮耶和加拉牙与及纳卯地区将有阴霾天空与及有轻微以至温和阵雨和雷雨。

（23）五十年代，菲律滨创立了一个包括华社右派势力的草根组织。一九五七年，<u>它</u>在岷里拉举行了一场会议。

（24）能源管制署三月三日的命令有效地取消了<u>它</u>于去年十二月所批准的及为岷电企图逐渐转嫁予客户的每度菲币四元十五仙发电费用。

（25）宿务太平洋航空公司说："我们正在调查该事件，并将予以妥善处置。同时，我们将与受到影响的乘客保持联络，以确保他们所遇到的问题得到解决。我们真诚地为此次的事件致歉。"<u>它</u>在脸书网民们疯狂转载有关该公司"无情"的链接后，发布该声明。

在现代汉语中，例（20）中的"它的"一般会被换成"其"，例（24）则会径用"其"而不用"它"；例（21）、例（22）、例（23）、例（25）中的"它"则会用"该报告""气象局""该组织""宿务太平洋航空公司"。

关于"本身"。据许和平所述，在现代汉语中，"本身"主要有"指代""强调""同指"三种功能①。这些功能在菲律宾华语中也均存在。在指代用法上，菲律宾华语与现代汉语普通话基本相同，不同主要表现在强调用法和同指用法上。

根据许和平所述，"本身"的"指代功能"就是指"本身"能够单独充当句子成分，且不与句子任何句法成分构成"同位"和"同指"关系②。在现

---

① 许和平：《试说"自己""本人""本身"及"自身"——兼议"本人""本身""自身"的词性》，《世界汉语教学》1992 年第 3 期。

② 许和平：《试说"自己""本人""本身"及"自身"——兼议"本人""本身""自身"的词性》，《世界汉语教学》1992 年第 3 期。

代汉语中，"本身"具有"指代用法"，如："不经仔细讨论，便贸然推出一些所谓的'新理论'，本身就失之严谨。"这样的指代用法，菲律宾华语也有。例如，

(26)偏远的乡村，男人讨媳妇，<u>本身</u>就是个大难题，姑娘都愿意往大川(地势平坦的地方)里跑，那里水浇地比较多，粮食产量高，相对比较富裕，很少愿意留在这山村里。

(27)因为一味由自私而贪婪的"暗鬼"勾引着贪取名、利、色，<u>本身</u>就潜伏着灾祸，"福兮祸所伏"就是这个道理。

根据许和平所述，"本身"的"强调用法"是指，与某一句法成分构成"同位"关系，且不与其他成分形成"同指"关系①。在现代汉语中，"本身"可以强调"主语""定语""宾语"。在强调表人主语时，只能与表存现意义的非自主动词"有""存在"等词同现，如"作为一位年轻同志，他本身存在这样那样的缺点并不为怪""他本身有许多值得人们学习的地方"，并且这种用法的"本身"与动词"有"同现时，"有"的宾语必须是抽象名词，而不能是具体名词，如"他本身有两个女儿"就不成立。而在菲律宾华语中，"本身"不受此限制。例如，

(28)他说："他们搞错了我的身份。他们没有带逮捕令便从我家把我带走。如果<u>他们本身</u>知道我涉案，怎么不会去拿逮捕令?"

(29)虽<u>当权者本身</u>不贪，但却闭着双眼任由其家属和妻子等人，利用其官位，对民间进行掠夺与敲诈致富者举目皆是。

(30)我们每次比赛的奖金都是由<u>我本身</u>当面送交现任的会长亲收，虽然每次的奖金不大，但对我来说累积八届二十四次的奖金也是个可观的数目。

(31)每次在进行比赛时，我们都能听到巴乔胜负，除了<u>他本身</u>能得到由美国赌场主持的数千万美金的报酬外，而在场外的赌注都在上亿的巨额。

(32)而总统特使罗哈斯的使台就没有他那么幸运，<u>他本身</u>虽"忍辱负重"，为了在台七万多名菲外劳的饭碗，挨饿、受"苦毒"，但结果还是空手而回。

在现代汉语普通话中，"本身"强调定语时，"本身"与被强调的"定语"构成同位关系后，只能修饰抽象名词，不能修饰具体名词，如"这就

---

①　许和平：《试说"自己""本人""本身"及"自身"——兼议"本人""本身""自身"的词性》，《世界汉语教学》1992 年第 3 期。

是你本身的问题啦"可以说,而"他本身的妻子、女儿却还住在偏僻的山村"就不合语法。而在菲律宾华语中,则不受此限。例如,

(33)该假报导补充:"但是,其妻子并没有与他同行,而是他本身的乳房有肿块。"

(34)校联诸位领导,都是各学校的校长主任,学问高超的人士,为人师表,有教无类,作为学生的表率,我们校联本身的组织是在本国依法立案的团体。

(35)他告诉我说,商总本身理事会没有庆祝中秋,只有与华文媒体共襄盛举。

下面来看"本身"的同指用法。在现代汉语中,"本身"的同指用法可以做主语,但是一般只能与表物主语构成同指关系,而在菲律宾华语中,"本身"与表人主语同指的用法却大量存在。例如,

(36)每位外侨须本身到移民局报到,每人须缴交菲币 310 元费用。65 岁以上长者和 14 岁以下儿童,无须本人亲往办理。

(37)奥巴马,本身出马抵欧洲,向其盟国暗示,发动对俄罗斯全力进攻,有事由美国全力支持。

(38)世上有唐僧,但是唐僧自有天命,虽然本身无神通,但却是能得到各路神仙保护的人。

(39)男童说,他住在岷里拉南郊的警眷社区,而且本身也有朋友是警察。

在现代汉语中,"本身"的同指用法也可以做定语,可以分别与表人主语和表物主语构成同指关系,但是所修饰的中心语必须是抽象名词,而在菲律宾华语中,则不受此限。例如,

(40)笔者虽年届九一,尚没有资格讲长寿,因为以现代的医学进步,年上九十以上的多得是,所以为不令一些读者失望,不讲长寿之道,只讲些本身生活的经历,以与读者共勉之。

(41)由于目前国内外的局势出现复杂化的趋势,大家应多留意本身的安全,留意局势的演变。

"有者"义同现代汉语的"有的人",是一个无定代词。邱克威[1]指出,从南洋华文的历时文献来看,"有者"首见于 20 世纪 20 年代,比如当时的《南洋商报》上就已有使用。李宇明[2]收录了"有者",释义为"有的人",

---

[1]   邱克威:《马来西亚华语中"有者"的词汇描写分析》,《世界华文教育》2016 年第 4 期。

[2]   李宇明:《全球华语词典》,北京,商务印书馆,2010,第 992 页。

使用地区标为"新马"。实际上，在菲律宾华语中，"有者"也有较多的用例。例如，

(42)不久的将来，商总旧届的任期当接近尾声，在新届选举之前，有意角逐正副理事长的董事已开始蠢蠢欲动，<u>有者</u>已开始竞选拉票，但是鹿死谁手，尚要等到正式选举后才能算数。

(43)但是社会许多富豪并非是以光明正大的方法来赚钱，<u>有者</u>是走私贩毒，甚至谋财害命，另者侵占公产或是他人的财富来自肥。

二、菲律宾华语的指示代词

与现代汉语普通话相比，在指示代词方面，菲律宾华语的特色主要表现在：

(一)由指示代词"本"构成的"本国"在指称上异于现代汉语普通话。

(二)指称性的"该 NP"结构中，NP 较现代汉语普通话在类型上更为多样，结构上也更为复杂。

(三)"这次"与"今次"同义并存。

在指示代词方面，菲律宾华语比较有特色的地方是"本"的使用。在现代汉语普通话中，作为指示代词，"本"在非时间名词前面，指"自己方面的"，如"本厂""本校""本国"。以"本国"为例，在现代汉语中，"本国"一般作为叙述语境中的人物所属的国家或某个国家的照应语而出现，但在菲律宾华语中，"本国"指叙述者的国家。例(1)—例(3)是现代汉语中常用的格式，在菲律宾华语中也很常见。在这三个例子中，"本＋NP"中的"本"与其前的某个成分形成指称性的照应关系。例如，

(1)如今，为侨社在菲电视台界占了一席之位，实在不容易，这一份不寻常的光辉的成就，都是托广大热心观众的爱护及支持，特此，<u>本台</u>向亲爱的观众们致上万分的感恩及谢意。

(2)他立刻回答："不行。你的签证<u>本馆</u>不能办理。"

(3)菲律滨中华总商会讯：为协助大家更好应对税务问题，<u>本会</u>订于三月二十日下午一时至五时，假座岷里拉大旅社举行的悦务讲座，可以说是<u>本地</u>罕有的一场高水平公开免费的大型税务讲座。

但"本国"一词的照应有时却不是这样。例如，

(4)旅游部在日益增加的游客抵达<u>本国</u>之际，亦一直进行有关儿童方面的讲习会以避免发生对于儿童的虐待行为。

(5)他又说，调查亦显示，每两名吸烟的菲人其中的一人将会比较他的平均寿命为早死亡。尤以进者，吸烟亦令到<u>本国</u>社会每年估计大约要

耗费一千八百八十亿元菲币于健康保护费用和生产力损失。

(6)洪牙拉称他的议案是在为东盟一体化做准备，并符合<u>本国</u>对东盟经济共同体蓝图的承诺，该蓝图展望于 2015 年 12 月将东盟十国整合为单一市场和生产基地。

(7)此外，仙参戈说，她没有保守的估计之十亿至二十亿披索或最多的二百亿披索资金，这是竞选<u>本国</u>最高职位所需要的。

(8)然而，移民局长米顺发表声明称：移民局将加强取缔在<u>本国</u>的非法外侨。

(9)菲律宾工会联合会发言人丹扶塞说："没有新的投资者，这是因为，第一，<u>本国</u>的电费过高……还有就是各种现代化基础建设不够多且质量差。"

(10)陈氏辞去该<u>本国</u>第八大银行的行长职位，以让董事能够放手指引该银行的将来的道路。

(11)亚谨诺总统最近经常鼓励外商前来投资。但是，本国的投资环境以及政府的有关政策，却令到外商却步。试问：当外商听到<u>本国</u>移民局探员不时不分青红皂白地抓捕外侨时，有谁还敢来这里冒险呢？况且，<u>本国</u>电费极度昂贵，在这里开设工厂实在不合算。

(12)惠誉信评保持其对<u>本国</u>今年百分之五点九的增长率的预计，并强调在本月九日选举中推定的总统杜特地的胜利对<u>本国</u>主权评级或前景"没有即刻冲击"。

例(11)中，根据现代汉语普通话的规则，"当外商听到本国移民局探员不时不分青红皂白地抓捕外侨时"一句中的"本国"应该是"外商自己的国家"，但是根据语境，我们可以知道，该句的"本国"指新闻写作者自己的国家——菲律宾，这一点与现代汉语是很不相同的；例(12)中，按照现代汉语的规则，"本国"应该是"惠誉信评"的"国家"，但在菲律宾华语中，该"本国"指新闻写作者自己的国家"菲律宾"。在现代汉语中，这些情况下我们会使用"我国"。

也正是由于"本国"指新闻写作者自己的国家，所以"本国"在菲律宾华语中可以在没有先行照应语的情况下独立使用。例如，

(13)<u>本国</u>规模最大的汽车展在今年(2014)迈入了第十年，并且正加速向汽车的爱好者们提供一次以精准和高质量管理的博览会。

(14)由于<u>本国</u>高企的生产成本和较低的关税，一旦东南亚自由贸易于二零一五年开始，本国农民和大米分销商恐怕将失去大量的生意。

(15)<u>本国</u>最著名国立大学(UP)的学生将于八月份，重返校园，他们

将渡过长达四个月的暑假。

(16)<u>本国</u>两大航空公司和日本的全日空航空公司(ANA)将共同启动两国之间的新航线，以强势推动吸引更多的日本游客。

这些例子中的"本国"，在现代汉语普通话中均要说成"我国"。

根据《现代汉语词典》(第7版)，指示代词"该"用于"指上文说过的人或事物(多用于公文)"。在现代汉语中，"该＋NP"主要有"该＋机构/组织""该＋人""该＋量＋名""该＋年/月/周"等，一般说来，NP的结构较为简单，常见的情况是单个名词，没有修饰语，但是在菲律宾华语中，"该"后的NP结构趋于复杂，类型多样。例如，

(17)<u>该以前的叛乱集团的先驱者们</u>说，米苏亚里偏离了本级以他们的生命宣誓的原则本身，当他公开宣布苏禄，邻近省份和巴拉湾与从菲律滨共和国独立，包括马来西亚的沙巴。

(18)他们有供<u>该被拘禁女商人</u>使用的医药设备后，她周三被带到菲国警总医院。

(19)他说，<u>该同亚布沙耶夫好斗份子有关联的匪徒集团</u>有二人受伤，逃往森林内部，以躲避政府部队。

(20)<u>该陈永栽控制的菲利普莫里斯福川烟草公司</u>在写给厘务局的信中，申请在低价格类别注册 Marlboro Original、Marlboro Gold Lights、Marlboro Menthol 和 Marlboro Black Menthol 等品牌。

(21)<u>该施至成家族领导的银行</u>的整体表现有所改善，特别是在一级资本、资产和利润方面。

(22)<u>该激进的领袖</u>说，随着 EDCA 保证美国部队在本国的轮流，这将变成全年的永久驻军。

(23)另一方面，星顺说："我不知道<u>该30％至35％的数字</u>从哪里来，因为承包商是不可能预算获得付款的。"

此外，在菲律宾华语中，"该"不仅可以修饰名词单数，还可以修饰复数名词及名词性成分，甚至还出现了"该些＋NP"格式。例如，

(24)除了自二零零四以来作为纳布礼斯的常客，<u>该三参议员</u>也是政治分肥资助的方案之最大出资者，他们反复把数十亿的资金汇集到她的假 NGO。档案显示，他们收到每个方案至少50％的回扣。

(25)<u>该82个有问题的非政府组织</u>获得了12位参议员和180位众议员的至少61.65亿披索优先发展援助金。

(26)黎·利马说，俞比·大顺，前总统依斯拉沓的前助理，本人知道现款从据称的骗局主脑真日·林·那布礼示实际移交给<u>该二参议员</u>。

(27)消息人士说，由于有路障，该两辆车被迫在该检查站停下来。

(28)施文界理事长说，在工程完毕后，该五百座平民屋的所在地将命名为"菲中友谊村"。

(29)辘顺说，在会见后，该些家人留给他一个文件夹，包含真日一份未签名的宣誓证书草案。

(30)辘顺说，他要求那布礼示的家人提供他将支持该些宣称的文件和作为查对参考。

(31)一些立法者收到外币的回扣，该些档案显示。

(32)敏多沙宣称，这些支票皆由 NABCOR 总理亚兰·哈未连那签署，虽然她和其他 NABCOR 工作人员发现，该些 NGO 还没有履行 NABCOR 的文件规定。

(33)巴利骨要求政府保证，对检控涉及该些不正当行为的 NABCOR 官员重要的必要文件被保存。

(34)他要求不被指名的消息人士认明该超市、经纪和十七家用作该些货运的收货者之公司，但要求它们的名字不被刊登。

"这(一)次"与"今次"同义并存，从使用频率上讲，"今次"远少于"这(一)次"。例如，

(35)今次作秀向在日华人华侨祝贺春节，无异黄鼠狼拜年不安好心！

(36)今次测试的主角正是一例，规格跟原厂镜头相当接近，售价更比部分同类的原厂镜头稍高，可见 Sigma 今次的野心非浅。

(37)今次欧盟解除了宿务太平洋航空公司的禁令，允许这间廉价航空公司提供欧洲航线服务，证明美欧已经重拾对我国航空安全的信心。

(38)一向有脚踏灾区、亲手施赈传统的《商报》今次也"慈济"合作，发动华社捐款，希望大家同心协力，帮助灾区同胞度过时艰。

三、菲律宾华语的疑问代词

与现代汉语普通话相比，在疑问代词方面，菲律宾华语的特色主要表现在"几多""谁人""怎"的使用上。从对语料的考察来看，"几多""谁人"的使用频率均不高，而"怎"独立使用的频率是远高于现代汉语普通话的。

根据《现代汉语词典》(第 7 版)，"几多"是一个方言词，有两种词性，第一种是疑问代词，有两种功能，一是询问数量，相当于"多少"；二是表示不定的数量。第二种是副词，义同"多么"。在菲律宾华语中，除了引用的"问君能有几多愁"以外，仅有下面三例，从其分布与意义来看，属于疑问代词的"表示不定的数量"的用法。例如，

（1）几许旧思微漾，升腾起<u>几多</u>美感。

（2）减却<u>几多</u>尴尬、焦灼、狼狈和窘状。

（3）顾不得拭去眼角那夹杂着幸福和伤心的泪痕，执着地睁开自己<u>几多</u>迷糊的双眼，一首歌歌词透过泪光映入脑海，顺着双手的体温传入键盘："再大的风雨我们都见过，再苦的逆境我们同熬过，就是民族的气节、就是民族的气节，从来没变过。手牵手，什么也别说，哪怕沉默都是歌，因为我们拥有一个名字叫——中国！"

现代汉语普通话中，"谁"是询问人的疑问代词。而在菲律宾华语中，除了"谁"，还有一个文言色彩颇重的"谁人"，用例不多见。例如，

（4）<u>谁人</u>能关心他们，谁能拯救他们呢？

（5）金钱世人<u>谁人</u>不爱？赚钱和花钱是赏心乐事，但必须心安理得。

（6）如今华侨大厦业已拆卸，代之而起是壮观宏伟的大楼，想当年那几位省中旅老总、董事长及部门经理<u>谁人</u>不识我，尤其是每次的宴请均有可口的"西施舌"（即海蚌），教我大快朵颐。

在当前的现代汉语普通话中，单音节疑问代词"怎"通常出现于口语中，使用频率不高，并且通常跟"不""能""会"等连用。在菲律宾华语中，"怎"的分布更为自由，使用频率也更高一些，如"怎办"在现代汉语普通话中就几乎不用。例如，

（7）"那跟我女儿同一班机，布告<u>怎</u>通知是十一点一刻？"我简直是喜出望外，却仍问着。

（8）我这一惊非同小可，紧张的再问："那现在<u>怎</u>办？警察会不会来？会不会被罚款？"

（9）唉！忧闷喔，这么简单的开和关，<u>怎</u>会弄成这么复杂呢？

（10）她说她在参院给我。天啊！她<u>怎</u>能在参院给我？

（11）她跟我大女儿也不过相差两三岁，<u>怎</u>变得如此苍老？头发灰白、双颊瘦削。

（12）相反的，也有说不上两句，就得停下来思量：他到底是<u>怎</u>回事，是不是存心来着？

第四节　菲律宾华语的比较句与兼语句

句式是从句子结构的特殊之处来命名的，但句子结构特殊之处的概括有宽有严，具有一定的相对性。本节主要基于菲律宾华语与现代汉语普通话的对比，描写菲律宾华语具有特色的比较句和兼语句。

一、菲律宾华语的比较句

在现代汉语普通话中，对不同的人或事物进行比较，揭示其在某一方面的差距，显示其不同，最常用的句式就是"比"字句。"比"字句是指由"比"构成介词短语做状语的句子。在菲律宾华语中，大部分的"比"字句与现代汉语相同。例如，

(1)又近年尾了，一日又一日，日子过得<u>比飞还快</u>。

(2)往往是责人严，律己宽，所以常常是说的<u>比唱的还好听</u>，做的则<u>比哭还难看</u>。

(3)今天的花墟<u>比往常更加繁荣</u>了。

(4)据餐厅介绍，鳄鱼蛋的80％均为蛋黄，<u>比鸡蛋更有营养</u>，是更健康的制作冰激凌的食材。

与现代汉语普通话相比，菲律宾华语在比较句上的特色主要表现在如下几个方面。

(一)在"比"字句中，如果比较结论是单音节的形容词，其前多加"为"

例如，

(5)但总觉得不大可能，香港不管在经济或科技方面都<u>比菲发展为快</u>，菲律宾 D，E 阶层能"玩"得起手机吗？

(6)巴克莱预测货物出口可能在二月扩张 16.5％，<u>比元月所录得的9.3％为快</u>。

(7)穆迪预期制造业产量将于二月上升 21％，比较元月的 7.2％。但这将<u>比十二月所录得的经修正的 25.2％的扩张为慢</u>。

(8)我们华人子女学成之后，很多到国外去就业，……他们所得的薪俸<u>比之本地为高</u>，可能有两、三倍之多，所以如今我们国家人才的流失，已逐渐严重。

(9)菲人在关岛生活都很稳定的，有固定的职业，没有女佣，有的是自己创业或是打工，工作的地位<u>比之东南亚地方的菲人为高</u>，每到之处，都有菲胞餐馆的招待。

(10)施顺是菲民族民主阵线(民阵)的首席政治顾问，他发表声明称：岷里拉向国际仲裁庭所提交的证据必须充分及有力，特别是要进行长期的诉讼，这总<u>比无所作为为佳</u>。

(二)"比"字句中，在比较结论的前面，很多时候可以加上"来得"

例如，

(11)摆一张图，黄金处在办公室的气场一般来说会比自己家里的气

场来得"硬"一些，所以呢，可以摆张柔和的图，在工作量大时，亦能从容以对，谈薪水时必然义正辞婉。

（12）现代人在社会上谋生感觉最累的应该不是体力上的"透支"，而是面对社会复杂的关系和瞬时而变的人情世故，这种对身心产生的压力，比什么都来得累！

（13）有那么多自尚为领袖，他们的行为与语言，他们的思想和感情，并不比我们所称的风尘女子来得清白，来得高尚到那里。

（14）金融经济比实体经济赚钱来得痛快多。

（三）比较词除了"比"，还可以使用"比较"，这一点与早期现代汉语相似
例如，

（15）他又说，调查亦显示，每两名吸烟的菲人其中的一人将会比较他的平均寿命为早死亡。

（16）但是岷电公司第一副总裁伟廉·巴敏杜安则说，假如重新计算岷电所增加的电费导致比较该公司于去年十二月和今年元月所征收的每度电菲币五元六十七仙为高，则岷电将会对用户多征收所增加的收费。

（17）岷电对若干消费用户的发单周期比较暂时禁令于二○一三年十二月廿三日被颁下的日期为早，令到颇多用户经已付还增加收费的首一批次，亦即是达到每度电费中菲币两元之数。

（18）布里斯马昨天在厘务局109周年的活动期间发表讲话："我们挑战厘务局在二零一六年的税收将会比较去年的税收多两倍，以达到2兆披索的水平。这将会是洪钦钦成为首个做到2兆披索的目标。"

（19）亚谨诺总统在纳卯告诉记者："根据数字显示，接受了大约二百多个货柜，比较被拒入境的数字多两倍。"

（20）在二零一一年，政府的预算赤字是一千九百七十八亿披索，比较为去年设定的预算赤字上限三千亿披索少很多。

（21）国家玉米计划在二零一二年获分配九亿五千一百万披索，比较二零一一年的四亿八千四百万披索多了近一倍，期望的产量是七百六十万吨。

（22）虽后来西班牙殖民统治者被美国打败并驱逐，换上新殖民者美国，美国统治菲律宾时，虽比较西班牙民主，但对华人控制菲国经济仍不放心。

（四）受粤语等南方方言影响，在菲律宾华语中，有少数"单音节形容词＋过＋比较对象"的比较句
例如，

（23）议员来得对华社务实有益，甚至好过提心吊胆，恐惧税务局查出捐献农村校舍的芳名。

(24)有实际的控制权，<u>好过天天开记者会说那些口沫横飞的抗议</u>。

(25)这间名校长期以来家长的气势总是<u>高过老师</u>，偶尔芝麻蒜皮的小事家长就兴师问罪，更常嚷嚷要告老师，搞的老师们面对家长总是唯唯诺诺，对学生不当行为就举棋不定。

(26)虽然产量减少，但是椰油的全球平均市价为每公吨一千三百八十九美元，稍微<u>高过其替代品棕榈油每公吨一千三百七十八美元的平均价</u>。

二、菲律宾华语的兼语句

兼语句是指由兼语短语充当谓语的句子。根据张斌所述，兼语句根据第一个动词的语义特征，可以分为使令类兼语谓语句、称呼类兼语谓语句和有无类兼语谓语句三大类，其中由"使""派""逼"等使令动词构成的使令类兼语句最为典型，在兼语句中占比最大。①

现代汉语常用的兼语句在菲律宾华语中均有使用，菲律宾华语在兼语句上的特色主要体现在如下两方面。

(一)"令"和"使"后可以加"到"构成"令到""使到"而进入兼语句式，其中"令到"非常常用，而"使到"少见

例如，

(1)尤以进者，吸烟亦<u>令到</u>本国社会每年估计大约要耗费一千八百八十亿元菲币于健康保护费用和生产力损失。

(2)亚谨诺总统最近经常鼓励外商前来投资。但是，本国的投资环境以及政府的有关政策，却<u>令到</u>外商却步。

(3)由于自从今年二月间在本地的罗哈斯总统社达杜印沓描笼涯所出现的干旱已<u>令到</u>当地的马诺莫族成员觅食困难，遂使他们只好向地方官员吁求协助。

(4)菲全国灾难管理委员会周六称，在一股风暴再度袭击频经灾难摧毁的未狮耶和棉兰佬，并<u>令到</u>电力中断及道路无法通行后，已经有三人死亡和近三万人遭受到影响。

(5)菲中两国建交三十多年以来，一直保持着友好关系，没想到南海问题竟然<u>令到</u>两国间的深厚友谊江河日下，确实令人感到婉惜。

(6)西德兰昨天在接受访问时说："我提出了我的计划，我的计划就

---

① 张斌：《现代汉语描写语法》，北京，商务印书馆，2010，第464～466页。

是要<u>令到</u>岷里拉和马拉地的旅游带更符合逻辑。"

(7)早前一天，笔者从电视上看到大统领自日本"凯旋"归来，匆匆的行程耗费880万披索，使余想起三年前其于纽约吃热狗的情景，如今"习惯"了统领生活，不禁<u>令到</u>吾等蚁民思考究竟哪一人才是真实的他？

(8)咱们菲国的国情向来奇特，虽然咱们的政府部门领导居多是大学毕业，可是往往作出怪异施政，即以修路工程而言，每年必于学校开学前一个月进行，于是<u>使到</u>开学时的交通更加拥塞，十余年来咱们亦习以为常。

(二)"呼吁"和"催促"各取一部分构成的"呼促"使用频繁

例如，

(9)菲律宾已<u>呼促</u>东盟成员国与中国制定一个有约束力的行为准则以避免在有争议的海域发生冲突，但中国坚持与每一个声索国进行双边直接对话而不是集体的对话。

(10)菲国中央银行星期日<u>呼促</u>银行应与消费者和政府同心协力，以减少民众由于自动提款卡遭受到仿制而丧失了他们辛苦赚来的金钱之风险。

(11)黎耶示亦重申他<u>呼促</u>岷电向大众公开在暂时禁令未经被颁布之前它已经征收到多少款项，那些款项的去向与及它是否赚取到利息。

(12)南施·敏及参议员对这个报道表示震惊，她<u>呼促</u>社会福利部应确保这个受战争蹂躏的城市的居民能得到基本的生活物资。

(13)一位联合国人权专家于周二<u>呼促</u>国际贷款者取消菲律宾的债务并给予无条件的赠款援助，而非寻求新贷款以融资大规模的台风后重建。

(14)这些商业团体<u>呼促</u>政府为了使国家加速工业化，吸引外国投资，创造会就业机会及使经济增长更全面，必须有合理及具竞争力的电费及电力供应。

第五节　华语动词"相信"的情态功能及其来源

一、问题的提出

李明在论述恐怕类和估想类动词发展为情态词时指出，有的动词即使跟"怕""想"一样，表示认知心理活动，也不能转化为情态词。[1]　例如，

---

[1]　李明：《从"容"、"许"、"保"等动词看一类情态词的形成》，《中国语文》2008年第3期。

(1a)这位同志我觉得/我认为没有问题。

(1b)这位同志觉得/认为没有问题。（义同上）

例(1b)不能表达例(1a)的语义，"觉得""认为"的主语不能脱落，话题重新分析为主语也就不能实现。但如果例(1b)中的动词换成"相信"会稍好，换成"估计""听说"则句子合格。

(2a)这位同志相信没有问题。

(2b)这位同志估计/听说没有问题。

实际上，在现代汉语普通话中，除了李明提到的例(2a)这样的语感可能因人而异的"稍好"的用例，我们在演讲、讲话、报告等语境中都能够听到一些"相信"用为情态词的例子。如例(3)—例(6)，我们都可以将"相信"后宾语小句的主语"大家"提升至句首；例(7)—例(10)是现代汉语中出现的"相信"后宾语小句主语直接提前的用例。例如，

(3)英国这样做的目的何在，相信大家都很清楚。

(4)这种担心没有必要，要对广大新闻工作者、公民和法官有信心，相信大家都会遵守法庭规则，不应也不会左右法院办案。

(5)前一阶段的比赛和训练，各地选手的真实水平到时会逐渐显露出来，相信大家都会珍视冬奥会前的最后练兵机会，全力拼搏。

(6)台湾当局拖至今日才为此做出口头承诺，其目的何在，相信大家都能看清楚。

(7)产品的参数和外观大家相信也看过，艺术格调和人文情怀这两点，恰好是现在很多其他企业所缺少的。（BCC语料库微博语料）

(8)8首歌曲，大家相信会喜欢。（同上）

(9)之前在展会上，大家相信已经见过这个GK了，这次给你收入囊中的机会！（同上）

(10)他相信已经不在了。（引自完权[①]，意义同"我相信他已经不在了"）

需要指出的是，在现代汉语口语中，除了宾语小句的主语"大家""诸位""各位""同志们""同学们""他（们）"等偶尔能提升到"相信"的前面，其他情况下一般均不可提前。这表明，现代汉语普通话中的"相信"基本上还是一个普通实义动词，其情态功能的使用和分布极其受限。

但在新加坡、马来西亚、菲律宾等东南亚华语中，动词"相信"的情态功能发展充分，表现出了与现代汉语普通话明显不同的分布与用法。

---

① 完权：《言者主语与隐性施行话题》，《世界汉语教学》2016年第4期。

下面让我们以新加坡华语、马来西亚华语和菲律宾华语为例，详细描写动词"相信"的功能与用法，并进一步探讨其来源问题。

二、华语动词"相信"的情态功能

在新加坡、马来西亚和菲律宾华语中，动词"相信"的第一个意义与现代汉语普通话相同。《现代汉语词典》(第 7 版)对"相信"的释义是："认为正确或确实而不怀疑，如我相信他们的试验一定会成功。"这一意义的"相信"，其后的宾语可以是代词、名词等体词性成分，也可以是小句等；从主语来讲，这一意义的"相信"的主语都是"相信"这一心理动作的实施者，即施事；就其出现与否可以分为两种情况，一类是"相信"前有主语，另一类是"相信"前没有主语；没有出现主语又可以分为两种情况，一是陈述过程中施事主语的省略，二是隐身的"言者主语"的介入。例如，

(11)他们相信凶徒极可能是有备而来，一早就埋伏在现场，等候刘亚九下车开启宿舍入口处的铁门时，伺机行凶。(马)

(12)原本我们要等到水位上升到 50％才恢复水供，但随着将废矿湖水引入雪兰莪河的措施奏效后，我们认为无需等到 50％的水位，即日起便可恢复水供，因为我们相信水位还会继续升高。(马)

(13)警方相信 38 岁的死者色拉华南(来自洗都)是枪手主要的目标，他后脑中枪，送院后证实不治。警方查悉，他生前有一项毒品前科。(马)

(14)你需要拥有快捷和舒服的交通系统，能承载大量的乘客，所以我相信新的圣淘沙捷运，将对现有的缆车和陆路通行设施起着很大的作用。(新)

(15)第 64 号兵营指挥官仁洛·杳丘莫斯中校相信，他的部队使撤退的匪徒遭受更多伤亡，因为沿他们逃跑的路线发现血迹。(菲)

(16)他指出，纵火狂本来是穿红衣，但袭击他时，已换了一件衣服，相信对方早已有所准备。(马)

(17)我国与泰国是"邻居关系"，相信该国会伸于援手，而且相信费用也不会太高，若泰国同意给予援助，下周就能开始进行人造雨了。(马)

(18)李家和说："若家有小孩的，相信一两天就吃完了。"(马)

(19)不过，国家发展部政务部长傅海燕表示，开采工作只会在可克石场进行，相信居民不会受到多大的干扰。(新)

(20)描地称，鉴于菲美两国对"扩大防务合作协定"的第八轮谈判仍

在继续，相信会有一些约束双方的"严格规定"。（菲）

在例(11)—例(15)中，"相信"前均有主语，从语义上讲，该主语都是"相信"的施事。例(16)—例(20)中，"相信"前没有主语出现，但我们可以分别给它们补上主语，例(16)补上"他"，例(17)和例(18)可以补上"我"，例(19)和例(20)可以补上"她/他"；这些句子是叙述者的间接陈述或说话人的直接陈述，"相信"的施事主语被省略了或者不必说出来。

再看下面的例子：

(21)一名从事烟草市场营销的 28 岁男子，凌晨下班后开车回家途中，相信雨天路滑，车子在驶至牛汝莪供电站前的敦林苍祐大道时失控，并撞向左边车道，连人带车直坠入日落洞河。（马）

(22)李美锈在事发前一个小时曾经和一名男子吵架，相信她是在男子离开后，一时想不开关在屋内烧炭自杀。（马）

(23)在场目击消防员移出死者遗体的公众指出，死者身体并无明显外伤和出血，身体的重要部位也没被大树压中，因此，相信死者并不是被大树压死，而是在树倒时受惊吓而亡。（马）

(24)据悉，当地在下午 4 时开始便下起倾盆大雨，并刮起强风。死者当时独自冒着雨撑伞骑脚车，相信是到附近购物。当她经过案发地点时，路旁的一棵大树经不起狂风肆虐，突然连根拔起倒向死者。（马）

(25)新山北区警区主任甘沙尼于周一受询时以简讯回覆，死者的前夫赶到现场后，发现屋子反锁，无法进入。相信在几经波折下，黄先生才顺利从前妻一名友人的手中取得备用钥匙。（马）

(26)这名女佣事后下落不明，相信已潜返家乡。（马）

(27)每个有经常使用高速公路的车主或司机，相信都会有过受到路上的慢行重型车辆阻路，甚至几乎要撞上这些巨无霸的例子，因为它们跑得很慢，有不少就慢到像蜗牛，却把三分之一或半条路霸占。（马）

(28)向来疼爱慧婷的大哥，周一早上赶到槟城医院太平间认尸时，情绪也很激动，一直自责没看紧妹妹。而慧婷的二哥目前身在国外，相信接到消息后已赶着返回槟城。（马）

(29)还好能安全回到新加坡，相信她还需要一段时间来平复心情。（新）

(30)新加坡后港一名猪肉摊贩，相信因为眼红同行生意好，竟然挥起一把斧头和两把刀砍伤两名男子。（新）

(31)案发后的第二天，嫌疑犯落网了，凶手也已查出，相信很快，

社会就能还你一个公道。同学，希望你一路走好！（菲）

（32）这位女店员 Rochell 所说的话，<u>相信</u>也是有很多在商场店铺打工的菲律宾人想说的话。（菲）

在谈上面这些例子之前，让我们先介绍一个概念："言者主语（speaker subject）"。"言者主语"是语言"主观性"和"主观化"研究中的一个重要概念。沈家煊说："'主观性'是指语言的这样一种特性，即在话语中多多少少总是含有说话人'自我'的表现成分。也就是说，说话人在说出一段话的同时表明自己对这段话的立场、态度和感情，从而在话语中留下自我的印记。"①沈家煊提到了"a. He must be married.（他必须结婚了。）"和"b. He must be married.（他必定结婚了。）"两句的区别，指出：a 句表达客观上他有采取某项行动（结婚）的必要，而 b 句则是说话人主观上对命题"他结婚了"是否真实所做出的判断；a 句的 he 是"句子主语"或"语法主语"，而 b 句除了这个语法主语，还隐含一个高层次的"言者主语"，是说话人认定"他结婚了"。

回到"相信"的话题上来。在例（16）—例（20）中，"相信"前没有出现或者省略的都是"句子主语"或"语法主语"；而例（21）—例（32），我们无法从语句所表达的客观情景给"相信"补出一个"句子主语"或"语法主语"来。结合上下文语境不难理解，这些句子中"相信"的前边，都有一个隐身的"言者主语"的存在，即言者存在于"相信"之前的空位，对相关事件的确凿性或可能性进行确认。这是"说话人将自己认同于他用句子所描写的事件或状态中的一个参与者"的"移情"作用所造成的。

以例（26）和例（28）为例加以说明。在例（26）中，"这名女佣事后下落不明""已潜返家乡"这一事件，是"言者"对"下落不明女佣"之"下落"的一种"猜测"或"认定"，事实是否如此，尚需确证。例（28）中，既然"慧婷的二哥目前身在国外"，那么他做什么，我们就无从知道，"接到消息后已赶着返回槟城"是"言者"对知道妹妹遭遇不幸的二哥之行为的一种"猜测"。

前文提到，《现代汉语词典》（第 7 版）对"相信"的释义是"认为正确或确实而不怀疑"。显然，"相信"本质上是一种"认识"。沈家煊②提到，关于"说话人的认识（epistemic modality）"是"主观性"和"主观化"研究的一个重要方面，而"认识"主要跟情态动词和情态副词有关。Traugott 曾指

---

① 沈家煊：《语言的"主观性"和"主观化"》，《外语教学与研究》2001 年第 4 期。

② 沈家煊：《语言的"主观性"和"主观化"》，《外语教学与研究》2001 年第 4 期。

出，"由非认识情态变为认识情态""由句子主语变为言者主语"是语法化中主观化表现的重要方面。[①] 前文我们已经看到，在新加坡、马来西亚和菲律宾等地的华语中，动词"相信"的用例已经充分展示了"由句子主语变为言者主语"这一变化。

下面让我们来看"相信"的情态化。

"相信"的情态化是与其宾语小句之主语的提升相伴随的。前文提到，"相信"前没有主语分两种情况，一种是陈述过程中施事主语或语法主语的省略，另一种是隐身的"言者主语"的介入。"相信"前句法空位的存在，使得其后宾语小句的"主语"可以提升到该位置，从而成为整个句子的形式上的主语。例如，

(33)邻居₁披露，李美锈₂住在当地约两年，屋子相信是租的。（马）

(34)他指出，因为成本低廉又充足，因此若推出市场，价格相信比市场上其他药物来得更便宜。（马）

(35)加影警区主任拉昔说，嫌犯相信是从店后方的铁门爬上天花板后，再从厕所爬进店内干案，拿走店内的 500 令吉现款、手机及一部 DVD 播放机。（马）

(36)努沙再也警区主任哈欣则指出，死者相信是踢倒脚下的塑胶凳子，用电线缠绕颈项，在楼梯前处自缢毙命。（马）

(37)我是从电视中看到一出介绍老行业的纪录片后，产生以制作龙香为主题的概念。而且，龙也是华人传统文化最具代表性的象征，创作 3D 龙香相信能引起很多观众的共鸣。（马）

(38)工程竣工后，成本相信不会超出 40 亿令吉的范围。（马）

(39)事发一带都是油棕园，凶手相信是把车辆停放在屋后油棕园，在致死两名死者后，再进入油棕园取车逃走。（马）

(40)老一辈的本地读者相信都曾在华文报章阅读过麦秀的专栏，热爱马华文学的读者也对麦秀著作的小说和散文并不陌生。（马）

(41)卫星电视体育台上周日直播林丹第三度在亚洲羽球锦标赛夺冠的实况时，李宗伟相信并没有收看，据知这位大马羽球"一哥"当天上午和下午"赶场"，先后受邀出席两场与羽运扯不上关系的商业活动。（马）

(42)随着槟州产业重新估值后，明年门牌税相信很难再免于涨价，州政府届时可能又要面对批评和反对浪潮。（马）

---

① Elizabeth Closs Traugott：Subjectification in Grammaticalisation，In Stein & Wright：Subjectivity and Subjectivi-sation，Cambridge：Cambridge University Press，1995.

（43）窃贼**相信**是撬开卷式拉门锁头潜入商店，然后剪断警铃装置。（新）

（44）其中一名警员拿着一个购物袋，里面装的**相信**是偷窃证物。（新）

（45）EX-10 的机身较大，其中一个原因**相信**是为了容纳机背的 3.5 吋 LCD 显示，除了尺寸比大部分 DC 的 LCD 大之外，亦支援向上 180 度翻转，方便自拍。（菲）

（46）一起欣赏那里的美丽风景，还有一起享受那里的美食……让你们爱的脚印深深踏在那陌生而又充满回忆的城市，这段回忆**相信**是美丽而难忘的。（菲）

例（33）—例（37）中，在"言者"所描述的情景或事件中，都有一个参与者是"相信"的施事主语。如例（33）中的"邻居"、例（34）的"他"、例（35）的"加影警区主任拉昔"、例（36）的"努沙再也警区主任哈欣"、例（37）的"我"，但是由于施事主语的省略或不必说出，"相信"前就出现了句法上的空位，而空位的出现又引发了其宾语小句之主语的移位。将例（33）进行改写。例如，

（47）邻居₁披露，李美锈₂住在当地约两年，Ø₁相信屋子是 Ø₂ 租的。

Ø₁ 的存在使得宾语小句的主语"屋子"发生移位，就在表层上变成了"邻居披露，李美锈住在当地约两年，屋子相信是租的"。

上面的例（38）—例（46）中，在其深层结构中，"相信"前是"言者"主语，言者主语的隐身，引发"相信"宾语小句之主语的移位。如例（41）中，"李宗伟相信并没有收看"并非"李宗伟"相信，即李宗伟并非"相信"的施事，其施事是"言者"，而"言者"的隐身，使得"李宗伟"从"李宗伟并没有收看"的主语移位而成整个句子的形式上的主语。

李明曾以"容/许、烦/劳、许/准、欲、保"等几个动词为例，研究汉语史上部分情态词的语法化过程。[①] 该文指出，带小句宾语的动词要转变为情态词，基本前提是主句主语不出现，汉语"代词脱落"的特征，是这些动词在句法上发生重新分析、在语义上发生变化的重要因素。通过上面的例子可以看到，"相信"也经历了同样的语法化过程。如例（33）—例（46），其中的"相信"均可以被重新分析为"（极有）可能"之义，表达的是说话人或"言者"的一种可能性极高的猜测或认定。

在新加坡、马来西亚和菲律宾华语中，表示"可能性极高的猜测或认

---

① 李明：《从"容"、"许"、"保"等动词看一类情态词的形成》，《中国语文》2008 年第 3 期。

定"的情态义"相信"使用非常频繁。例如,

(48)这起自杀案在周日下午 1 时许,发生在蒲种山庄某 5 层楼的公寓单位内,身穿短裤 T 恤的死者相信是在该公寓 5 楼的走廊攀过栏杆自杀,坠落底层天井的地面并当场死亡,警方较后从 5 楼的走廊发现一双相信属于死者的拖鞋,而当地居民也指不认识死者。(马)

(49)他认为,拐童事件相信是有幕后集团操控,利用各种方法吸引小孩堕入陷阱。(马)

(50)一直都有出席记者会的马航首席执行员阿末佐哈里相信是因紧急处理失联客机事项,继而缺席这场重大宣布的记者会。(马)

(51)为夫者疑是喝下已加入镪水的杀虫剂"双料自杀",而妻子则相信是遭人淋泼镪水致死。由于女死者曾在案发时呼救,使得案情疑点重重。(马)

(52)据他了解,母亲相信总共欠了逾 5 万令吉大耳窿债务,但他不清楚母亲借钱的用意。(马)

(53)吉兰丹话望生县数名华小生相信瞒着家长,偷偷跑到县内清水河嬉水,岂料其中一名学生林伟康(12 岁)却不幸失足溺水,其他同伴因害怕不敢声张,直到家属迟迟未见孩子归来,前往报案才揭发溺水事件。(马)

(54)本报记者到访李心洁打禅七的禅修圣地时,一名相信是工委会成员的中年男子即前来询问记者的来意,当记者询及李心洁是否在此禅修时,他马上回说:"你们要等的人,在早上 8 点多已离开了。"(马)

(55)面子书事后也流传一则相信是由机场地勤人员以手机拍摄到的降落短片,短片内的拍摄者声称飞机着陆时传来响亮的摩擦声。不过,马航并未对此作出声明。(马)

(56)位于打铜仔街 122 号的潮艺馆相信是国内首间潮州戏曲艺术馆。(马)

(57)1998 年在印尼勿里洞岛附近的海底打捞出一只相信属于 9 世纪的船只残骸。(新)

(58)这次袭击相信是过去三年冲突中最大规模的纵火袭击之一。(新)

(59)武装部队中指挥部发言人詹·亚里斯·亚拉看曾说,他们在添顺夫妇的藏匿处和客货车发现的狗食和猫食,每袋相信值二千批索。(菲)

(60)所以澳洲莱纳斯在关丹设厂,提炼稀土相信和日本背后操控有关。(菲)

三、汉语结构内因与接触促动的语法化

沈家煊认为"相信"与"认为""以为"在语义上都"表示见解","都是对表述的内容是否符合事实作出判断";概率情态有"可能 P—多半 P—肯定 P"几个不同的等级,动词"相信"是表示"多半 P"的"概率情态"词。[①]

前面内容显示,动词"相信"在现代汉语普通话中,能够使其后宾语小句之主语提升至句首充当全句主语的能力是比较弱的,仅限于部分代词或名词。而新加坡、马来西亚和菲律宾华语中用例则显示,动词"相信"基本完成了其情态化过程,其前能够出现的主语类型远比现代汉语要丰富。此外,需要指出的是,香港人说普通话里面的动词"相信"也具有与新、马、菲华语基本相同的用法,相关研究可参见石定栩等的研究[②]。是什么原因造成了现代汉语普通话与这些华语变体在动词"相信"用法及语法化程度上的差异?考虑到现代汉语与这些华语变体来源上的"同源异流"及不同的存在环境,我们很容易得出一个结论:新加坡华语、马来西亚华语、菲律宾华语和港式中文中动词"相信"的特殊用法可能是受其他语言(比如英语)的影响所致。

石定栩等提到,在港式中文中动词"相信"有"美国有线新闻网络称,行动相信是涉及攻击一个塔利班重要领导目标"等这样的用例,并认为这样的句子在现代汉语中要被说成"美国有线新闻网络称,相信行动涉及攻击一个塔利班重要领导目标",进而认为港式中文中动词"相信"的特殊用法"恐怕得追溯到英语中的有关用法"。在英语中,动词"believe"可以出现在"NP-be-V-ed-infinite VP"句型中,如"He is believed to have passed the exam",但汉语跟英语在被动句的使用上有很大不同,汉语通常会有较多语义和语用方面的限制,如在现代汉语中,"相信"不能用于被动句。如此,要表达相当于"NP-be-V-ed-infinite VP"这一英语句式的意思时,就必须加以变通,于是就有了"名词短语+相信+动词短语"这样的形式。[③] 祝晓宏[④]在解释新加坡华语中的类似现象时赞同并援引了石定栩等

---

① 沈家煊:《"判断语词"的语义强度》,《中国语文》1989 年第 1 期。
② 石定栩、朱志瑜、王灿龙:《香港书面汉语中的英语句法迁移》,《外语教学与研究》2003 年第 1 期。
③ 石定栩、朱志瑜、王灿龙:《香港书面汉语中的英语句法迁移》,《外语教学与研究》2003 年第 1 期。
④ 祝晓宏:《新加坡华语语法变异研究》,北京,世界图书出版公司,2016,第 170～172 页。

人①的这一观点。

如果认为港式中文、新加坡华语、马来西亚华语和菲律宾华语中动词"相信"前的主语类型比现代汉语丰富可能是英语影响所致，或许比较公允；但如果认为这些华语变体中的"名词短语＋相信＋动词短语"结构来自英语之影响，恐怕就与语言事实不符了。例(7)—例(10)就是现代汉语中的"名词短语＋相信＋动词短语"结构，只不过"相信"前的成分是指称名词性成分的代词而已。再看现代汉语中的如下几个例子：

(61)皮衣相信是每个男人衣橱里都不会少的一款衣服，不管你怎么搭配，都是那么的显眼。(BCC 语料库微博语料)

(62)大翻领设计，不单调不平庸，外穿无扣无比简约大气哦，这样的款式相信一定是今秋的爆款呢。(同上)

(63)一点点小坏，一点点小放纵，更有一点点的小自由。这种轻松的曲风相信是很多个性的孩子喜欢的感觉。(同上)

(64)在这款游戏中，打斗系统的独特相信是吸引不少玩家前来的重要因素之一。(同上)

我们对例(61)—例(64)可以有两种解释，一种认为它们是对英语"NP-be-V-ed-infinite VP"句式的翻译，并且在翻译过程中省略了"被"；一种认为这样的句子就是汉语中常见的"隐性施行话题句"。

完权②指出，在汉语中有这样一种歧义句，其句法主语具有施受两歧可能性，语用上充当隐性施行话语时存在言者主语。例如，

(65)你不准说这事儿。

(66)小栓听说住院了。

(67)他不知道要说到什么时候，也不怕累着。

(68)被摔女孩儿宣布死亡。

(69)黑人叔叔还以为是主角呢，刚赶回宾馆就一斧头被砍死了。

例(65)中"你"可以是"准"的施事，如"你不准说这事儿，我偏说"，"你"也可以是"准"宾语小句的主语，如"你不准说这事儿，我就不准"，其意义是"我不准你说这事儿"。从"我不准你说这事儿"到"你不准说这事儿"，句子主语变为隐性的"言者"主语，进而宾语小句之主语提升至句首；这是一个主观化的过程，增强了言谈的交互性。

与例(69)的"以为"同属"表示见解"义的动词，"相信"后宾语小句之主

---

① 石定栩、朱志瑜、王灿龙：《香港书面汉语中的英语句法迁移》，《外语教学与研究》2003 年第 1 期。

② 完权：《言者主语与隐性施行话题》，《世界汉语教学》2016 年第 4 期。

语提升至句首的句子也应当属于"隐性施行话题句",而不必将之归为受英语影响才能出现的句式。此外,我们甚至在 20 世纪 30、40 和 50 年代的语料中发现了"相信"后宾语小句之主语提升的为数不多的几个用例,要说这些用例全都是受英语影响所致,恐怕是让人无法接受的。例如,

(70)象辞与象辞<u>相信</u>必是成于周代,如果说是周公所作,也有可能。(许宏然:《周易中所见氏族制崩溃期社会经济之发展》,载《食货》,第 4 卷,第 4 期,1936)

(71)如美国成为内战之工具,则中国人民对美之友谊必为憎恨所代替。<u>本委员会相信</u>是代表极大多数的中美人民来请阁下采取这一切行动,因此请阁下明确的重述并立即实行十二月十五日的声明。(《人民日报》,1946 年,BCC 历时语料库)

(72)因为虽然荷兰军队实际上源源增加,但荷方专员曾规定驻荷属东印荷军总数当不超过目前英荷两军实力,<u>目前英荷两军总数相信</u>约七万人,印尼军队在十万至廿万之间。(《人民日报》,1946 年,同上)

(73)只要我们听从防疫队等有关部门的指导,好好进行捕鼠、灭蚤、清洁卫生,尤其是注射的工作,并赞助政府对疫区封锁包围、对患者隔离的措施,就会收到预期的效果。<u>此次察北的鼠疫相信</u>在中央人民政府的领导下,加上广大人民的支持,一定能够扑灭的。(《人民日报》,1949 年,同上)

(74)尤其是这一大群有无限忠心,有坚强信心,有极度耐心,千锤百炼的基层青年工作干部,积累了数月实地的经验,再加以暑期的学习,<u>今年秋收后的土地改革工作</u>,<u>相信</u>会做得更快,搞得更好。(《人民日报》,1951 年,同上)

如此,我们又该如何解释马来西亚华语、新加坡华语和港式中文中"相信"前主语类型远比现代汉语多样及这种句式使用更为频繁呢?

Heine and Kuteva[1] 提到,要判定一个语言变化的原因是语言接触,即某个语言特征从一个语言转移(transfer)到了另一个语言,有两个关键性的问题要面对:一是有什么证据证明转移发生了? 二是如果没有语言接触,这种变化不会发生吗? 第一个问题通常预设了人们对接触之前的语言结构有所了解,并且在很多情况下,这些知识可以通过语言对比获得,如使用于巴布亚新几内亚的一些南岛语展示的特征在同类南岛语中见不到,但却在该地区与南岛语有密切接触的非南岛语中发现了,这就

---

① Bernd Heine and Tania Kuteva: Language Contact and Grammatical Change, Cambridge: Cambridge University Press, 2005, pp. 22-23.

可以证明这是一种语言转移。第二个问题更重要，如一些斯拉夫语言发展出了（定指或不定指）冠词，这些斯拉夫语与具有定冠词之日耳曼语或罗曼语密切接触之事实，似乎表明这些斯拉夫语冠词的出现应当源于语言接触。但是，定冠词的出现是一个在很多语言中都发生过的普遍过程，没有证据表明语言接触在其中起过多大作用。如此，这些斯拉夫语没有通过接触而发展出冠词的可能性就依然存在。在很多情况下，有其他的证据显示，接触可能是诱发或加速某一变化过程的一个促成因素。

如果以这样一段论述来看新加坡华语、马来西亚华语等华语变体中动词"相信"的情态化，我们可以看到，即使没有语言接触，如在现代汉语中，"相信"在某些情况下依然可以将其后宾语小句的主语提升至句首，并且与"相信"类似的"隐性施行话题句"在汉语中较为常见。如此，我们就可以说，与现代汉语普通话"同源异流"的其他华语变体中"相信"的情态化，其主因不是语言接触，语言接触或许仅仅是加速其变化过程的一个促成因素：受英语对应句式之影响，"相信"用于"隐性施行话题句"的频率显著增加，这加速了其情态化过程。

有趣的是，在菲律宾华语中，"被相信……"这样的表达也不鲜见，显然，这是对英语对应句式的直译。例如，

（75）可是他并没有出现该疾病的病症，菲卫生部对他进行检验，结果是负，然而，他仍被相信是这种新型冠状病毒的带原者。

（76）王氏被相信头部遭重击，然后被刺数刀。

第六节　印尼华语使用状况与印尼华语动词"成"

郭熙、李春风[①]指出，受各个国家政策影响，东南亚国家的华人语言使用情况各不相同，马来西亚华人的华语水平很高，新加坡华人数量占绝对优势，但华裔青少年的华语水平呈现下降趋势，而印尼的华文教育历经沧桑，目前正在逐步走向繁荣发展时期。本节我们将关注"历经沧桑"后的印尼华语，由于目前关于印尼华语的研究很少，且从笔者多次赴印尼从事汉语教学及调研之感受来看，印尼不同地区的华语差异较大，代际差异亦很大，所以下面我们仅从两个个案来看印尼华语之一斑。一个是以印尼北苏门答腊民礼市北干民礼镇为例，看当前印尼华语使用之状况；

---

① 郭熙、李春风：《东南亚华人的语言使用特征及其发展趋势》，《双语教育研究》2016年第3卷第2期。

另一个是以动词"成"为例，来一窥语言接触环境中的印尼华语语法特征。

一、印尼华语使用状况管窥

暨南大学华文学院华文教育系 2017 届印尼籍学生卢彩虹以《印尼北干民礼镇中生代华人语言使用调查研究》为题完成其本科毕业论文，并获得学士学位。卢彩虹通过深入实地的详细调查，为我们呈现了印尼华人的语言使用状况，本小节将重点介绍其调查结果。①

民礼市是印尼北苏门答腊省的一个省辖市，位于省府棉兰市西边 22 公里处。民礼市有 7 个镇，北干民礼镇是其中之一；该镇是民礼市的商业中心，也是民礼市人口密度最高的镇。据 2008 年的人口统计，该镇有 6759 人，含印尼人 1010 人，华人 5733 人，华人占 84.8%；2008 年至今人口没有大的变化。

北干民礼镇华人均掌握印尼语和福建话，部分华人还使用英语和华语；年纪越大，印尼语水平越差，年纪越轻，印尼语水平越好。卢彩虹主要通过问卷调查和访谈的方法调查了该镇的中生代华人居民。所谓"中生代"，就是"上有父母，下有儿女"、年龄在 40～60 岁的一代华人。该调查一共调查了 126 人，54 名男性，72 名女性，40～50 岁的 94 人，51～60 岁的 32 人。该文以"中生代"华人作为调查对象，从语言传承和传承语习得的角度来看，是非常合适的。一方面，印尼这一代华人年龄在 40～60 岁，他们直接受到印尼政府的华人同化政策影响，大多数被调查者都是未读完华文学校，华文学习被迫中断而转入印尼语学校，有的甚至直接放弃了学习；以这样的一代人作为调查对象，可以更好地审视政策变化对华语传承的影响。另一方面，正如 Montrul 所指出的，对于传承语学习者而言，其输入的主要源头就是其上代移民，如果上代人或者中间代际群体的传承语存在迁移、简化、磨损等不完全习得和化石化现象，那么随着代际传承，就会对下一代传承语者产生影响。②

卢彩虹调查和访谈结果，我们择要介绍如下。

（一）方言使用情况

在方言的使用上，由于该镇华人以祖籍福建者为多，如在所调查的

---

①　卢彩虹：《东南亚华人的语言使用特征及其发展趋势》，《双语教育研究》2016 年第 3 卷第 2 期。

②　Silvina Montrul：The Acquisition of Heritage Languages，Cambridge：Cambridge University Press，2016，pp. 122-128.

126 人中，就有 68 人是福建人，所以该镇在方言的使用上，福建话最为通行，其地位甚至高于华语，为不同方言背景者所使用。如表 3-1 所示：

表 3-1 北干民礼镇"中生代"华人方言使用情况

所操方言	人数	占比
福建话	90	71.4%
福建话、广东话	6	4.8%
福建话、客家话	10	7.9%
福建话、潮州话	19	15.1%
福建话、客家话、潮州话	1	0.8%

(二)多语能力差异

参与调查的北干民礼镇"中生代"华人，以第三代华裔居多，他们均基本掌握了印尼语和福建话；除此以外，还有 27% 的被调查者能熟练使用华语，16.7% 的被调查者能熟练使用英语，11.1% 的被调查者能熟练使用印尼语、福建话、华语和英语。

在被调查者中，印尼语因不同个体或听说读写不同能力差异不大，而华语则差异较大。如表 3-2 和表 3-3 所示：

表 3-2 北干民礼镇"中生代"华人印尼语水平差异

印尼语水平	人数	占比
听说读写熟练	121	96%
能听说但不会读写	1	0.8%
能听懂但说不好	4	3.2%
能部分听懂但不会说	0	0%
听说困难	0	0%

表 3-3 北干民礼镇"中生代"华人华语水平差异

华语水平	人数	占比
听说读写熟练	21	16.7%
能听说但不会读写	36	28.6%
能听懂但说不好	38	30.1%
能部分听懂但不会说	26	20.6%
听说困难	5	4%

北干民礼镇"中生代"华人的语言学习及其水平受政治局势变化影响巨大。1965 年之前华人均读华校，但 1965 年之后，印尼的所有华校被封闭，华人被迫转读当地的印尼国民学校，印尼语和英语是当地国民学校的必修课，而华语则是从 2001 年开始方成为学校的选修课。从表 3-3

可以看到，经过三十多年的打压，北干民礼镇"中生代"华人的华语水平深受影响，仅 16.7％的被调查者听说读写熟练，其他人在听说读写四项能力上均存在不同程度的缺陷。

（三）交际语言使用

在语言交际方面，华裔与华裔交流，86.5％的被调查者会使用福建话，其次是使用华语，占 3.9％，然后是印尼语，占 3.2％；华裔与非华裔交流，76.9％的被调查者使用印尼语，16.7％使用福建话，2.4％使用英语。

另外，北干民礼镇"中生代"华人与其子女交际时以使用福建话为主，但在希望子女掌握语言这一问题上，绝大多数父母都希望孩子能用英语和华语交流，尤其是在 2001 年华文教育开放之后，要求孩子使用华语的父母有逐渐增多的趋势。

（四）语码转换与混杂

多语多文化带来语言的频繁接触与借用，频繁的语码转换与语言混杂就成为该镇语言交际的一个突出特点。如表 3-4 和表 3-5 所示：

表 3-4　北干民礼镇"中生代"华人与华人交际时的语码使用情况

语码使用情况	人数	占比
印尼语和汉语方言混用但以汉语方言为主	103	81.7％
印尼语和汉语方言混用但以印尼语为主	4	3.2％
印尼语和华语混用但以华语为主	0	0％
印尼语和华语混用但以印尼语为主	3	2.4％
印尼语、华语、汉语方言混用	14	11.1％
印尼语、华语、英语混用	2	1.6％

表 3-5　北干民礼镇"中生代"华人与非华人交际时的语码使用情况

语码使用情况	人数	占比
印尼语和汉语方言混用但以汉语方言为主	36	28.6％
印尼语和汉语方言混用但以印尼语为主	71	56.3％
印尼语和华语混用但以华语为主	3	2.4％
印尼语和华语混用但以印尼语为主	6	4.8％
印尼语、华语、汉语方言混用	8	6.3％
印尼语、华语、英语混用	2	1.6％

传承语是近二十年来国际双语或多语研究的一个热点话题。Montrul① 指出，传承语和传承语使用者不那么容易界定，判定一种语言是否是传承语的关键因素就是所在地的社会语言环境；通常，传承语是双语环境中的少数语言；多数（majority）与少数（minority）之分是社会政治的，不仅仅是人口统计上的。一般而言，传承语和传承语使用者具有如下特征：1. 成长于双语家庭的双语者，熟悉两种或几种语言。2. 第一语言或者第一语言之一，在家使用，是一种社会语言学上的少数语言（传承语）。3. 双语者通常更熟练使用社会多数语。4. 传承语通常是弱势语言。5. 传承语的精通度个体差异很大：从极少语言知识到类似母语。6. 对社会多数语的精通度通常达到母语水平或类似母语水平。

就北干民礼镇而言，虽然华人占其总人口的 84.8％，但其社会多数语，无疑是在政治经济上占据优势的印尼语，被调查者中，100％都掌握了印尼语，并且 96％听说读写熟练，这是远超福建话和华语的；由于华人人口构成中使用福建话者为主，加上历史原因，作为一种传承语，福建话虽然较为通用，但精通度的个体差异要比印尼语大；至于华语，由于长时间被禁用，很多华人无法学习，在解禁以后，出于族群认同或者文化认同的需要，加之近些年中国经济的持续快速发展所带来的语言经济价值，学习华语者日见其多，但从传承语的角度来看，华语的个体精通度差异巨大，有的完全不懂华语，有的已达到母语水平或类似母语水平。印尼华语的这样一种状况，是与马来西亚华语、新加坡华语很不相同的，这也让印尼华语的研究困难重重，无法采用与马来西亚华语研究相同的以书面语为主的研究方法，而必须以单点实地调查的方式进行，并且以口语研究为主，从而一窥其华语面貌。

二、印尼华语的动词"成"

上一小节提到，印尼华语的使用者个体精通度差异巨大，来看两篇学生的习作，大致了解一下正在华语学习过程中的华裔少年的华语水平及华语面貌。

第一篇题目是《中文与我》，登载于 2017 年 9 月 26 日印尼《国际日报》B7 版"师生园地"：

---

① Silvina Montrul：The Acquisition of Heritage Languages，Cambridge：Cambridge University Press，2016，pp. 13-15.

中文与我

平时当我看到报纸在父亲的桌上东一张西一堆，我会帮父亲把报纸收拾整齐，并且把桌椅排好。做完以后，心里就感到很舒服。我看不惯杂乱不整的书房，因为我从小就习惯整洁。

我从小就喜欢阅读漫画、民间故事，看报，多是看印尼文的，我们在家习惯说普通话（汉语），其实我自己自爱，自修，也抽空补习中文，却没有上过中文学校。我哥哥的中文比我好，因为他曾在新加坡念书，现在在一家外国公司上班，也常常用中文书写各种信件。当他很忙时，就会要我帮他写一写。久而久之，我的汉字（语）也进步了。多做一事可增一技，确实不错啊！

曾茵，椰风新村苏比亚老师辅导

第二篇题目是《告别校园之旅》，登载于 2017 年 9 月 12 日印尼《国际日报》B7 版"师生园地"：

告别校园之旅

六月是学生们的毕业季，伴随着毕业典礼后的就是毕业旅行了。以往都是羡慕着学长们的毕业旅行，这次轮到自己了还是非常开心的。这次我们全体老师和学生们在雅加达展开了一段愉快的毕业之旅。

我们这次毕业旅游非常特别，因为它是一段旅游也是见证我们雅加达南中校友会新一届理监事的就职典礼。在就职典礼的那一天，我们全班都积极地表演了早已准备的节目。我很荣幸能够通过这个节目中认识了很多南中的领导和南中校友。南中校友们虽然年纪大了，但是有比我们学生还年轻的心态，给我们表演了许多精彩的节目，就职典礼进行的非常精彩和完美。

我们的旅行也一样精彩和愉快，这次我们去了很多雅加达的著名旅游景点，例如：ancol、taman mini indonesia indah（印尼客家博物馆和各种地方的标志性建筑）、ko-tatua、monas、taman safari 等等……除了旅游景点我们还去了雅加达的著名购物市场哦！就是 ITC mangga dua，在那里可以买到很多的东西，就像包包、衣服、首饰、手表、食物等，也可以说应有尽有。

一个星期的旅程，转眼画上句点，尽管依依不舍，仍然要就此挥别。有一群好友和老师们作伴旅行真好！没有他们，美景似乎逊色不少；没有他们，好玩的游戏也不能尽兴。这次的毕业旅行我们特别感谢倪秀龙总主席的资助和领导们的支持，还有感谢老师们从百忙之中抽出时间来陪我们，让这次旅行成为我们最美的告别校园之旅。

赖祈颖（Silvia），山口洋南华中小

这是两篇习作，均经过指导教师的修改。第一篇表达流畅，没有偏误，但第二篇则有不少的偏误出现。如第一篇文章所言，印尼很多华裔青少年均是"抽空补习中文，却没有上过中文学校"，这样的一种华语学习方式，让其华语中存在较多的来源于第一语言迁移的偏误；有些偏误随着学习的继续和华文水平的提高而消失了，但也有一些固化下来，成为印尼华语的特色。

下面的"成"就是一个在很多印尼华人的表达中非常常见的例子。

(1) Kue tart yang aku buat tidak jadi.

　　蛋糕　　的　我　做　不　成。

我做的蛋糕不成。（我的蛋糕没做成。）

(2) Kemarin jadi pergi kencan?

　　昨天　　成　去　约会？

你昨天成去约会吗？（你昨天去约会了吗？）

(3) Aku tidak jadi kuliah ke Tiongkok.

　　我　不　成　大学　方向介词　中国。

我不成去中国留学。（我没去中国留学。）

(4) Aku kemarin jadi ke Jakarta.

　　我　　昨天　　成　方向介词　雅加达。

我昨天成去雅加达。（我昨天去了雅加达。）

(5) Hari ini jadi pergi ke kebun binatang tidak?

　　今天　成　去　方向介词　公园　动物　不？

今天成去动物园吗？/今天成不成去动物园？（今天去不去动物园？/今天去动物园吗？）

(6) Kamu besok jadi pulang ke Indonesia tidak?

　　你们　明天　成　回　方向介词　印尼　不？

你们明天成回印尼不？（你们明天回不回印尼？/你们明天回印尼吗？）

(7) Besok kita jadi pergi ke Bali.

　　明天　我们　成　去　方向介词　巴厘。

我们明天成去巴厘岛。（我们明天去巴厘岛。）

(8) Besok jadi pergi jalan-jalan tidak?

　　明天　成　去　街　不？

我们明天成去逛街吗？/我们明天成不成去逛街？（我们明天去不去逛街？/我们明天去逛街不？）

(9) Kita minggu depan jadi ulangan tidak?

　　咱们　星期日　下/前　成　考试　不？

咱们下星期成考试吗？/咱们下星期成不成考试？（咱们下星期考试吗？/咱们下星期考不考试？）

(10) Rapat besok tak jadi.

　　会　明天　不　成。

明天不成开会。（明天的会不开了。/明天不开会了。）

(11) Aku tidak jadi pergi ke Jakarta.

　　我　不　成　去　方向介词　雅加达。

我不成去雅加达。（我没去雅加达。）

(12) Besok kami tidak jadi makan bersama.

　　明天　我们　不　成　吃　一起。

明天我们不成一起吃饭。（明天我们不一起吃饭。）

上面十多个例子中的中文句子，加粗的句子为印尼华人比较常用的特色表达，括号中的句子为其在现代汉语中的正常对应句；当然，这些对应句在印尼华语中也是有使用的。据我们初步调查，这种句子的最常见的使用者，是印尼年轻一代华裔和华语的初级学习者，但前文所说的"中生代"华人乃至岁数更大的使用者也不在少数，并且这种句子在印尼各地均有使用。我们曾以"我们今天不成去动物园"等句为例，对印尼华人做过一次调查，60 岁以上者 20 人，30—50 岁者 30 人，30 岁以下者 30 人。调查结果显示，58% 的被调查者常用这种句式。

在北京大学编写的《印度尼西亚语—汉语/汉语—印度尼西亚语实用词典》中，印尼语的 jadi 这个词主要有如下释义：

①成活、建成、成功：Pohon tomat itu sudah～西红柿树种活了；cacarnya tidak～牛痘发不成；～ tak～a) 成功与否；b) 是否进行；

②（事情做得）成：rapat besok tak～明天的会不开了；tak～dibeli 没买成；

③作为：ditumbuk～ramuan obat 捣碎做成草药；

④做、当：～ kakek 当爷爷了；～ guru 当老师；

⑤变成、变为：tidak～apa 没关系、没事儿；pisau itu～tumpul 那把刀变钝了；

⑥已制成的、现成的：harga～成交价格；pakaian～成衣；

⑦因而、因此、那么：karena sakit，～ terpaksa ia berbaring saja 由于生病，只好躺着；

⑧(＝～lah) 能行、可以、行了：kapan saja～什么时候都可以；pendeknya tahu～lah! 一句话，没问题(一定给你办好)；

⑨最后：～，bagaimana keputusannya? 最后，做出怎样的决议？

⑩诞生：hari～诞辰。

例(1)—例(12)中的"成"是义项②"(事情做得)成"。例(10)所示，义项②下的例句"rapat(会议) besok(明天) tak(不) jadi(成)"，也有不少印尼华人将之说成"明天不成开会"。所以，印尼华语中的动词"成"的这种特殊用法是由印尼语的迁移影响所致。

第四章　华语的研究视角与华语视角

"横看成岭侧成峰，远近高低各不同"。视角不同，景观不同。

在汉语语言学中，最为大家所熟悉的"研究视角"就是邢福义先生的"两个三角"，即大三角"普—方—古"和小三角"表—里—值"。"两个三角"为我们大视野、多角度地展开对汉语语法的动态考察提供了科学的理论方法。

"华语研究是汉语研究的一部分，是在现有研究基础上的一大拓展。"①通过对大陆地区之外的华语变体语言现象及华语研究的进展的考察，华语为我们打开了"普—方—古"之外的另外一个窗口。

在本章中，我们将通过个案研究证明：

第一，"两个三角"尤其是"大三角"不仅仅是研究现代汉语语法的视角，同样是其他华语变体的研究视角。

第二，华语是"普—方—古"之外的、我们研究汉语的新的视角，"华语视角"可以为我们提出新的课题，拓展汉语研究的学术空间。

第一节　华语语法的研究视角："两个三角"理论

一、问题的提出

采用什么样的理论方法，往往取决于研究对象的性质。关于大陆地区之外其他华语变体的性质和特点，周清海有较为清楚的说明：

> 1949 年之后，各地华语与现代汉语标准语分别发展。各华语区保留了"国语"的许多特点，受"国语"的影响是巨大的。各地的华语也没有经历过类似近期中国社会的激烈变革与变化，受现代汉语标准语的影响也很少。各地华语又受到不同外语的影响，各地的社会、经济、政治制度也不同，和大陆的差距更大，因此造成了各地华语之间，各地华语和现代汉语标准语之间出现差异。

---

① 郭熙：《论华语研究》，《语言文字应用》2006 年第 2 期。

华语区，大部分是以南方方言为母语的区域。南方方言里保留了许多古汉语的成分，这些成分比现代汉语标准语所保留的还多。南方方言对华语的影响，是巨大的。中国改革开放之前，华语区的华语，基本上是一种没有口语基础的语言。因此，华语口语里保留了许多书面语的词汇，而华语区的人，也分辨不了口语和书面语的差别。①

基于其他华语变体的这样一种性质和特点，我们认为，由著名语言学家邢福义先生提出的"两个三角"理论是研究华语语法特征的有效方法。

"两个三角"即大三角"普—方—古"和小三角"表—里—值"。关于"普—方—古"大三角，邢福义指出："研究现代汉语共同语语法，为了对一个语法事实作出更加令人信服的解释，有时可以以'普'为基角，撑开'方'角与'古'角，从而形成语法事实验证的一个'大三角'。"关于小三角"表—里—值"，邢福义说："任何语法事实都存在语表形式、语里意义和语用价值三个角度。"②在现代汉语语法研究中，两个"三角"已被证明是行之有效的动态分析方法，本节则想把这一理论应用到华语语法特征的研究上，以东南亚华语中的"介词＋×＋起见"和"以策＋×"两个格式为例，证明"两个三角"理论在华语语法特征研究，尤其是华语语法特征"探源"上的重要价值。

本节的新加坡华语、马来西亚华语和泰国华语的例句均来自暨南大学海外华语研究中心"东南亚华文媒体语料库"，菲律宾华语的用例来自自建的语料库，例句之后注明例句所出自的具体国别。

二、"大三角"与东南亚华语中特殊的"介词＋×＋起见"格式

在现代汉语普通话中，"为了＋×＋起见"是使用频率较高的一个格式，这一格式很多时候可以说成"为＋×＋起见"，偶尔也可以说成"为着＋×＋起见"，或者干脆把"为（了）"等略去。这些格式，在马来西亚、新加坡和泰国华语中也都存在。例如，

（1）为了安全起见，在燃放烟火时，东海岸公园大道的薛尔思桥路段，也将从晚上 7 点 15 分关闭到 7 点 45 分。（新）

（2）纳吉劝告灾区居民，如果受指示迁移到临时救灾中心，为了自身

---

① 周清海：《华语研究与华语教学》，《暨南大学华文学院学报》2008 年第 3 期。
② 邢福义：《汉语语法学》，长春，东北师范大学出版社，1996，第 439、463 页。

安全起见，应该马上这么做。(马)

(3)为了慎重起见，医生建议将她转送清迈美临县那空屏医院，给专门的外科医生治疗。(泰)

(4)为方便起见，你最好是在来本地前，先查询与处理妥当所有的保险事宜。(新)

(5)由于担心安华因技术问题而被拒提名，为安全起见，而安排多一人提名。(马)

(6)为方便快捷起见，建议参观者上高速公路后经曼通他尼处下站，将收据 20 铢换作减价门票，即门票由 80 铢减剩 40 铢而已。(泰)

(7)悼念本会文化斗士刘振文先生，郑国才主席宣言默念一分钟，息念之后，郑主席报告自从接任以来的各种活动，任劳任怨，都是为着会务起见，最大的目的是为了发扬中华文化及拓展会务活动，即使辛苦一点，毫无怨言。(泰)

(8)但是经过《光华日报》记者一再求证后，陆路交通局负责人表示，安全起见，该局并不允许后座乘客这么做。(马)

(9)兹据韦主任语记者称：该会将广泛听取各方教益，充实会务起见，经理事会通过，特定 5 月 20 日假本府通他麟大酒店叻禾那厅举行联欢晚会，柬邀各侨团首长，社会名流欢聚一堂，交流宝贵意见，增进友谊，料届时必有一番热闹云。(泰)

从使用频率上说，"为了＋×＋起见"最为常见，"为＋×＋起见"次之，"为着＋×＋起见"和"×＋起见"用例很少。这与现代汉语普通话是一致的。

除此以外，在东南亚华语中，介词"基于""以""因为""鉴于""由于""出于"及特殊字组"为策"等也能与"起见"组成"介词＋×＋起见"格式(为叙述方便计，将字组"为策"也归入"介词")，这些格式不见于现代汉语普通话，我们称之为东南亚华语中特殊的"介词＋×＋起见"格式。

根据我们对暨南大学海外华语研究中心东南亚华语语料库的检索，这些特殊格式用例不多，其中"基于＋×＋起见"2 例[①]，"以＋×＋起见"2 例，"鉴于＋×＋起见""因＋×＋起见""因为＋×＋起见""由于＋×＋

[①]　此外还有 4 例，我们认为可能来自港台媒体，所以将之排除在外。第一章我们曾指出，东南亚地区华文媒体上的很多信息内容直接援引自港台以及大陆媒体，比较可靠的语料就是当地人所撰写的部分，这在制作语料库时尤其要细加甄别。暨南大学海外华语研究中心东南亚华文媒体语料库在制作时没有考虑到这一点，所以为谨慎起见，我们仅采用从内容上可以识别的、非港台及大陆的用例。其 4 例内容不妥，故排除。

起见""出于＋×＋起见"均为 1 例；此外，还有"为策＋×＋起见"3 例，这里仅举 1 例，其形成原因及其他 2 例，放在下一小节"为策＋×"格式中论述。例如，

(10)据报道，印尼保安部反恐怖主义调查科主任安贝将军告诉广播电台，当局是基于谨慎起见，才一直拒绝承认……(新)

(11)基于公正起见，政府不仅应还翁诗杰及华社一个公道，也应严厉对付怪罪翁诗杰，而企图掩盖教育部弊端，让类似滥权或承包商不负责任事件不断重演的希山慕丁及慕斯达法。(马)

(12)他说："他们了解我所面对的困境，并以国阵整体的利益起见，同意让我加入砂拉越人民党。"(马)

(13)以示隆重起见，第 3 届世界韩江校友联谊大会开幕礼，由韩江华文学校董事会署理董事长连承杰及副董事长拿督刘锦坤联合鸣锣，并由大会主席汤建华、工委会主席钟森炎及副主席陈树楠、黄伯虎、钟亚七及黄汉荣陪同。(马)

(14)他指出，小贩每个月都有付摊格租金，为了方便小贩营业，市政局理应开电灯，其次是因为安全起见，毕竟该地方比较偏僻，若晚上漆黑一片，恐会引起罪案问题。(马)

(15)特别是介于浮罗新路及浮罗市区 4 英里处也发生严重的树倒及山崩，鉴于安全起见，当局也宣布把该路段从 9 月 7 日关闭至 9 月 9 日，有待当局调查以确定其安全水平有否威胁到交通使用者的安全。(马)

(16)由于警方收到消息兴权会支持者蜂拥而至，为策安全起见，特派警员在通往甘文丁扣留营的路上驻守，使到贴有海报的车辆无法顺利经过。(马)

(17)罗立介绍，由于谨慎起见，该书出版时首印仅四万册，不料上市之后反响极好，连续加印，至今总印数已近 30 万册。(新)

(18)据报道，绘制出匪首肖像的这位小姑娘的父母出于安全起见，拒绝媒体透露她的姓名。(新)

(19)内政部和商场管理员因安全起见禁止他们进入商场。(菲)

通过普—华对比，这些东南亚华语独有而现代汉语普通话所没有的"介词＋×＋起见"格式应该被视为东南亚华语语法的特点。但是这些格式在汉语南方方言和古近代汉语中存在不存在呢？要对华语变体的语法特点有深入了解，还必须撑开"方"角和"古"角。

第一，来看"方"角。周清海说，"华语区，大部分是以南方方言为母

语的区域。……南方方言对华语的影响，是巨大的"①。云惟利也提到，"新加坡华族以华语为母语的人极少。大多数华人的母语属于中国南方的方言。其中以闽、粤方言的人口最多"②。鉴于华语受闽语、粤语等南方方言影响这一事实，我们就这些格式对暨南大学华文学院应用语言学系南方方言区的学生进行了一次调查。来自闽语潮汕方言的学生大多使用过或听到过这样格式中的一些，只是较为书面。

第二，看"古"角。从唐至《新青年》的汉语文献中，能与"起见"一起构成"介词＋×＋起见"格式的介词多达 13 个，史金生提到了"从""由""为""因""因为""以""依"等 7 个③；除此以外，我们还发现了"自""于""在""就""缘""凭"等 6 个。每个介词举一例如下：

（20）人不识答，遂依言起见，不知乃自答，尔何有旨趣耶？〔（宋）赜藏《古尊宿语录》〕

（21）因思古所称社稷臣者，决不于自身起见，决不于格套起见，并不于道理起见，去此三见，方是真道理。〔（明）高攀龙《与杨大洪中丞三》〕

（22）子路何故在朋友上起见？子路勇于义，然诺不渝，精神多映切在朋友身上，于民胞物与未尝不知此理，尚烦推致耳。〔（明）刘宗周《论语学案》卷三〕

（23）"见"是性体自见，非缘识起见，如缘识起见，则善与过须着几番比量较勘，方得如何合下便见得如此分晓。〔（明）魏浚《易义古象通》卷六〕

（24）如所演之剧，人系吴人，则作吴音，人系越人，则作越音，此从人起见者也。如演剧之地在吴则作吴音，在越则作越音，此从地起见者也。〔（清）李渔《闲情偶寄·演习部》〕

（25）当由风力起见，如一室之中有南北二牖，风从南来，则宜位置于正南，风从北入，则宜位置于正北。〔（清）李渔《闲情偶寄·器玩部》〕

（26）我这番撺掇，原为你终身起见，不是图他的谢礼。"〔（清）李渔《十二楼》之《拂云楼》〕

（27）圣人之见天道，不自天道起见也。〔（清）张尔岐《老子说略》卷下〕

---

① 周清海：《华语研究与华语教学》，《暨南大学华文学院学报》2008 年第 3 期。

② 云惟利编：《新加坡社会和语言》，新加坡，南洋理工大学中华语言文化中心，1996，第 4 页。

③ 史金生：《目的标记"起见"的语法化——兼谈汉语后置词的来源》，《语法研究与探索（十三）》，北京，商务印书馆，2006。

（28）若水凝为冰，冰释为水，有何不同？缘张子只是就聚散上起见，认理气原不分明，故有此语。〔（清）陆世仪《思辨录辑要》卷二十六〕

（29）其以功利起见者，才臣之言也。以民社起见者，忠臣之言也。以义理起见者，纯儒之言也。〔（清）朱荃《第二问》〕

（30）苟能不与中官作缘，不凭恩怨起见，不以宠利居成功，不以爵禄私亲昵，而任一二大事不惊，料一二大事不惑，自足以起皇上敬信。〔（清）孙承泽《春明梦余录》卷二十四〕

（31）皇上优加奖赏，恐各将并不知因鼓励起见，致启效尤侥幸之心，于军纪兵情颇有关系，故敢据实直陈奏入。〔（清）《钦定平定金川方略》卷六〕

（32）因为顾全全国利益起见，中央政府不得把中央管理来代替地方管理。（《新青年》第七卷二号《美国城市自治的约章制度》）

可以发现，东南亚华语中的"以＋×＋起见"和"因为＋×＋起见"也见于近代汉语。在近代汉语中有"由＋×＋起见"，在东南亚华语中有"由于＋×＋起见"。"基于＋×＋起见""鉴于＋×＋起见"和"出于＋×＋起见"，就我们的考察来看，既不见于近代汉语，也不见于早期现代汉语文献。现代汉语标准语中，除了"为（了）＋×＋起见"格式以外，其余的十几种全都消失了。① 通过这种对比，我们可以看到，较之现代汉语普通话，东南亚华语不仅保留了一些方言、古近代汉语及早期现代汉语现象，而且可能还有自己发展出来的独特用法。

据史金生所述，"介词＋×＋起见"中的"起见"最初是一个动宾结构的短语，"起"是"产生"的意思，"见"就是"见解、看法"的意思，那么"起见"的意义就是"产生见解、看法"。② 我们可以由此出发，对东南亚华语中特殊的"介词＋×＋起见"格式进行解释。"以＋×＋起见"中，介词"以"表示凭借、原因。拿例（12）来说，"以国阵整体的利益起见"就是以"国阵整体的利益"为"产生见解"的凭借、基点，具体的见解就是"同意让我加入砂拉越人民党"。介词"因为"表示"原因"，所以"因为＋×＋起见"跟"因＋×＋起见"一样，是"因×而产生一个见解、看法"的意思。拿例（14）来说，"他指出，小贩每个月都有付摊格租金，为了方便小贩营业，市政局理应开电灯，其次是因为安全起见，毕竟该地方比较偏僻，若晚

---

① 史金生：《目的标记"起见"的语法化——兼谈汉语后置词的来源》，《语法研究与探索（十三）》，北京，商务印书馆，2006。

② 史金生：《目的标记"起见"的语法化——兼谈汉语后置词的来源》，《语法研究与探索（十三）》，北京，商务印书馆，2006。

上漆黑一片，恐会引起罪案问题"，"市政局理应开电灯"就是因为"安全"而产生的一个见解。"基于"表示"根据、凭借"，拿例(10)来说，"一直拒绝承认……"就是"基于谨慎而产生的一个见解"。根据《现代汉语词典》(第7版)的解释，介词"鉴于"的意思是"表示以某种情况为前提加以考虑"，那么"鉴于＋×＋起见"也就是"以×为前提而产生一个见解、看法"的意思了，拿例(15)来说，"把该路段从9月7日关闭至9月9日"就是"以安全为前提而产生的一个见解、看法"。介词"由于"表示"原因或理由"，拿例(17)来说，"该书出版时首印仅四万册"就是"由于谨慎而产生的一个见解"。介词"出于"①，表示"(言行)从某一角度、方面出发"，后跟表示原因的成分，那么"出于＋×＋起见"就是"从某一角度、方面出发而产生一个见解"的意思，拿例(18)来说，"拒绝媒体透露她的姓名"就是由"安全"出发而产生的一个见解、决定。

在"介词＋×＋起见"格式上，通过华语、现代汉语、古近代汉语之间的对比，我们可以说东南亚华语由于受汉语南方方言的影响而较现代汉语在存古方面更多一些，"起见"在东南亚华语中偶尔可以做动词来使用这一现象也表明，在东南亚华语中，"起见"的虚化程度可能略低于现代汉语。例如，

(33)在解决旧势力问题方面，政府没有放之不管，但是在整个处理过程中，要做到公平起见。(泰)

(34)但是相关的工作人员，只有5～10分钟审阅材料，之后就要给出答案，所以承担责任的时候要公平起见，不能将责任推卸给有关的工作人员。(泰)

三、"两个三角"与东南亚华语中的"以策＋×"格式

周清海在谈到"华语的不稳定因素"时说："由于汉字的特性，可以直接把一些古语词搬到现代汉语里来，也可以直接将古汉语的词作为构词语素，构成现代汉语的新词。""古汉语的词语和现代汉语还是有分别的，如果没有必要地将古汉语和现代汉语混用在一起，也是不好的。"②周先生提到了"警方劝请公众远离这些路段，以策安全"。对于其中的"以策安全"，周先生说："可以换用'为了安全'，并且提到句子前面。"很显然，

---

① "出于"，《现代汉语词典》(第7版)将之定性为动词，解释为"(言行)从某一角度、方面出发"，考虑到介词多由动词语法化而来，我们这里将之处理为介词，这样从叙述上也能够与其他词语保持一致。

② 周清海：《华语研究与华语教学》，《暨南大学华文学院学报》2008年第3期。

周先生是把"以策安全"当成了"没有必要"的"古汉语和现代汉语混用在一起"的例子了，即"以策"是古汉语的，而"安全"是现代汉语中很常用很口语化的一个词，如此混搭，是不合适的。

根据我们对前文提及的相关语料库的检索，"以策安全"较为常见，在"以策"的177条有效检索结果里面，有162条是"以策安全"的用例。首先让我们来参考几个例子，看"以策＋×"的语用价值是否跟"为了＋×"一样。例如，

（35）三架飞来新加坡的班机，由于载有非典型肺炎病人或可疑病患，促使新加坡卫生部决定隔离这三趟班机的机组人员和乘客，以策安全。（新）

（36）不少在普吉岛度假的国人在海啸发生后，已赶回新加坡以策安全，他们当中有好些亲眼目睹了海啸发生的经过。（新）

（37）他认为，为了一劳永逸解决危楼学校问题，教育部应将"零度木板校舍"订为短期目标，把全部现有的木板校舍，全以砖瓦取代，以策师生的安全。（马）

（38）在柔佛新山，尤其是居住在高楼者，都可以感受该强烈地震所引起震波，很多的居民纷纷跑到大厦外面以策安全。（马）

（39）他披露，尽管有关当局已经通过化验指模确实了尸体的真正身份，不过脱氧核糖核酸的化验还是必须进行，以策万全。（马）

（40）马进禧表示，虽然卫生部及兽医局均有对长肉剂进行检测，大马禽总为防万一，也决定展开自律行动检测农场的长肉剂，以策对消费者安全。（马）

（41）一般上，卫生部是取肉类进行检测，兽医局则取尿液检查，大马禽总除了取尿液及排水，也将抽取饲料及添加剂（维他命及矿物质），以策达到零度长肉剂。（马）

（42）威猜呼吁当地妇女如出现类似情况，应先了解该国家的法律，若在德国与丈夫结婚未满2年选择离婚，则建议先返回泰国以策安全。（泰）

（43）有评论说，人气高的麻生转任党务，可以在大选时发挥助阵效应，以策万一。（泰国）

例（36）、例（37）、例（38）、例（39）和例（41）中的"以策＋×"换成"为了＋×"并提前可以成立，但例（35）和例（42）则不那么顺畅，而例（40）和例（43）则完全不能接受了。

"以策＋×"这样的格式，不仅仅出现在东南亚国家的华语中，在中国近年来的报纸、杂志等媒体语料中也有很多这样的用法。需要说明的

是，从语料出处及内容所反映的地域来看，主要分布在中国的台湾地区、香港特区和东南沿海地区，如广东、福建、上海等地。鉴于这一地域限制，我们对暨南大学华文学院应用语言学系来自南方方言区的本科生进行了调查，来自闽语区潮汕方言和粤语区的学生表示经常听到或看到"以策安全"，不过这一用法比较书面化，口语中较少使用。

首先来看"以策安全"和"以策万全"。例（44）—例（47）来自媒体，例（49）—例（51）来自北京大学中国语言学研究中心现代汉语语料库。例如，

（44）如有需要，会在车轮上加装铁链，以策安全。（《香港大批市民离港旅游过圣诞》，人民网，2010-12-24）

（45）该负责人称，市民在不了解土壤环境的前提下，不要贸然种植食用蔬菜，而为了健康和安全起见，可以将蔬菜先送到检测中心进行检测，或者对种菜的土壤进行检测，以策万全。（《居民人行道边自辟"开心农场"，市民有赞有弹》，载《广州日报》，2010-11-23）

（46）亚运期间，白云机场将采取特别举措以策安全。（《亚运期间广州白云机场将实施"二次安检"》，载《南方日报》，2010-08-18）

（47）试运行期间请广大乘客予以注意，以策安全。（《上海地铁增设站台安全门，2号线人民广场站试运行》，人民网，2009-07-01）

（48）检察机关办案工作区专门建立了举报人的临时庇护区，里面为举报人提供短期的免费食宿、阅读、上网、健身等设施，还有法警24小时值勤，以策安全。（《重庆探索保护举报人新举：密室举报，贴身法警保护》，载《重庆日报》，2010-07-08）

（49）以策安全，姜宝缘再问："这就是说，我没有甚么对你不起?"（梁凤仪《激情三百日》）

（50）为了保险起见，泰斯把箱子上了锁，并且把钥匙塞进卡拉蒙的衣服里以策安全。（当代翻译作品《龙枪传奇》）

（51）江淮盯著他，慢吞吞的，深沉沉的说："保持距离，以策安全。"（琼瑶《雁儿在林梢》）

例（44）、例（47）和例（48）与周清海先生所举的例子一样，"以策安全"位于句末，并且用逗号与其前的小句隔开，来表示"目的"，并且基本上都可以把"以策安全"换成"为了安全"并提到句子前边去。例（49）竟然直接置于句首，与"为了安全"的用法无异。例（50）就不能把"以策安全"换成"为了安全"并提到句子前边去。例如，

（52）＊为了保险起见，泰斯把箱子上了锁，为了安全，并且把钥匙塞进卡拉蒙的衣服里。

(53)？为了保险起见，泰斯把箱子上了锁，并且为了安全，把钥匙塞进卡拉蒙的衣服里。①

在例(52)中，如果把"为了安全"插在"并且"这个连接词之前，整个句子就不能成立，因为这使得"并且"这个连词上无所承，很突兀，整个句子就显得很松散。例(53)勉强可以接受，但是恐怕在现实语料中我们很难找到这样的用例，因为前边已经有了"为了＋×＋起见"这一表示目的的格式，后边如果再跟一个"为了＋×"格式，显得重复，同时也使得句子不够紧凑。

邢福义指出，"小三角"理论认为，一个语法单位能够在语言系统中存在，在语言交际中承传，必定有其语用价值上的根据，否则便会被淘汰。② 从上述用例可以看出，"以策＋×"在句子中的位置不仅仅前加逗号位于句末一种，×也不限于"安全"一词，可以出现多种类型的词语和结构。更为重要的是，"以策＋×"并不是都像周清海先生所说的那样，可以由"为了＋×"替换并提前。不管是在东南亚华语中，还是在现代汉语的用例里面，它都不是"为了＋×"所能完全代替的。这说明从小三角"表—里—值"来看，"以策＋×"具有独特的语用价值。

前文提到，"以策＋×"在中国主要分布在东南沿海。但是我们却发现，在1949年以前的早期现代汉语和中华人民共和国成立初期的现代汉语中，"以策＋×"均有一些用例。例如，

(54)3月，韩德勤以8个团兵力进攻新四军淮南路东根据地中心半塔集，陈毅急令叶飞率挺纵主力驰援；自己冒险三进泰州，缓和挺纵与二李的矛盾，以策挺纵后方的安全。[《陈毅大事年表(1931年—1940年)》]

(55)二、六、十、苏十一等四个纵应以两个纵位于固城以北休息，准备随时供刘陈邓使用，为解决黄维的总预备队，以策万全。(《军委关于歼灭黄维兵团后全力解决邱清泉、李弥、孙元良部给刘伯承等的指示》，1948)

(56)秋季开学的时候，伪广州绥靖主任余匪汉谋下令各校不准开课，表面上说是战局吃紧，尽量疏散以策安全，骨子里却是(害)怕学生集中"造反"，立意摧残教育。(《人民日报》，1949)

(57)筹划建设沿海各省渔业港，便利渔船往返，并筹设暴风警报台，

---

① 说明：句子前加"＊"表示句子不可接受；句子前加"？"表示句子接受起来有问题。

② 邢福义：《语法研究中"两个三角"的验证》，《华中师范大学学报(人文社会科学版)》2000年第5期。

以策海上渔民之安全。(《人民日报》,1949)

(58)下游开辟入海,以利宣泄,同时巩固运河堤防,以策安全。(《政务院关于治理淮河的决定》,1950)

(59)部分河流如黄河、永定河等,河槽冲积变化较多,因初汛水量不大或尚未涨水,河槽尚未冲开,当地防汛机构尤其必须估计到骤然涨水时可能发生的险恶情况,严加防范,以策安全。(《人民日报》,1951)

(60)我们接受了这个建议,故首先发起了一个筹备会议,以策进行。(《人民日报》,1952)

(61)河北水系以永定、潮白、大清河为重点,整理堤防,疏浚下游及入海海道。并积极勘测上游水库和研究水土保持,以策根治。(《中财委1950年水利工作总结和1951年方针任务》)

(62)去年第三季度法郎贬值后,英镑将随之贬值而西德马克的汇价将随之提高的传说甚炽,英镑价值曾一泻千里,英镑地位摇摇欲坠,当时存在英国的外资均纷纷逃避,以策安全。(《人民日报》,1958)

在北京大学中国语言学研究中心现代汉语语料库中,检索到的"以策安全"用例共有9条,从出处及内容来看,有8例来自港台作家作品、海外作品或者翻译作品,如例(49)、例(50)和例(51)。在北京语言大学BCC语料库的"历时检索部分","以策+×"格式在20世纪60年代以前是有一些用例的,如例(56)、例(57)、例(59)、例(60)和例(62);这说明1949年以后,"以策+×"在中国文献中逐渐消亡了。1949年前后有使用,然后就消亡了,近年在南方汉语中使用范围又有扩大的趋势,这是"语言与社会共变"之一例。周清海说,1949年之后,各地华语与现代汉语标准语分别发展。各华语区保留了"国语"的许多特点,受"国语"的影响是巨大的。各地的华语也没有经历过类似近期中国社会的激烈变革与变化,受现代汉语标准语的影响也很少。……中国改革开放以来,建设有自己特色社会主义,语言,尤其是词汇,发展变化非常大。各地华语与现代汉语标准语的相互冲击与交融的情况,是前所未有的。①诚如周先生所说,1949年前后大陆文献中的"以策+×"是承"国语"而来,1949年以后,由于独特的环境,汉语渐趋口语化,使得"以策+×"这个书面语或者文言色彩较浓的格式就消失了,而东南亚华语中一直秉承"国语",并且东南亚华语很多人使用闽语、粤语等南方方言,而这些方言中也有"以策+×"格式的使用,这使得东南亚华语中"以策

---

①　周清海:《华语研究与华语教学》,《暨南大学华文学院学报》2008年第3期。

＋×"的使用延续至今。关于这一点，还有一个证据，那就是在现在的中国台湾地区"现代汉语"中，"以策＋×"还有使用，比如在中国台湾地区的车辆上，经常能看到"保持车距，以策安全"的用语。

下面让我们把目光转向"古"角，通过对"以策＋×"格式的溯源，来分析其在语篇中如此分布及具有跟"为了＋×"不同之语用价值的原因。根据对文献的考察，我们认为"以策＋×"格式中的"策"应该是"筹划、谋划"的意思。例如，

(63)汤辞谢，曰："将相九卿皆贤材通明，小臣罢癃，不足以策大事。"〔(东汉)班固《汉书》卷七十〕

(64)今百辟之中，有谋可以策国，勇可以荡寇。〔(后蜀)林罕《上蜀主求贤书》〕

(65)不如退军高邑，诱敌出营，扰而劳之，可以策胜也。〔(宋)欧阳修《新五代史》卷二十五〕

(66)古之用兵者，必因地形制方略，然后可以策胜败之算，运奇正之谋。〔(宋)欧阳修《赐西京作坊使知麟州王庆民奖谕敕书》〕

吕叔湘先生谈到了表示目的的"以"："目的也有专用的表示法。文言里最普通的是用'以'字。""这个'以'字常连属上文，不读断(字数多时，间有例外)。"①"策"是"谋划、筹划"的意思，是个动词，所以后跟体词性成分。既然是"谋划、筹划"，那么一般就有两个目的，一个是达到，一个是避免，所以在华语中，可以有"以策万全"，也可以有"以策万一"。"以策万全"是达到万全，"以策万一"是避免万一。而目的介词"为了"，后面可以跟体词性成分，也可以跟动词性成分或小句，如果没有明言"避免"，一般就是达到。这一点也使得"以策万一"不能换成"为了万一"。

下面来看一个《新青年》中的用例：

(67)今天下问题之最大者，莫"安全"两字若也，四年以来，维持现状之政象，一以是为指归，帝制论兴至以筹安标党会之名"非是不足以策安全"即其揭橥之根本义，反对者流，又为种种危言以相抗，群言纠纷而各以完全为鹄，则初无二致，然则安全者殆国论之中心也欤。(《新青年》第一卷四号李亦民《安全论》)

综上，从句法语义上来说，在"以策＋×"格式中，"以"是连词，表目的，"策×"是目的。由于目的连词来源于表示凭借的介词"以"，而"以"后

---

① 吕叔湘：《中国文法要略》，北京，商务印书馆，1982，第404页。

允许悬空，这使得在句法分布上，"以"居于主句之后连接目的成分。"策"是动词，是"谋划、筹划"之义，后跟体词性成分。正是"以"和"策"的这些句法语义特点，使得有些"以策＋×"不能换成"为了＋×"并提前。

在对语料考察的过程中，我们也发现了为数不少的"为策＋×"用例。与"以策＋×"明显不同，"为策＋×"跟"为了＋×"和"为了＋×＋起见"等格式一样，位于句首，甚至在东南亚华语中还出现了"为策＋×＋起见"的用例。例如，

(68)渔船每次出海捕捞，为策安全均采取"跟班船"的做法，即出海时一般由 5 至 7 条大小渔船组成"跟班船"，最多时达 10 余条船。(《党旗映海别样红——广东汕头南澳县建立海上渔船党支部侧记》，中国共产党新闻网，2009-07-06)

(69)当中 3 名女生更一度出现胸翳及作呕，校方为策安全，急召救护车将 3 人送院检查，事后证实无碍出院。(《香港女生喷洒内地无牌香水，3 同学当场作呕》，中国新闻网，2007-03-24)

(70)由于此间气象部门发布又有豪雨警讯，为策安全，台湾新竹县灾害应变中心昨今两天强制撤离受"艾利"台风重创的五峰乡清泉、土场两个灾区部落及其它灾区的居民。(《预防艾利：台湾展开最大规模山区居民强制撤离行动》，中国新闻社，2004-08-30)

上面是我们在人民网检索到的用例，可以看到，主要出现在东南沿海和关于港台的新闻中。

下面来看东南亚华语语料库中的几个用例。例如，

(71)为策安全，使馆人员立即进行疏散，澳洲警方随即展开调查，警车和救护车随后也赶到，并封锁现场。(新)

(72)而且为策安全，菲律宾军警也一直和澳洲及美国的安全机构，在收集及交换情报方面保持密切合作。(新)

(73)另一方面，杜源禧生前就读的学校保阁亚三华小校长胡巧清受询时表示，为策安全起见，该校今天已检查全校学生的出席率，一般上良好，发烧而没上课的学生只是一两个。(马)

(74)为策安全起见，在引爆该枚炸弹时，警方驱赶公众必须远离引爆炸弹的地点约 500 METER。(马)

(75)为策安全，工厂内的员工也被疏散到建筑物外的旷地，在确保一切无碍后，工厂才恢复正常操作。(马)

(76)而在屋后的吉南治安自救会署理主席张应财为策众人的安全，在 6 尺外的距离朝屋内男子喷射防狼剂。(马)

四、结语

华语语法研究有不同的目的和实际需求，研究目的的不同和研究对象的性质决定我们要采用不同的方法。我们将中国大陆地区之外的华语变体的语法研究分为三个层级，每个层级的研究目的和研究方法如表 4-1 所示。

表 4-1　华语变体语法研究的层级

研究层级	研究目的	研究方法
第一层级	认识华语变体语法的整体面貌	全面、整体描写
第二层级	认识华语变体语法的显著特征	普—华对比与定量统计
第三层级	了解华语变体语法显著特征之来源	"普—方—古—华—外"的立体考察

下面以马来西亚华语语法研究为例对表 4-1 略作说明。

作为一个独立的华语变体，把马来西亚华语的语法面貌全面地呈现出来，这属于第一层级。把马来西亚华语与现代汉语普通话对比，找出马来西亚华语在语法上的显著特征，这属于第二层级；但是典型特色不仅仅反映在某个语法项目马来西亚华语有而普通话没有，也反映在同一个语法项目在两个变体中的使用频率或定量分布不同，如介词"打从"，普通话使用，马来西亚华语也用，但是马来西亚华语的使用频率远远高于普通话，再如"本身"一词，普通话使用，是指示代词，但是在马来西亚华语中，"本身"的使用要高于普通话，且可以用作反身代词；基于普—华对比与定量统计的分析属于第二层级。华语区，尤其是东南亚的华语区，大部分是以南方方言为母语的区域，南方方言里保留了许多古汉语的成分，同时华语还受到英语及所在地语言的强烈影响，这就需要采用"普—方—古—华—外"的方法对华语进行立体考察，如此，方能认识华语变体语法显著特征之来源及华语变体自身的独特发展。

第二节　以华视普：华语视角下现代汉语词汇变化研究

一、问题的提出

Montrul[①] 提到，如果将传承语者的传承语与其祖籍国的语言进行对

---

① Silvina Montrul：The Acquisition of Heritage Languages，Cambridge：Cambridge University Press，2016，p. 239.

比，一定要注意对比基准（baseline）——祖籍国语言的历时变化，并举了一个韩语中的例子来说明。韩国语有"caki""casin"和"caki-casin"三个回指形式，调查发现本土韩国人和近期移民双语者区分这三种回指形式的局部和长距离约束，但早期移民的传承语者只有一个两项回指系统，似乎将"casin"和"caki"视为一个，都是局部约束；这是因为"casin"作为长距离回指形式在韩国语中是一个相对晚近的变化。所以，年龄大的传承语者的语法跟韩国语的早期阶段比较接近。Montrul 还援引 Aitchinson①"移民集团的语言要比留居故土者的语言保守"来说明这一问题。

移民集团的语言要比留居故土者的语言保守，是一个值得从理论和实践两个角度进一步探索的话题。

日本学者远藤光晓提到了一个有趣的例子，这是引发其对早期现代汉语研究产生兴趣的契机："将近 30 年以前，我有机会听到老舍 1928 年在伦敦录音的汉语灵格风唱片，他把动词后和句末助词的'了'有时发成 le，有时发成 liǎo，于是我求出其中分辨规则写成论文。从那时候起我就对早期现代汉语的音韵发生兴趣，收集了一些西方汉语教科书之类的材料。"②

无独有偶，在新加坡、马来西亚等地的华语中，动词后或句末的"了"也时常读作 liǎo。陈重瑜③曾提到新加坡华语中"了(liǎo)"之特殊用法有二：一是"了(liǎo)"作补语，如"我看三遍了(liǎo)了(le)。""我问他了(liǎo)了(le)。""好了(liǎo)了(le)。"等，"了(liǎo)"表示情况改变之完成，这一用法的"了(liǎo)"从结构上讲，可能源自闽、粤、客方言，形态上当与闽南语之[liau³¹]及标准华语④之"了(liǎo)"皆有若干关连。二是"了(liǎo)"取代"了(le)"，如"现在不行了(liǎo)。""他已经知道了(liǎo)。""没有了(liǎo)。""这么薄的衣服，穿了(liǎo)也没什么用。"等句。关于这两个"了(liǎo)"之间的关系，陈重瑜认为，在第一种用法中，"了(liǎo)"和"了(le)"似乎各有所司，其实不然，因为在第二种用法中，"了(liǎo)"亦可取代"了(le)"；"标准华语中句末之'了'，偶尔亦因夸张或戏谑而模仿京剧道白读作(liǎo)。例如，'哎呀，不好了(liǎo)'！然此非一般用法。"从陈重瑜的整个叙述来看，他还是更多地倾向于上述两个用法

---

① Jean Aitchinson：Language Change：Progress or Decay?，Cambridge：Cambridge University Press，1991.

② ［日］远藤光晓：《〈现代汉语的历史研究〉序》，见［日］远藤光晓、石崎博志主编《现代汉语的历史研究》，杭州，浙江大学出版社，2015。

③ 陈重瑜：《新加坡华语语法特征》，《语言研究》1986 年第 1 期。

④ 笔者注：这里标准华语指现代汉语。

的"了"读 liǎo 是方言影响所致。但是如果结合远藤光晓的叙述及传承语发展的保守性来看，"了(liǎo)"也有可能来自早期现代汉语。①

上述研究启发我们，普—华对比的方法，以普视华，我们可以看到中国大陆地区之外的华语变体的特征，同样，以华视普，再考虑到现代汉语自 1919 年至今走过约百年发展历程，我们将能看到现代汉语百年变化的部分图景。郭熙曾有过论述："然而，我们过去更多的是静态地观察汉语，忽略了变化中的汉语；更多的是从中国大陆的角度看待汉语，忽略了跨国、跨境情况下的汉语运用。""显然，华语的研究，尤其是着眼于空间维度推移上的华语研究，将是我们观察汉语标准语的一个重要窗口，也是我们对标准规范化过程的一种检验的机会。"②

本节我们将以大陆地区之外的其他华语变体为视角，通过北京语言大学"现代汉语词汇历时检索系统"(简称"BCC 历时")来审视现代汉语在词汇层面上所发生的一些变化，进而讨论这一研究的意义。根据荀恩东等的介绍，当前开放使用的"现代汉语词汇历时检索系统"收集了 1946—2015 年长达 70 年的《人民日报》语料，"随着时间的推移，语料规模逐渐扩大，在 1996 年前后达到最高峰，接近 1970 年最低点的两倍。这是报刊信息量加大，社会传媒发展的结果"③。作为中国发行量最大的官方报纸，《人民日报》的语言可以反映现代汉语的基本面貌及其使用，本节的数据统计主要依据该语料库完成。

二、七十年来现代汉语名词和代词变化

本小节我们将以名词"运动家""素质""当儿"和代词"您们"为例呈现它们在现代汉语中的变化。例(1)和例(2)来自马来西亚华语，例(3)和例(4)来自中国台湾地区的现代汉语。

(1)你的个子修长，健壮如牛，是天生的运动家。

(2)在追求学问与人生的岁月里，总爱不平则鸣的她，一步一脚走上了国际反矿场运动家，并与国际和澳洲不同的组织、社区团体，以及土著社群建立了长期的合作关系。

(3)谈到跳水的发展，最早的开端是在十八世纪末期，瑞典和德国运

① [日]远藤光晓：《〈现代汉语的历史研究〉序》，见[日]远藤光晓、石崎博志主编《现代汉语的历史研究》，杭州，浙江大学出版社，2015。

② 郭熙：《论华语研究》，《语言文字应用》2006 年第 2 期。

③ 荀恩东、饶高琦、谢佳莉、黄志娥：《现代汉语词汇历时检索系统的建设与应用》，《中文信息学报》2015 年第 3 期。

动家在游泳场地，以技巧性的动作表演落水。

(4)他或许是有史以来年龄最小的社会运动家，当一九九二年加入童工解放运动时，他只是个九岁大的孩子。

词缀"家"在现代汉语中表示"掌握某种专门学识或从事某种专门活动的人"，如"专家""科学家""艺术家""社会活动家"等，但马来西亚华语和中国台湾地区的现代汉语中，有一个当前的现代汉语普通话所没有的词"运动家"；"运动家"有两个意义，一个等同于现代汉语的"运动员"，另一个则是参与某项社会运动或活动的领导性人物，相当于普通话的"活动家"；需要指出的是，在当前的马来西亚华语中，这两个意义的"运动家"已极少使用，在中国台湾地区尚有一些用例。在"BCC 历时"中，这两个意义的"运动家"都有使用，并且以"运动员"义为常用：1946—1948 年没有用例，1949—1958 年"运动家"连续出现，分别为 8 例、17 例、1 例、13 例、6 例、4 例、3 例、13 例、2 例、2 例；1959—1979 年的 20 年间，仅 1961 年（3 例）、1962 年、1963 年、1974 年各出现过 1 例，其余年份均无。之后的 20 世纪 80 年代，比"文化大革命"期间略有上升，但仍不多见，1980 年 3 例，1982 年、1985 年、1986 年、1987 年各 1 例，1984 年、1988 年各 2 例，其余年份均无。1990 年至今，"运动家"消失不用。来看两个用例，例子后面标明其语料年份。例如，

(5)到 1950 年末，苏联的运动家总数已经达到一千四百万人。苏联体育运动的成绩，已经超过资本主义世界最高的水平。(1950)

(6)远在大革命时期，著名的农民运动家彭湃同志在广东领导农民进行土地革命，不但反动派想暗害他，自己的地主家庭也反对他。(1956)

(7)据新华社莫斯科 9 日电，《苏联体育报》8 日在一篇述评最近举行的欧洲男子速滑赛、莫斯科速滑冠军赛和苏中男子速滑赛的文章中赞扬了中国运动员王金玉在伊尔库茨克比赛中所取得的成绩。文章说，"吉林和伊尔库茨克的两次比赛结果表明，我们的客人——多项运动家没有弱点。他的每一项目的成绩都值得赞扬"。(1962)

(8)30 年代初期，一位同学的母亲是有名的女权运动家。(1980)

周清海、萧国政①提到，在新加坡华语中，名词"素质"比现代汉语普通话多了一个义项"品质"，如在新加坡华语中可以说"高素质的生活"；实际上，在马来西亚华语和中国台湾地区的现代汉语中也是如此，例(9)

① 周清海、萧国政：《新加坡华语词的词形、词义和词用选择》，《中国语文》1999 年第 4 期。

和例(10)来自马来西亚华语，例(11)和例(12)来自中国台湾地区的现代汉语，这些例子中的"素质"均可以解释为"品质""质量"。例如，

(9)全马各地区的空气素质正常，不过，印尼及马来西亚的林火热点剧增。

(10)从整体来看，国民学校的素质并不出色，有的更是出现纪律问题，学风低落。

(11)近年来台湾的生活素质不断提升，室内设计在台湾也掀起了一片热潮。

(12)若是不能提升大学本身的素质，设立再多的大学也不能解决问题。

在《汉语大词典》中，"素质"的第三个义项是"事物本来的性质"，最后一个用例为朱光潜《艺文杂谈·欧洲书牍示例》："罗马在鼎盛时代，文艺的发达登峰造极，书牍的素质也因之提高。"这里的"素质"就是周清海、萧国政提到的"品质"之意。① 《现代汉语词典》(第 7 版)中，"素质"的第一个义项也是"事物本来的性质"，但没有举例；这或许表明这一意义在当前的现代汉语普通话中已不常用；暂且不论"身体素质"的"素质"是否属于这一意义，但"素质"和"空气""学校"等搭配与新、马华语类似的用法在当前的现代汉语普通话中是没有的。根据对"BCC 历时"的检索与甄别，我们发现，"品质""质量"意义的"素质"在 20 世纪 90 年代以前的现代汉语语料中，可以与"书籍""秧苗""产品"等搭配。例如，

(13)书籍的素质必须符合群众日益高涨的文化要求。(1950)

(14)我们拟在一面举行短期专业训练，一面分层分年提高省、专、县级的医院与卫生预防机构的素质，使能按级的负起指导和培训工作。(1957)

(15)曾呈奎在对《山东科技报》记者谈话时说，十几年来，我国海洋水产总量一直徘徊不前，产品的素质也不高。(1979)

(16)这几年中长篇小说素质的上升比较显著，不少原来从事中短篇小说的作家，很多人同时也潜心于鸿篇的经营。(1986)

在马来西亚华语中，"学校""政府""华社""企业"等机构也可以与"素质"搭配，在现代汉语普通话中，这种搭配在 1980 年以前也偶有出现，如例(14)。但从 1980 年开始，随着改革开放带来的经济活跃，此前未见

---

① 周清海、萧国政：《新加坡华语词的词形、词义和词用选择》，《中国语文》1999 年第 4 期。

的"企业（的）素质"这个搭配开始大量出现，然而，2000 年以后这一搭配越来越少，2010 年以后基本上消失了；"BCC 历时"中"企业（的）素质"（1980—2015）的出现频次见图 4-1。在当前的现代汉语普通话中，"素质"多用于人或与人相关的名词，如"身体素质""政治素质""道德素质""文化素质"等，而不再用于机构。

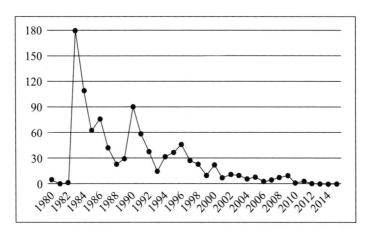

图 4-1 "企业（的）素质"的出现频次（1980—2015 年）

根据《现代汉语词典》（第 7 版），口语名词"当儿"有两个意义，一个是"当口儿"，如："正在犯愁的当儿，他来帮忙了。"另一个是"空儿""空隙"，如："两张床中间留一尺宽的当儿。"在新加坡华语、马来西亚华语、菲律宾华语和中国台湾地区的现代汉语中，第一个意义的"当儿"非常常见，不仅口语，甚至是比较正式的文体中也多有使用，例（17）—例（20）来自新加坡华语，例（21）—例（24）来自马来西亚华语，例（25）来自菲律宾华语，例（26）来自中国台湾地区的现代汉语。例如，

（17）在我们迈向优雅社会的当儿，你是不是想了解，你具备了文化的条件吗？①

（18）在你观看演出的当儿，请关闭手提电话。

（19）许多新加坡国会议员表示，总理的信息很切合实际需要，尤其是在消费税正要往上调整的当儿，总理承诺会给予有需要的人帮助，令人鼓舞。

（20）新传媒新闻报道，就在新加坡准备庆祝 42 周年国庆的当儿，新加坡也在举办一个巡回展，要让新加坡人对首十年的建国路程，有深一层的了解。

---

① 祝晓宏：《新加坡华语语法变异研究》，北京，世界图书出版公司，2016，第 39 页。

（21）因为在经济不景（气）及民怨高涨<u>当儿</u>，政府应该会发送更多的支援，以重振经济。

（22）在庆祝 57 岁的诞辰<u>当儿</u>，我们只能祈祷，会有越来越多的各民族年轻人胸怀民主开放，愿意跨越种族的藩篱，共享国家的财富。

（23）但是要做到这点却是相当困难的，除非负债去支撑，不然在通货膨涨的<u>当儿</u>，政府难免要调高各种收费以应付日渐增加的开销。

（24）我不是要叫你不要用科技便利，只是在享受科技便利的<u>当儿</u>，我们还有一个生存本能。

（25）我校董事会一直非常关心各样教改项目，相信在诸位的努力下，我校必能因势顺变，与时并进，追求优质教育。在我校庆祝五十周年校庆的<u>当儿</u>，由衷敬祝我校校务如日中天，蓬勃向上！

（26）若遇到群中有着业余的表演家，常会将大伙吸引到一处，相聚欣赏。精彩的<u>当儿</u>，每每会扬起一片欢笑之声，浑忘世事的无常。

根据文献，时间名词"当儿"最早出现在晚清的小说中，如晚清松友梅的小说《小额》中就使用频繁。20 世纪 50 年代以前作家的作品中，"当儿"还比较常见，尤其是北方作家，比如老舍。下面是"BCC 历时"中的几个例子。例如，

（27）接着，很多关心中英关系和世界和平的人，在"对中国和平委员会"发展分会的<u>当儿</u>，探询和要求该会与其他保卫和平的组织采取联合行动。（1951）

（28）今天，当我们庆祝朝鲜解放十四周年的<u>当儿</u>。请记住吧，亲爱的朝鲜战友，中国人民是永远永远用整个心身支持你们的。（1959）

（29）其次，人们的不同思想的斗争也没有充分展开，在思想斗争可能很尖锐的关头，在畏惧困难的保守思想开始抬头的<u>当儿</u>，作为先进思想的旗帜的人物高建民，却暂时离开了斗争的场合。（1963）

（30）当我做好了准备工作，就要提笔写作的<u>当儿</u>，来了个"大跃进"，当时有个词儿叫"形势逼人"。（1980）

"BCC 历时"中"当儿"的使用频次，如按照年度来看，1949 年最多，为 35 例，然后是 1961 年的 33 例和 1958 年的 27 例。如将 1946—2015 年这 70 年中"当儿"的使用频次每 5 年求和，其使用趋势见图 4-2；其中以 1956—1960 年这 5 年最高，共有 115 例，其次是 1961—1965 年的 91 次和 1946—1950 年的 63 例。根据荀恩东等的文章①，在"BCC 历时"中，

---

① 荀恩东、饶高琦、谢佳莉等：《现代汉语词汇历时检索系统的建设与应用》，《中文信息学报》2015 年第 3 期。

"文化大革命"时期各年度的语料规模比其前后 10 年略少，但"当儿"的使用频次却比其前后 10 年，尤其是"文化大革命"前十年，有较大差距，这或许是这一特殊时期的特殊语言面貌所决定的。但从 1980 年开始，"BCC 历时"各年度的语料规模是有比较大幅度的增加的，但是从图 4-2 可以看到，自 1981—1985 年之后，"当儿"的使用频次是逐渐下降的，2001—2005 年有 16 例，2006—2010 年为 2 例，2010—2015 年完全绝迹。

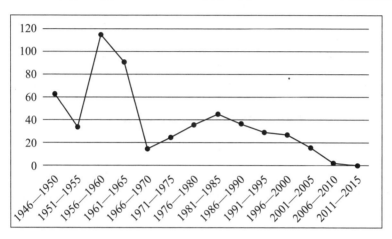

图 4-2　"当儿"的出现频次(1946—2015 年)

在前文的内容中，我们谈到，菲律宾华语中代词"您们"依然常用，在中国台湾地区的现代汉语中，"您们"也远较现代汉语普通话常用。例如，

(31)其次，从同事互动关系的层面来看，其他人会觉得您们既然是亲密的一对，不论投票选举或决定团体康乐活动，皆具有举足轻重的影响地位。

(32)好好陪祖母在那边玩吧！那世界应该比这人间美丽多了。乖孩子!! 愿您们快乐!! 愿您们永远是爸爸心中的乖孩子!

(33)开口问她有什么事，她彷佛找到救星般，如释重负地说："小姐，我实在是没有办法，走投无路，想请您们帮忙。"

(34)近年来，我常在演讲时向那些已婚多年的听众问一个问题：您们当中仍在与另一半恋爱的，请举手。

在"BCC 历时"中，"您们"的使用频次，如按照年度来看，1950 年最多，为 104 例，然后是 1951 年的 94 例和 1953 年的 74 例，总体呈逐渐下降趋势。如将 1946—2015 年这 70 年中"您们"的使用频次每 5 年求和，其使用趋势见图 4-3：

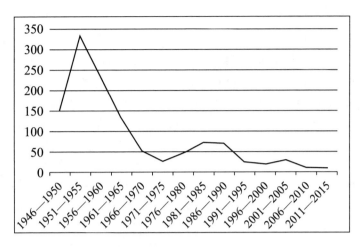

图 4-3　"您们"的出现频次（1946—2015 年）

来看几个不同年代的例子。例如，

(35)组织护麦委员会实行联村护麦，并进行田间选麦种，实行快收、快打、快晒，以防风雹，做到保种保收。这些工作进行情形，下回当再报告您们。(1950)

(36)中华全国总工会刘少奇同志：欣逢五一劳动节之际，我谨向您和中华全国总工会全体会员致以兄弟之忱。您们是度着新的中华人民共和国的第一个五一劳动节，我们热诚地分享您们的愉快和希望。对新中国的建设，我们谨向中国人民及其领导者——毛泽东同志，表示我们的巨大信心，并祝贺您们的完全胜利。(1950)

(37)大门上挂着巴中两国的国旗，还有一幅巨大的标语写着："您们的访问会加强巴中两国的友谊。"(1956)

(38)我们准备在 3 月初请厂内外有关人员共同研究您们的意见。(1960)

(39)中国运动员深情地对尼泊尔朋友说："在您们的国土上，您们热情地欢迎我们；今天，您们来到我们国家，这是我们向朋友学习的很好机会。"(1971)

(40)少先队员代表赞扬获奖作者说：您们写的书是我们最好的朋友。(1982)

三、七十年来现代汉语动词和介词变化

本小节我们将以动词"收藏""装置""俾"和介词"打从"为例呈现它们在现代汉语中的变化。

(一)动词"收藏"

在前文,我们将动词"收藏"归入了"搭配特色词",因为在现代汉语普通话中,充当其宾语的主要是"文物""艺术品"等具有重要价值的东西,这样的搭配在马来西亚华语中也有,但除此以外,马来西亚华语的"收藏"还有很多现代汉语普通话所没有的搭配。例如,

(1)一天,为了要给即将要生日的新妈妈一个惊喜,我准备把礼物收藏在爸妈的房间里。我蹑手蹑脚地来到他们的房间,准备找个地方来收藏礼物。

(2)李世平是个很念旧的人,他的钱包就象是法宝袋,收藏着很多张旧照片,包括他 3 岁时的个人照、姐姐的照片、年轻时组乐队的照片等等。

(3)由于慧婷是家中独女,父母亲接获消息后情绪激动,家人担心慧婷父母想不开,已把厨房里的刀具利器收藏起来,以防老人家做傻事。

(4)在刑事法典 411 条文下,任何人不诚实地接收或收藏任何赃物,并明知或有理由相信该赃物为赃物,必须判处最高可达 5 年监禁、或罚款或两者兼施。

(5)他说,把私人的隐秘资料收藏在电脑会比较安全。

(6)当年,她在孩子陪同下,前往首都领取这份奖座,奖座目前还收藏在老家。

《现代汉语词典》(第 7 版)对"收藏"的解释是:"收集保藏。"举的例子是"收藏文物"。在当前的现代汉语普通话中,"收藏"所搭配的名词性成分,一般都是文物、古董、艺术品或者具有某种重要、特殊意义或价值的东西,像例(1)—例(6)中那样的用法是没有的。但是在"BCC 历时"中,20 世纪 80 年代中期以前,类似于例(1)—例(6)的用法是有使用的,并且时间越靠前,此类搭配越多。例如,

(7)我们的仓库必须分散,最好发动群众以家庭为单位自行秘密收藏,以防反动派抢劫。(1946)

(8)苏北灾区群众在苏北行署及中共苏北区党委多种多熟作物及代食品的号召下,只盐城、淮阴两专区,即收藏山芋叶、山芋干等代食品四百余万斤,今春种菜二百余万亩。(1950)

(9)他一年到头舍不得吃也舍不得穿,把挣得的钱一点一滴地积存起来,就是民国六年大水灾的时候,他吃树皮、挖野菜、吃糠团子,也舍不得动这些钱。老头的钱是收藏得很严的,他把钱用小瓮盛着垒在坏墙里,从来不让别人知道,就是连他的老伴也不太清楚。(1957)

(10)建议各地进行一次彻底检查，切实把丢在外面的机械或配套用具<u>收藏</u>好。(1962)

(11)我们参观了他们的种子仓库，这里有两间瓦房，地面上打扫得干干净净，正准备<u>收藏</u>小麦和油菜种子。(1962)

(12)墨西哥朋友帮助他们建立"训练营"，<u>收藏</u>武器，购买他们需要的东西，掩护他们。(1962)

(13)果树队的社员冒雨赶到后，看到十连的同志早已把苹果<u>收藏</u>好了，便紧紧握住干部战士的手说："谢谢同志们！要不是你们深更半夜的起来，集体财产就要受到损失啊！"(1972)

(14)那糖棕树，把糖浆<u>收藏</u>在花柄里，割开花柄，甜蜜的糖浆能淌满一小桶，那指头般大小的神秘果，吃了它，再吃别的酸涩果子，味道也变成甜的。(1978)

在"BCC 历时"中，"收藏"一词的使用频次，1979 年以前普遍偏低，其中 1961 年最高，为 107 例；1979 年以后，其使用频次逐年攀升，由 1979 年的 79 例达到 1998 年的 483 例，然后开始下降，2008 年仅为 18 例。"收藏"使用频次的变化反映了中国社会生活的变化，中国改革开放的几十年，也正是中国收藏逐渐升温并降温的几十年。"BCC 历时"中"收藏热"一词的使用频次也显示了这一点。在"BCC 历时"中，"收藏热"第一次出现于 1987 年，2 例；最后一次出现是 2006 年，2 例；1994 年到 2003 年不间断出现，其中 1994 年 5 例，1995 年 7 例，2000 年 5 例，2001 年 7 例。2006 年以后，"收藏热"无一用例。改革开放以来持续 20 余年的"收藏热"也改变了"收藏"的搭配倾向，20 世纪 80 年代中期以前常见的、类似于马来西亚华语例(1)—例(6)那样的搭配不见了。

(二)"装置"一词

《现代汉语词典》(第 7 版)对"装置"的解释是：①动词，安装；②名词，机器、仪器或其他设备中，构造较复杂并具有某种独立功用的部件。在现代汉语中，其动词意义极少使用，常用的是其名词意义。而在马来西亚华语[例(15)和例(16)]、菲律宾华语[例(17)和例(18)]和中国台湾地区的现代汉语[例(19)—例(22)]中，"装置"的动词意义与名词意义同样常用。例如，

(15)据雪州水务工程局的统计，单是在雪州与联邦直辖区，需要重新<u>装置</u>的水管长度达 5010 公里。

(16)车子的外部装饰可随意拆卸、<u>装置</u>，车主可随着自己的心情、天气或时节的转变，改变车子的颜色和外部装饰。

(17)警方说,监控器录像显示了三名身份不明的男子<u>装置</u>了该土制炸弹。

(18)在周一的例会期间,计顺市议会于第三和最终读通过了建议在所有市立学校<u>装置</u>闭路电视摄影机的一项决议案。

(19)劳工检查所人员发现业者将瓦斯槽<u>装置</u>在车上(上),可能有以此流动方式为出租车装填瓦斯燃料的情形。

(20)水运仪象台的制造更是综合了古代仪器制造的成就,它<u>装置</u>了活动屋顶,浑象同天象同步地自动旋转。

(21)范姜明道参展的作品"点子",是以十六个直径两百公分的飞盘状物,<u>装置</u>于丽都岛草地上。

(22)因为何先生向来孜孜不倦,无论是给他复杂、困难的构想制图,还是要他<u>装置</u>一个摆放机器的架子,他都精心打制,毫不苟且。

在"BCC 历时"中,2014 年"装置"用例共有 105 例,无一例动词用法;2015 年用例共 73 例,其中仅有一例是动词用法。我们以动词"装置"加体貌助词"了"为检索单位,将 1946—2015 这 70 年中"装置＋了"的使用频次每 5 年求和,其使用趋势见图 4-4。

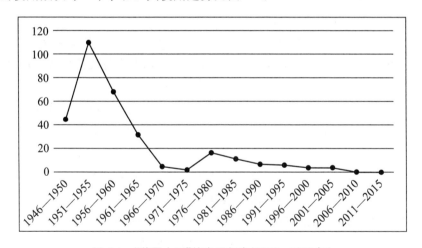

图 4-4　"装置＋了"的出现频次(1946—2015 年)

从图 4-4 我们可以看到,1966 年之前"装置"的动词用法是很常用的,1980 年之后使用频次逐渐下降,2006 年至今,趋于消亡。例如,

(23)天津、青岛中国纺织建设公司有些厂,上海个别厂都在车间安装了通风装置或打冷气的装置。天津棉纺三厂在马达周围<u>装置</u>了马达栏,在清花机练子上<u>装置</u>了安全罩。(1951)

(24)牧民们在四轮车上<u>装置</u>了滚珠轴承,使运载能力提高一倍多。(1960)

（25）有的地方装置了彩牌和灯饰，呈现出一派节日气氛。（1975）

（26）他在陕西的高校中首家装置了多媒体闭路电视教学控制中心。（2000）

（三）使令动词"俾"

俾在《现代汉语词典》（第 7 版）中的释义是："〈书〉使（达到某种效果）：俾众周知；俾有所悟。""俾"在现代汉语普通话中已经极少使用，但在马来西亚华语、菲律宾华语和中国台湾地区的现代汉语中，则使用频繁。关于"俾"在马来西亚华语中的意义及功能，本书第三章第一节第二部分已有详细论述；在菲律宾华语和中国台湾地区的现代汉语中，"俾"的用法与马来西亚华语基本相同，这里不再赘述。例（27）和例（28）来自马来西亚华语，例（29）和例（30）来自菲律宾华语，例（31）—例（34）来自中国台湾地区的现代汉语。例如，

（27）是项比赛也获得各酒店的赞助蛋糕，俾州内的体育与康乐团体、工厂及狮子会等志愿团体的 26 个团体能顺利参与赛会。

（28）我们认为这是我们在党内各层次进一步加强合作与承诺的重要时刻，俾为来届大选作好准备。

（29）凡吾会员子女就读大、中、小学及幼儿园，学业成绩及格，操行良好，需要补助者，请持校方成绩单影印本向本会各地区联络人登记，俾便核办。

（30）宝泉庵炉董事长陈培维以及多位华祖贤达莅临观礼指导，俾使大会增添光彩，再后由本总会执行副理事长陈荣旋致谢词。

（31）除非有特殊状况，不得再对外购废土，违者严格议处，而信息中心也应随时掌握最新的资料，俾提供各工程处参考运用。

（32）借着家庭暴力防治法之施行，可使得因暴力破碎的家庭有机会重建，俾让社会因此更健康、更安全。

（33）我们希望，上述缺失能在明年信息月活动，乃至即将进行的台中、台南、高雄会场中获得改善，俾对计算机信息产品的推广，以及社会大众的信息教育有所裨益。

（34）我们盼望主管官署本于此一正确方向，尽早着手研拟各项细节，俾业者知所遵循，勇于投资。

在"BCC 历时语料库"中，使令动词意义的"俾"的使用情况可以 20 世纪 60 年代为分水岭，60 年代之前，尤其是 1949 年前后，使用频繁，60 年代之后偶有使用，但大多出现于文献引文和涉台新闻报道或文章中，尤其是自 2001 年至 2015 年的 15 年间，近乎绝迹。下面来看几个"BCC

历时语料库"中的用例。例如，

（35）凡此一切，均在企图制造严重局面，俾他们可再当选为下届议员。（1946）

（36）吾广东同胞必当加紧在毛主席领导下协助解放军及当地各级人民政府，迅速建立革命秩序，恢复社会繁荣，肃清匪特，安定后力，加紧生产，努力支前，海外侨胞踊跃归国投资及沟通侨汇，俾广东全境早日解放，为建设康乐幸福安居乐业之新广东而奋斗。（1949）

（37）要加强领导，提高现有中医的政治与技术水平，俾能随时代的进化而进化。（1956）

（38）特别是对于投资多的设备的设置，更应本着全国一盘棋的精神，统筹兼顾，多面利用，既有重点，又有一般，俾能用最省的资金，发挥最大的作用，这也是科学研究工作增产节约的一项重要措施。（1959）

从1946年到1960年这15年间"俾"的使用频次如图4-5：

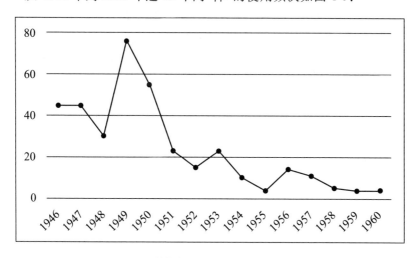

图4-5 "俾"的出现频次（1946—1960年）

介词"打从"，在现代汉语普通话中是较少使用的；《现代汉语词典》（第7版）将之标注为"方言词"。但在马来西亚华语、菲律宾华语和中国台湾地区的现代汉语中，"打从"使用频繁，例（39）和例（40）来自马来西亚华语，例（41）和例（42）来自菲律宾华语，例（43）—例（46）来自中国台湾地区的现代汉语。例如，

（39）廖秀珍笑说，她是道地的布先人，打从9岁起便跟着母亲一起摆档卖咖喱面，不知不觉，一晃眼就卖了四十多年。

（40）捍卫华教与独中的当事人，关心华教事业者会打从心底里赞赏与尊重，将心比心。

(41)我打从孩提时起，不论在什么地方，无论多吵，我照睡可也。

(42)自有华社百年来先贤传流至今，这些争当华社领袖佼佼者，打从揭穿其内心那只蠢蠢欲动的肚子蛔虫，不难发现这些有头有面，富得发赫的富人，不外乎是要争来飘飘然，戴在头上一顶理事长的帽子，尽管那是吃力不讨好，消耗大笔金银，浪费时间和精力。

(43)哦，是这样，跟您报告，打从过年的时候呀，在家里摸了两圈之后呢，这半年来呀，都没上过桌了。

(44)真的，因为我们发现很多同学，都不是打从心里愿意跷家，都有很多的压力。

(45)他们二人打从没出娘胎就被双方父母指腹为婚，想不到都是男孩儿。

(46)打从回来过年之后，他们就好像没说过几句话，老伴，你看孩子们是不是出了什么事？还是他们夫妻俩吵架了？

在"BCC 历时"中，"打从"从 1946—2005 年一直均有使用，最高频次为 1981 年的 12 例，2005 年以后，偶有使用，渐趋消亡。将 1946—2015 年这 70 年中"打从"的使用频次每 5 年求和，其使用频率变化见图 4-6：

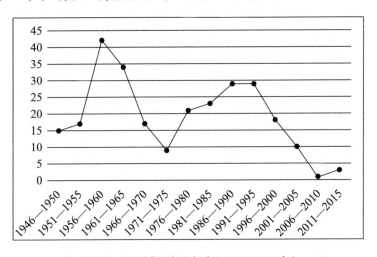

图 4-6 "打从"的出现频次(1946—2015 年)

四、七十年来现代汉语形容词和副词变化

本小节我们将以形容词"优越""丰盛"和副词"在在""单只"为例呈现它们在现代汉语中的变化。

(一)形容词"优越"和"丰盛"

关于马来西亚华语中"优越"的搭配，本书第二章有详细论述。前文我们提到，在现代汉语普通话中，"优越"极少搭配"成绩"，不能或极少搭配"大学""学术""教育""人才""技术""质量""计划""政策"等名词，而这些搭配在马来西亚华语中较为常见，例子已如前所述，这里仅举两个与"成绩"搭配的例子。例如，

（1）郭洙镇以本身在全国大选中战绩优越，多数票往往高居党内国会议员之上，来反驳林敬益说他不受基层欢迎的指责。

（2）马来西亚并不是没有能力在体坛取得优越的成绩，只不过是需要获得来自各单位的全力合作与协助。

例（1）和例（2）中"优越"的搭配是当前现代汉语普通话所没有的。在当前的普通话中，"优越"多与"生活""条件""地理位置"等搭配，不能与"成绩"搭配。在"BCC 历时"中，"优越"与"成绩"的搭配［含"成绩优越""优越（的）成绩"］从 1946—1961 年的 16 年间曾连续出现，1952 年、1953 年、1960 年三个年度出现频次最高，均为 11 例，1950 年 9 例，1954 年 6 例，其余均年度低于 5 例；1961 年以后基本上不再使用。在"BCC 历时"中，下为"优越"与"成绩"搭配的用例。例如，

（3）如旅顺市李家沟党的支部书记，亲自掌握领导，扫除文盲工作的干部以身作则参加学习，全村造成了一种人人以学习为光荣的风气，所以得到优越的成绩。（1950）

（4）她们都坚强地向我们表示：以最优越的成绩，供献给伟大祖国的航空事业。（1953）

（5）1953 年"红星社"由于在生产和合作化方面获得了优越的成绩，光荣地得到了"劳动红旗勋章"。（1958）

（6）题材和内容更加丰富多样，特别在表现劳动人民新的精神面貌方面取得了优越成绩。（1960）

（7）首先要抓紧今年的卫生运动，现在就要立即轰轰烈烈地行动起来，抓紧时间，深入动员，大干特干，创造更大、更优越的成绩，迎接"五一"国际劳动节和文教战线群英大会的召开，为今年和今后两年的卫生工作的持续跃进打下良好的基础。（1960）

（8）水丰、江界、秃鲁江、金刚山发电厂等许多中小型发电厂在完成国家计划方面取得了优越的成绩。（1972）

此外，在中华人民共和国成立初期的现代汉语中，"优越"还有其他一些与马来西亚华语相同的搭配。例如，

（9）而正是由于他制订出的战略，一个被技术优越的敌人包围着的军队，才能够建立与发展。（1948）

（10）首先发挥他的**优越**天才，渊博的学问，坚忍的毅力，完密的计划，领导苏联无产阶级，不断努力，完成社会主义国家的建设。（1949）

（11）会上又表演了赛马、射箭等精彩节目，选出了**优越**射手和善骑的儿童等。（1949）

（12）但同时普利文承认越南人民军的**优越**力量。（1952）

（13）就一般情况来说，若干有名的学校在教学设备上和师资配备上比较其他学校要**优越**些，但是两者的距离是不会相差悬殊的。（1953）

（14）苏联的机器制造和冶金加工工业，蒸气透平，水力透平，汽锅，冶金设备等生产，将以最快的速度增长着。生产生产资料的工业的**优越**增长，是工业和农业的消费品迅速增加的基础。（1953）

上述这些搭配与马来西亚华语有着很大的相似度，而在现代汉语普通话中，大多不再使用或极少使用。

下面来看"丰盛"。

在本书第二章第一节第四部分，我们将形容词"丰盛"归为马来西亚华语的"搭配特色词"。"丰盛"义为"丰富（指物质方面）"，在现代汉语中，主要搭配"物产""饭菜"等，但在马来西亚华语、菲律宾华语和中国台湾地区的现代汉语中，还有一些特殊的搭配，如"经济效益""生命"等，例（15）－例（18）来自马来西亚华语，例（19）和例（20）来自菲律宾华语，例（21）－例（24）来自中国台湾地区的现代汉语。例如，

（15）各族人民都将因为学好华文而受惠，让华文教育发展的结果为国家带来**丰盛**的经济效益。

（16）新山单轨火车比槟城单轨火车工程更庞大、获利更**丰盛**。

（17）除了工作的需要，精通英语其实也能开拓思维、打开广阔视野，令自己的生命更**丰盛**。

（18）可是，因为有邢老师，我才能很快的融入高师生活，在那度过两年收获**丰盛**的高师生涯。

（19）该学校于今年的排名有所上升应归功于用于进行科研的资金及奖励有所增加，校内的设备及实验室得到升级，支持博士及硕士学位学生的奖学金，通过博士回归方案及到访教授方案聘用教职人员、给在 UP 任都物毕业生予以**丰盛**的奖励及荣誉，以及跟随国际化的脚步。

（20）这位老人家一手带大了六七个儿女，又带大了几个小孙孙，如今个个羽毛**丰盛**，各奔西东，她的孙儿辈总忘不了这位外婆，老祖母。

（21）推崇、践行孝道，不在于形式，不在于多么**丰盛**的物质，关键在于——孝心。

(22)开学后儿童育乐中心有太空剧场的维修，但开学前儿童育乐中心则准备了<u>丰盛</u>的节目让小朋友的暑假有一个快乐的结束。

(23)特别是再度针对人类劳动的理想状态重做根本上的探究，以追求人性与生命的意义，并认为使生活内容<u>丰盛</u>的经济发展才算重要。

(24)走在红砖砌成的街道上，心想祖先遗留下如此<u>丰盛</u>的文化遗产，也难怪意大利人不怎么积极工作。

这些搭配虽不见于今日之普通话，但在 1949 年前后的现代汉语中是有使用的，来看"BCC 历时"中的用例。例如，

(25)你们所赠送的这些<u>丰盛</u>的礼物，将留下我们友情的永久的纪念。（1949）

(26)有利条件是原料<u>丰盛</u>，销路广阔。（1949）

(27)其他各共和国的集体农场与国营农场的农民，也获得了<u>丰盛</u>的成果。（1950）

(28)在伟大的苏联帮助之下，我国人民获得了最可靠的保障，可以稳步地建设新中国，使国家工业化，并提高人民的生活水平和文化水平，使我们青年能更快地得到一个美好和<u>丰盛</u>的生活。（1950）

(29)既看不出他们有什么高明的知识，又看不出他们有<u>丰盛</u>细致的感情。（1951）

(30)用集体农庄几位庄员在集体农庄成立前后的经济状况对比，就可以非常清楚地看出，集体农庄给了农民多么<u>丰盛</u>的利益。（1952）

(31)有的叫学生们将来当一个古典文学的翻译家，理由是既有名，又有<u>丰盛</u>的稿费。（1953）

(32)大会的收获是十分<u>丰盛</u>的，不但有八个项目的成绩打破了全国最高纪录，更重要的是它给人们展示了新中国工人体育运动的新面貌。（1955）

(33)那像在绿缎上面交织着银丝线似的田间水渠，那像晨妆时开启着的镜面似的清明的水库，给这<u>丰盛</u>的大自然添上了动人的魅力。（1955）

(34)同时又受日本海副热带高压的影响，因此长江流域雨量<u>丰盛</u>，特别是鄱阳、洞庭湖地区雨量大，持续时间长，这就造成这些地区的河流水位急骤上涨。（1956）

（二）副词"在在"

《现代汉语词典》（第 7 版）收有"在在"一词，解释说"〈书〉副词，处处。在在皆是"。"在在"在当前的现代汉语普通话中是极少使用的，但在马来西亚华语、菲律宾华语和中国台湾地区的现代汉语中，则使用频繁。例(35)和例(36)来自马来西亚华语，例(37)—例(39)来自菲律宾华语，

例(40)—例(42)来自中国台湾地区的现代汉语。例如，

(35)他形容，这些现象<u>在在</u>警示着我国，癌细胞正在我国蔓延，我们必须确认问题，并着手解决问题。

(36)事实上，根据教育部的统计，有高达百分之九十五的华裔家长把孩子送到华小受教育，<u>这在在</u>说明了华裔子弟对华小的实际需求。

(37)当然，在这些"毒骡"中，也不排除有个别人是"做好事"帮别人带行李惹祸。这就<u>在在</u>提醒人们，在海关，千万不要随便答应陌生人带行李的要求，哪怕对方付上报酬，也一概拒绝，这是保全自身的最好方法。

(38)亦因为人类的"自投罗网"，或者过分使用，连候车、用膳或出恭，<u>在在</u>手不离机，这是太超过了。

(39)如今咱们华族人民早已"融入"大社会，每年循例庆祝独立节，尤其是大社团的领导庆祝独立节活动，<u>在在</u>是理所当然。

(40)三峡的老街风貌、万华夜市热络的活动、淡水的山城景观、基隆的港埠都市节理，<u>在在</u>地都呈现出不同的都市风貌。

(41)此外私人美术馆的运作开放，不论是员工的薪水、水电费用、环境硬件的整理，<u>在在</u>与钱脱离不了关系。

(42)以上种种，<u>在在</u>都显示出法务问题的复杂性，不是简单请个律师就保证能解决的。

在1949年前后的文献中，"在在"使用频繁，下面为"BCC历时"中的例子。例如，

(43)因此蒋方现正在全国到处进攻、征兵、征粮、摧残民族、民权、民生，并单独下令召集所谓国民大会；美方亦坚不撤兵停援，<u>在在</u>表示他们决无和平民主的意图。(1946)

(44)在聂市长的报告中，已经提到，北京市有许多必要的建设工作待做，诸如卫生事业，修理下水道，建设马路等等，<u>在在</u>需款，因此，就需要征税。(1949)

(45)艾森豪威尔和杜勒斯最近陆续发表的狂妄言论及其倒行逆施，<u>在在</u>说明美国侵略者不但不愿在朝鲜"善罢甘休"，反而企图把战火燃烧得更加猛烈。(1953)

(46)加上我们研究工作者思想解放不够，旧的传统、新的权威，<u>在在</u>都成为阻挠我们前进的障碍。(1960)

如将1946—2015年这70年中"在在"的使用频次每5年求和，其使用趋势见图4-7：

从图4-7可见，"在在"在"文化大革命"前使用频率逐渐下降，由

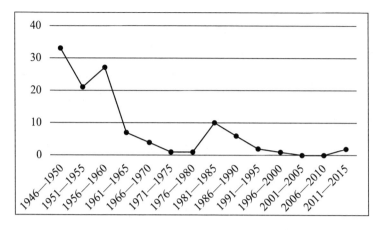

图 4-7　"在在"的出现频次(1946—2015 年)

1946—1950 年的 33 例下降到 1961—1965 年的 7 例，"文化大革命"后略有上升，但又迅速下降，今现代汉语普通话中已极少使用。

(三)范围副词"单只"

(47)他说，此事件不但令非土著感到愤怒，连土著也感到不满及不安，而且<u>不单只</u>半岛，即使沙巴和砂拉越的人民和领袖也表达了不满。

(48)民主行动党秘书长林冠英说，<u>单只</u>在食物的价格便上涨了12％，马来西亚人极需援助以应付物价高涨的难关。

在上面的两个例子中，范围副词"单只"由"单"和"只"并列组合而成，在马来西亚华语中较为常用，在"BCC 历时"中，将 1946—2015 年 70 年间其使用频次每 5 年求和，使用趋势如图 4-8：

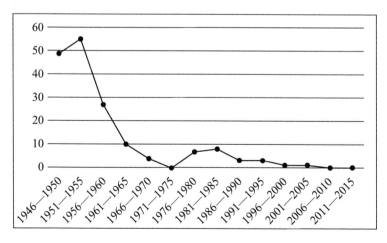

图 4-8　"单只"的出现频次(1946—2015 年)

来看"BCC历时"中的一些用例。例如，

(49)据被俘的杨显明旅长说，<u>单只</u>他们一方面，就打了一百万发以上子弹。(1946)

(50)<u>单只</u>说这一点，抗日战争的领导者是谁，已经够明了了。(1950)

(51)根据不完全的统计，<u>单只</u>上星期天，就来了包括四百六十八人的五十四个代表团。(1954)

(52)<u>单只</u>上海市公安局，就有一百多人被迫害致死。(1980)

五、结论及相关问题的讨论

在本书第二章第一节中，我们将马来西亚华语的特色词分为"词项特色词""义位特色词""搭配特色词""频率特色词"四类，并认为这一分类同样适用于其他华语变体。如果将本节的论述与第二章第一节对比，我们会发现，通过普—华对比所观察到的华语变体的很多特色之处，亦大致体现了现代汉语词汇发展变化的一些重要方面：词项的消失，如"运动家""俾""在在""单只"等；义位的消失，如"素质""装置"；使用频率的降低，如"当儿""打从"；搭配的变化，如"收藏""优越"。

基于上述考察，我们可以提出或证实如下一些看法：

(一)中国大陆地区之外的其他华语变体是我们考察近百年来现代汉语标准语演变的一个很好的视角

视角不同，看到的语言景观也就不同。以普通话为标准的普—华对比方法，可以发现大陆地区之外的华语变体不同于现代汉语普通话的重要特征；但如果在华语的视域中以所发现的其他华语变体的特征为视角，对现代汉语进行历时考察，则可以发现现代汉语标准语近百年来所发生的一些变化。如本节所提及的现代汉语标准语在词汇层面的这些变化，如果不借助华语这个视角，或许我们就不会关注这些问题，更谈不上对这些问题的研究。

(二)现代汉语标准语已经历百余年的发展，应该加强其历时变化的研究，并注重相关理论问题的探讨

现代汉语史的研究，有两个核心问题，一个是现代汉语史的分期，一个是现代汉语发展演变的原因。就分期而言，刁晏斌①将现代汉语史分为四个阶段，即"1919—1949""1949—1966""1966—1978""1978—"。本节的考察主要涉及后三个阶段，通过本节的这些例子我们可以看到，

---

① 刁晏斌：《现代汉语史》，福州，福建人民出版社，2006，第22～25页。

"1978—"实际上还可以细化，如"企业（的）素质""当儿""装置"的动词用法、"俾""在在""单只""打从"等基本上都是在进入21世纪以后逐渐走向消亡或变得极不常用的。并且这些例子所展示的变化体现了这样一种演变规律：非常口语化的词语消失了，如"当儿"；非常书面化的词语也消失了，如"俾""在在"。就演变原因而言，刁晏斌提到了"社会政治生活及其变化""与外界接触和开放程度的变化""政府的语文政策及其推行"等宏观因素①。我们这里仅结合"收藏"的搭配变化来谈一点，即语言生活反映社会生活变化——中国改革开放的几十年，正是中国收藏逐渐升温并降温的几十年，而改革开放后持续20余年的"收藏热"也改变了"收藏"的搭配倾向，使其仅用于"文物""古董"等有价值的东西。结合社会变化与现代汉语词汇系统，对这些词语的演变原因做出探究和解释，将是非常有价值的。

（三）现代汉语标准语历时变化的研究可以深化我们对华语变体特征形成原因的探讨

与当前的现代汉语标准语相比，马来西亚华语的特色词汇，有来自汉语南方方言者，如"标青""头家"等；有来自马来语和英语者，如"甘榜""巴刹""巴仙"等；有来自古近代汉语者，如"钞""泰半""仵作"等；当然还有当地华人所创造的"社区词"，如"组屋""发展商"等。但在归因华语特征的形成原因时，我们常常忽略了一个方面，那就是现代汉语标准语百年来同样发生了较大变化。现代汉语普通话、东南亚华语变体"同源异流"，华语变体的某些特色可能就是直承早期现代汉语而来，只是这些特色在现代汉语普通话中消失了；也即我们通过将其他华语变体与当前现代汉语标准语对比而得出来的华语变体特色词语，有可能是现代汉语标准语的变化而造成的，如果没有对现代汉语史的研究，就可能导致我们对华语变体特色词语的来源认识错误。如本节提到的"俾"，在当前普通话中没有使用，而在粤语中"俾"是常用的使令动词，很多研究者会想当然地将之归为来源于粤语的一个特色词，但实际上，粤语中的"俾"与马来西亚华语、菲律宾华语中的"俾"在语法功能上有较大差异；根据本节可知，华语变体中的"俾"当由早期现代汉语传承而来，只不过它在今天的普通话中消失了，而在其他华语变体中依然常用。

本节的研究是初步的，举例性的。如果将1919年作为现代汉语的开端，现代汉语也已走过了100年的发展历程。在这100多年中，我们的

---

① 刁晏斌：《现代汉语史概论》，北京，北京大学出版社，2006，第23~26页。

现代汉语究竟发生了怎样的变化，可以说到目前为止，我们并没有一个清楚的、全面的认识；这其中一个主要原因就是我们缺乏一个观察现代汉语变化的"视角"或者"窗口"。现在，中国大陆地区之外的华语变体的研究已经取得了诸多重要研究成果，如李宇明主编的《全球华语大词典》①的出版及邢福义先生主持的国家社会科学基金重大项目"全球华语语法研究"所发表的一系列论文等。以这些成果为基础，用华语视角来审视现代汉语的变化，我们将能够认识现代汉语所发生之变化的一个重要方面；描写这些变化的过程，探究变化规律和原因，无疑具有非常重要的意义。

第三节　以华视方：粤方言中"（一）把嘴/口"的来源与扩展

一、问题的提出

根据《现代汉语词典》（第 7 版），量词"把"一共有如下五个用法：①用于有把手或能用手抓起的器具，如一把刀、一把茶壶；②用于一手抓起的数量，如一把米、一把韭菜；③用于某些抽象的事物，如一把年纪；④用于手的动作，如拉他一把、帮他一把；⑤用于动作、事情的次数，如过把瘾。这些搭配，在马来西亚华语中均有使用，但除此以外，量词"把"在马来西亚华语中还可以计量"嘴""口""声音"等。例如，

（1）又像不务正业、油口滑舌的二世祖，靠着一把阿谀奉承的嘴，换取不必劳务就有的财富。

（2）人民公正党鹅麦区国会议员阿兹敏阿里也插一把嘴："国会成为巴刹，因为我们有来自林茂的巴刹主席！"

（3）不过，素娜，我可要警告你，当心你这把口，不要没遮拦的随便到处乱说。（爱薇《回首乡关》）

（4）即便他信誓旦旦的要改革，却始终是内阁与政府中唯一的一把改革声音。

（5）在巫统代表大会第二天，代表口中难得地出现了一把自省的声音。

（6）罗哈妮查表示，她听出对方是一把男声，口操像马来人的口音，故怀疑来电者是巫裔男子。

---

① 李宇明：《全球华语大词典》，北京，商务印书馆，2016。

（7）马华大可以告诉选民，只要你们选马华，让该党增多一名议员，就有多<u>一把声音</u>替人民反对伊刑事法。

（8）记得小时候，我父亲很爱弹古典音乐，我母亲也有<u>一把美妙的歌声</u>，他们总爱在我们面前边弹边唱歌。

（9）不论是唱卡拉 OK 也好，合唱也好，要唱好一首歌，并不是拥有<u>一把好嗓音</u>就可以，在咬词、发音、丹田、用气、口型、感情等各方面都要达到一定标准才能取分。

（10）他们看到母亲不断被家暴，内心会有<u>一把声音</u>想质问母亲为甚么不要离开暴力父亲、为甚么要在这里受苦、为甚么要让他们也跟着受苦。

祝晓宏提到，在新加坡华语和香港特区的港式中文中，量词"把"也具有与上述马来西亚华语同样的用法。① 根据我们的考察，量词"把"在这些华语变体中的特殊用法应该来自粤语，但在目前研究粤语的文献中，我们并没有见到对这一用法的"把"的研究，包括邓思颖的著作也没有提及。②

华语视角的引入，让我们看到了此前未曾关注的粤语语法的一个问题。下面我们将首先描写粤方言中"（一）把嘴/口"的分布与使用特点，然后从粤语文献及量词范畴化的角度探究这种搭配的来源，并对其他方言中的这种用法进行统一解释，最后谈及从"（一）把嘴/口"到"（一）把声音""（一）把嗓子"的扩展。

二、粤方言中的"（一）把嘴/口"的分布与使用特点

粤方言又称"粤语"，通行于广东及广西的部分地区。按语言特色和地理分布，粤方言又可以划分为广府片、四邑片、香山片、莞宝片、高阳片和桂南片等六个方言片区。③ 针对"（一）把嘴/口"，我们对粤方言的六个片区进行了调查，发现这六个方言片区均有量词"把"计量"嘴/口"的用法。在表现出较强共性的同时，也存在一些细微的差别。下面结合例句加以说明。例如，

（11）你就得把嘴。（你就只有一张嘴。"你就只会说"的意思。）

（12）我得<u>一把口</u>，点够你地讲？（我只有一张嘴，怎么说得过你们？）

① 祝晓宏：《新加坡华语语法变异研究》，北京，世界图书出版公司，2016，第 66 页。
② 邓思颖：《粤语语法讲义》，香港，商务印书馆有限公司，2015。
③ 詹伯慧、甘甲才：《粤语》，见侯精一主编《现代汉语方言概论》，上海，上海教育出版社，2002。

(13)唔好见佢咁嚣张，其实都系得把口。(别看他这么嚣张，其实就只有一张嘴而已。)

(14)死净把口。(就剩下一张嘴。有"临死还嘴硬"的意思。)

(15)佢个人把口……(他这个人的那张嘴……)

(16)你地一人一把口，我讲唔掂你地。(你们一人一张嘴，我说不过你们。)

(17)你把口真系识讲野。(你这张嘴真是能说。)

(18)你把口真系衰，冇句好嘅。(你的这张嘴真是可恶，没一句是好的。)

(19)把嘴生系人地度，人地钟意讲咩都得嘎啦。(嘴长在别人身上，别人喜欢说什么都可以。)

(20)呢个女人把嘴好犀利噶，个个见到佢都惊。(这个女人说话很刻薄，谁见到她都怕。)

(21)你把口咁犀利，讲得赢老豆喔。(你这张嘴这么厉害，可以讲赢爸爸。)

(22)你唔好系度得把口讲啦，摞嘀证据出来啦。(你不要在这光说了，拿点证据出来啊。)

(23)今日你把口真系乖。(今天你的嘴巴真甜。形容说话很乖巧。)

(24)我把嘴日日都咁靓嘎啦。(我的嘴天天都是这么甜的。)

(25)你地咁多个人咁多把嘴，我都唔知听边个讲好。(你们这么多人这么多张嘴，我也不知道该听谁的。)

(26)你把口好似啷过油甘，有咩企图吖？(你的嘴好像用油润过一样，有什么企图啊？)

(27)个人多把口，劝下佢都好。(多一个人多一张嘴，劝劝他也好。)

(28)你把嘴做咩咁肿嘎？(你的嘴怎么这么肿啊？)

(29)佢把口好得/掂。(他口才很好。)

(30)你吃咗咩来，把口咁臭。(你吃了什么，说话这么难听。)

通过调查发现，"一把嘴/口"中的"一"，一般情况下都可以省去，通常仅在书面语或口语中特别强调数量的情况下，才会在"把"前加上数词"一"，如例(12)和例(16)。这是粤语的一个特点。粤方言中，表无定的"量＋名"可看作"一＋量＋名"的省略，如"本书"就是"一本书"，"只鸡"就是"一只鸡"，"把嘴"就是"一把嘴"；如例(11)中的"把嘴"就是无定的，是"一张嘴"的意思。另外，粤方言中"量＋名"结构还可以表示定指，兼备近指、远指功能，这源于粤语量词本身所具有的定指功能，①②③ 如"本书"就既可以是"这本书"，也可以是"那本书"；如例(15)中的"把口"就是"那张嘴"的意思，而例(17)和例(18)中的"把口"就是"这张嘴"。

首先，对于"(一)把嘴/口"是否常用这个问题，除桂南片极少使用外，其他片区均较为常用。

调查发现，在桂南方言片区中，量词"把"计量"嘴/口"的情况往往只存在于"得把嘴"这一固定说法中，其他情况下极少使用。

其次，上面的例子中，"把"计量的有"嘴"有"口"。

从粤方言片区来看，广府片用"口"不用"嘴"，莞宝片"嘴/口"均用，"口"常用，"嘴"不常用，而高阳片则"嘴"用得多。

再次，调查发现，"把"计量"嘴/口"的用法多用于与人的言语能力或言语效果相关的语境中，即多用于述说或形容某人的嘴巴说话特别厉害，嘴上功夫了得。

与此相一致的是，在描述非言语能力或言语效果的时候，"(一)把嘴/口"则不常用，这种情况下人们常使用"只/个/张"等量词来替换"把"，或干脆不用量词。这是粤方言"(一)把嘴/口"在使用方面最值得注意的一个特点。例如，

(31)你食到成(个/张/只)口/嘴都系啦。(你吃得满嘴都是。)

(32)乖啦，抹大(个)嘴。(乖，把嘴张大。)

(33)我个嘴损咗。(我的嘴巴擦伤了。)

(34)最后一块朱古力都系我个嘴度啦。(最后一块巧克力已经在我嘴里了。)

(35)你个嘴隔离有粒饭。(你的嘴巴旁边沾了一粒饭。)

最后，"把"计量"嘴/口"多用于形容某人的嘴巴说话特别厉害，但多含贬义，即用于形容某人嘴巴特别厉害，特别会说，或是语言犀利、言语可恶或以言语伤人，但除此以外，就没有本事了；有时候即使从字面上来看是对别人的褒奖，实际上也暗含揶揄或嘲讽。

在调查过程中发现，绝大多数被调查者对于使用"(一)把嘴/口"时带有的感情色彩第一反应均为贬义，随后才对中性或褒义予以承认。由此，可以推测，"(一)把嘴/口"最初使用的感情色彩应为贬义，而褒义和中性的用

① 施其生：《广州方言的"量+名"组合》，《方言》1996年第2期。
② 周小兵：《广州话量词的定指功能》，《方言》1997年第1期。
③ 刘丹青：《汉语的若干显赫范畴：语言库藏类型学视角》，《世界汉语教学》2012年第3期。

法应该是后来出现的，是该搭配得到普遍使用后逐渐泛化的一个结果。

三、粤方言中的"（一）把嘴／口"的来源

粤方言中的"（一）把嘴／口"又是从何而来的呢？它源自古代汉语还是在粤方言中独自发展出来的？刘世儒[①]、李计伟[②]等详细考察了量词"把"的来源与发展，在古代汉语以及近代汉语文献中，并无量词"把"计量"嘴／口"的用例。这种用法应该是粤方言独立发展的结果。

在香港科技大学中国语言学研究中心的"早期粤语口语文献资料库"和"早期粤语标注语料库"中，量词"把"的组配主要有如下一些："一把斧头""一把弓""一把扇""一把铁锉""一把花""一把锁""一把铰剪""一把锯""一把火铲""一把剑""一把雨遮""一把刀""一把柴""一把扫把"等。在该语料库的《土话字汇》（1828 年）中，一句"白蚁得把嘴"引起了我们的注意，这句话的英文释义是"A white ant has got a pair of lips a useless person who is a great talker"，即"白蚁只有一张嘴，比喻健谈但是无用之人"。据调查，"××得把嘴"这样的说法及其所表达的贬义色彩在今天的整个粤方言区都是极其常见的。根据陆镜光所言，粤语中"得"词义丰富，用法多变，"白蚁得把嘴"中的"得"当为"只有"之义，"白蚁得把嘴"即"白蚁只有一把嘴"的意思；白蚁除了一把嘴比较厉害之外，就一无是处了；如果隐喻到人，那就是除了特别会说或说话以言伤人，就没有其他优点了，所以在粤方言中"××得把嘴"往往含有贬义。[③]

除此以外，在清代粤方言文献《俗话倾谈》（1870 年）中有"把嘴"的用例，同样含有贬义色彩。例如，

（36）盲家婆曰："我唔讲得你赢，你个把嘴终须要折腾死，落阎罗王要勾你舌根。"［（清）《俗话倾谈》］

（37）王曰："今生事做不了，何论来生！你一生坏在个把嘴，牙尖齿利，造是生非，如今在我面前，尚敢支离辩驳，况在阳间咒骂，重了得么？"［（清）《俗话倾谈》］

在粤语中，量词具有定指功能，上面两例中的"个"即是如此，相当于现代汉语的"这"。"白蚁得把嘴"是我们目前所发现的最早用例，并且在粤方言中"××得把嘴"的贬义色彩普遍存在。我们认为量词"把"计量

---

① 刘世儒：《魏晋南北朝量词研究》，北京，中华书局，1965，第 241～242 页。
② 李计伟：《类型学视野下汉语名量词形成机制研究》，北京，商务印书馆，2017，第 100～108 页。
③ 陆镜光：《粤语"得"字的用法》，《方言》1999 年第 3 期。

"嘴"的用法应该就是由"白蚁得把嘴"逐渐发展而来，"把"计量"嘴"，源自量词组配范围的隐喻性扩展，而贬义色彩是量词组配扩展的一种附带效应。那接下来的问题是，"白蚁"的"嘴"为何要用"把"来计量呢？

先来看一段清代粤方言文献《粤语全书》第四十一课中的记载："师傅，我想修整过呢间屋。好叮，你想小修啵大修呢？要大修至得呀。因为呢间屋好多白蚁嘅，啲楼阵同埋桁桷都蛀通嗮。周围要换过，个瓦面漏得好交关。係我叫人执过几回，都係漏嘅。我出法子整好佢喇。啲门框窗门框要换过，但啲铁榫铜铰就可以用得番。个烟囱及度楼梯要拆开嚟起过，整到主固之处，所有木料都要换过实木，等啲白蚁唔咬得入，周围扫过灰水。"

在上面的这段引文中提到，房屋的很多木头都被白蚁蛀了，要换成铁的、铜的或者实木的才可以。可见"白蚁"的嘴巴是多么的厉害。关于"白蚁"嘴巴厉害的描述，在中国古代文献中也多有提及，并且多与粤地有关。例如，

(38)广多白蚁，以卑湿而生，凡物皆食，虽金银至坚亦食，惟不能食铁力木与棳木耳。[(清)屈大均《广东新语》]

(39)惟地暖少霜雪，松木不生，即生亦质性不坚，脂香液甘，易为白蚁所食。故岭南栋柱榱桷之具，无有以松为用者，亦以多文木故也。[(清)屈大均《广东新语》]

(40)蚁之属，唯白蚁无所不蚀，其害尤甚。康熙辛巳，粤东藩库交盘，每箱贮银以千计，独一箱少十二两，或洞其腹，或陷其边，则白蚁据为银窝矣。[(清)钮琇《觚剩续编》]

在上面三例中，均提到"白蚁"嘴巴之厉害："凡物皆食""无所不蚀"。但"厉害的嘴巴"为何要用"把"来计量呢？

我们认为，这里我们要考虑量词（classifier）的分类功能。Bisang 基于对东亚和东南亚量词语言的考察，认为量词的功能有四个，它们分别是：分类（classification）、个体化（individualization）、指称化（referentialization）和关系化（relationalization），其中分类和个体化是量词的核心功能，是东亚和东南亚所有量词语言都具有的，而后两个功能则是前两个功能扩展的结果；其中汉语（普通话）仅具有分类和个体化功能，汉语的南方方言如粤方言还具有指称功能。①

---

① Bisang，Walter：Classifiers in East and Southeast Asian languages Counting and beyond，Jadranka Gvozdanovi ć(ed.)Numeral Types and Changes Worldwide，Berlin：Mouton de Gruyter，1999，pp. 113-185.

　　所谓量词的分类功能，就是一个量词对所计量名词的范畴化；同一个名词使用不同的量词，实际上就是人们对该名词所指称的事物进行了不同角度的分类。高名凯①曾提出"范词"这个术语，来表示对事物进行范畴化的量词。高名凯②说："范词所表示的具有名词功能的词则是单位分明的。'一条狗'是一个单位，这是谁也明白的，所以有的语言只说'一狗'，然而汉语，则除了'一狗'之外，又有'一条狗'的说法。这里的'条'字是把'狗'归纳到'条'的范围之中，表明其为'条'类的事物。因此，我们就认此类词为范词。"从认知语言学的角度来讲，语言是对现实情境的编码，那么使用不同的量词来计量同一个事物，就表明被编码的现实情境或人们对现实情境的识解肯定有所不同。汉语名词和量词之间的搭配是相对固定的，所以，一旦一个名词突然使用了一个新的量词来计量，它就会被归入一个新的类别，并被附加上该量词的一些语义信息。这样的例子很常见，尤其是在较为轻松随意的语体中。例如，

　　(41)请大家伸伸手！请转发或寻找这个孩子，天这么冷，孩子一定需要帮助，虽与孩子和家长素不相识，但谁都有亲情，帮人如帮己，大家努努力，谢谢了！同时强烈谴责那头5路车司机！(北京语言大学BCC语料库微博语料，下同)

　　(42)今天正儿八经的无聊一个太无耻的妇女。长相刁钻，样貌可憎，口吃(齿)犀利，刁妇一头。

　　(43)统计课旁边坐着一头同学，太有男人味啦。

　　(44)呵呵，看看能如何处理法。那是一头出名的白痴主持带领一班自以为有不可被冒犯权威的脑残评委在面试一名天才。

　　(45)我一个体型适中健康匀称的姑娘怀胎十月变成一头大胖子，辛辛苦苦在产床上生到晕过去，大命换小命带来这么一个漂亮健康的大胖小子。我容易吗？

　　(46)今天在做过蒽久很长一会儿思想斗争后还是清理了一只，不对，是一头蟑螂！！现在一睡着就梦到有硕大的蟑螂在旁边。

　　在现代汉语中，作为量词，"头"能计量两类事物；一类是动物，并且是体型较大的动物，如"一头驴""一头猪""一头牛""一头大象"等，一类是形体小而圆的事物，如"一头蒜"；其中计量动物这一用法在汉语及其方言中更为常用、普遍，并且这些动物一般块头较大，在人们

① 高名凯：《汉语语法论》，北京，商务印书馆，1986。
② 高名凯：《汉语语法论》，北京，商务印书馆，1986，第168~169页。

看来较为蠢笨，在汉语中时常被用来比喻人，如"笨得像头猪""笨得像头驴"等。

老舍先生的小说《赵子曰》中也有一个很有趣的例子："还有一件不痛快的事，这一件可不似前二者之容易消灭：他的妻子，在十年前，（赵子曰十五岁结婚。）真是九天仙府首席的小脚美人。他在结婚后三个月中，受爱情的激动，就写了一百首七言绝句赞扬她的一对小金莲。……可是，现在的人们不但不复以窄窄金莲为美，反异口同韵的诋为丑恶。于是'圣之时者'的赵子曰当然不能不跟着人们改换了'美'的观念。他越看东安市场照相馆外悬着的西洋裸体美人画片，他越伤心家中贮藏着的那个丑女。……不幸，自从发觉了他那'头'，或者说那'匹'妻子的短处以后，他懊悔的至于信了宗教以求一些精神上的安慰。"从这些文字可以看出，伴随着对妻子"审美"和情感的变化，赵子曰干脆将其妻归为"头"和"匹"能够计量的"动物"范畴。

例(41)—例(45)中，"那头5路车司机""刁妇一头""一头同学""一头白痴主持""一头大胖子"等，均是"人"直接用"头"计量。以"刁妇一头"和"一头大胖子"为例。"长相刁钻，样貌可憎，口吃(齿)犀利"，先是对"刁妇"形容一番，"刁钻""可憎""犀利"，与动物无异，故将之归为用"头"计量的动物类；一个姑娘原来"体型适中健康匀称"，怀胎十月使她变得体型庞大，因体型变大，将之归入用"头"修饰的动物类。不难看出，用"头"来计量的这些对象，或被谴责、被嘲讽、被戏谑，均不同程度地具有了"头"所计量的动物的某方面的特征。例(46)中，"一只蟑螂"本是正常搭配，但因这只蟑螂体型"硕大"，故改用"一头蟑螂"。

回到"（一）把嘴"这个问题上来。

从上文可见，白蚁的嘴"凡物皆食，虽金银至坚亦食，惟不能食铁力木与楝木耳"，是何等厉害。我们可以形象地说，白蚁的"嘴"，如"刀"似"剑"，"嘴"就是白蚁的武器。

前文提到，作为量词，"把"可以计量"刀""剑""剪刀""斧头""匕首"等锋利的器物。在早期粤方言文献中，量词"把"的组配中也包括"一把斧头""一把铁锉""一把铰剪""一把锯""一把剑""一把刀"等。白蚁嘴通过蛀蚀对木头、建筑物等造成伤害，而刀、锯等器物则通过利刃对其他事物造成伤害，这两者之间存在功能上的相似性。基于这种相似性隐喻，量词"把"的组配范围也得以扩展。可以为此提供证据的是，汉语中已有"刀子嘴豆腐心"之俗语，文学作品中此类比喻以及"嘴能伤人"的说法更是常见。例如，

(47)风清扬窘甚，伸手去抓她，涨红面皮道："<u>你这张嘴怎么刀子似的</u>，也不肯饶人一点。"(北京语言大学 BCC 语料库，下同)

(48)玄子道："<u>就你这张嘴，又爱说又伤人</u>，就够讨人厌的，怎怪大家不爱理你呢。"

(49)<u>她的刀子嘴虽然很伤人</u>，但他还是喜欢她，宁愿永远坐在她身边听她骂人，也不愿走开——他，雷拓，要定她了！

(50)"<u>小娃儿好利的一张刀子嘴</u>，好，接招！"乌克拉单掌一竖，人走中宫，脚踩七星，呼！一掌当胸拍下。

(51)<u>大娘的嘴，也厉害得像把刀</u>。

(52)为了使这些树成活，他硬是把乡里 50 群羊砍了 49 群。"这也是没有办法的办法呀。"高振合对记者说，"<u>一只山羊就有一把刀子嘴</u>，不这样，树就活不下来。"(《"树痴"高老汉》，人民网，2001-06-05)

例(47)、例(49)、例(50)和例(51)，或说"刀子嘴"，或说"嘴巴像刀"，例(48)直接说"嘴巴伤人"，则暗含着"嘴巴是刀"之类的隐喻。例(52)中"一只山羊就有一把刀子嘴"，径用"把"而不用"张"，山羊嘴巴之"厉害"就突显出来了，如果换成了常规的量词"张"，则没有了这种意味。

基于上述分析，我们认为，白蚁"嘴"与量词"把"范畴中的核心成员"刀""剑"在功能上相似，为量词"把"的组配范围的扩展提供了动因，进而将白蚁"嘴"包含了进来，由此出现了"白蚁得把嘴"这样的说法。这是量词组配范围的隐喻性扩展。

而从"(一)把白蚁嘴"到今天粤方言中可以普遍对人使用的"(一)把嘴/口"，同样也是一种隐喻性的扩展。白蚁的嘴可以对木头、建筑物等造成损坏，而人的"嘴"则可以通过话语对他人造成心灵上的伤害或带来不好的感觉，即"以话伤人"。白蚁"嘴"和人的"嘴/口"之间也存在一种功能相似性，隐喻也由此发生。量词"把"计量的对象进一步扩大，把"人嘴/口"也纳入其中，"(一)把嘴/口"便得以广泛地出现和使用。

柳州方言和长沙方言中也有"(一)把嘴"的搭配。李荣主编的《现代汉语方言大词典》提到，在柳州方言中，"一把嘴"指一张嘴，可能最初仅指鸭嘴，抓住鸭嘴啃鸭头，鸭嘴就是把手。歇后语有"三分钱买个鸭头，得把嘴"的说法，意思是光说不干或者只会说不会做；南宁、桂林等地的方言中也有与柳州类似的说法。[①]《现代汉语方言大词典》还提

---

① 李荣主编：《现代汉语方言大词典》，南京，江苏教育出版社，2002，第 1673 页。

到，在长沙方言中，量词"把"用于某些特殊的说法，其中一例是"一把寡嘴"，即"尖刻""厉害"的嘴。① 据我们的初步调查，在长沙、岳阳、湘潭等地的方言中，有"三百斤的野猪——练就一把寡嘴""三百斤的野猪——净一把寡嘴""三百斤的野猪——专操一把寡嘴啃别人"等歇后语。

柳州方言歇后语"三分钱买个鸭头——得把嘴"中，"得把嘴"应该是双关，字面意思是说"得拿住鸭的嘴巴（啃鸭头）"，这时"把"取其动词意义，是"拿住"的意思；另外一个意思是说鸭头没什么肉，并且鸭嘴又大又长，"得把嘴"就是"只有一把嘴"的意思，"只有一把嘴"用于讽刺那些"光说不干或者只会说不会做"的人，这一点跟粤方言是一致的。前文提到，在粤方言桂南方言片区中，量词"把"计量"嘴/口"的情况往往只存在于"得把嘴"这一固定说法中，其他情况下极少使用，粤方言中，"得"有"只有"的意思，柳州方言的这一说法或是受到了桂南片粤方言的影响。

长沙、岳阳、湘潭等地方言歇后语"三百斤的野猪——净一把寡嘴""三百斤的野猪——专操一把寡嘴啃别人"中的"一把寡嘴"，其来源机制与粤方言中的"白蚁得把嘴"相同。因为三百斤的野猪，除了有一个会啃、会拱、极具破坏力的嘴巴之外，徒长一身肉膘，却无家猪的细腻，可谓百无一用；可以说，野猪就厉害在它的一张嘴巴上，它的嘴就是它最厉害的武器，武器可以用"把"计量，基于嘴和武器的功能相似性，嘴当然也可以用"把"计量了。隐喻到人，就指除了一张嘴之外就没有什么才能的人了。

四、粤方言中"（一）把嘴/口"的扩展

在粤方言中，"把"不仅可以作为"嘴/口"的量词，而且还可以计量"声（音）"。例如，

（53）我好中意佢把声。（我很喜欢她的声音。）

（54）成栋楼都听得到你把声。（整栋楼都可以听到你的声音。）

（55）近排热气，把声沙咗。（最近上火，嗓子哑了。）

（56）你把声点解咁样嘅？（你的声音怎么变成这样了？）

从"（一）把嘴/口"到"（一）把声（音）"的扩展并不难理解。上文已经分析过，"把"量"嘴/口"主要表示嘴巴说话太厉害，而说话自然要使用"嗓

---

① 李荣主编：《现代汉语方言大词典》，南京，江苏教育出版社，2002，第 1675 页。

子"，如例(55)中的"把声"意思是"嗓子"，伴随着"声音"，而"嗓子"是"嘴/口"能够发出声音的关键器官，发出"声音"又可以称得上是"嘴/口"的主要功能部分，因此在人们的认知当中，时常将"嘴/口"与"嗓子""声音"相联系。"嘴/口"能够用"把"计量，与"嘴/口"密切相关的"嗓子""声音"也基于它们与"嘴/口"的相关性而得以用"把"计量，这是量词组配范围的转喻性扩展。扩展之后，"把"计量"嘴/口"时所负载的贬义色彩也逐渐消失了。

有了"(一)把声音""(一)把嗓子"的搭配，"(一)把歌声""(一)把嗓音"等用法的出现也就不难理解了。我们知道，由于华人多操粤、闽等汉语南方方言，华语变体在形成过程中深受这些方言之影响；在粤方言中，量词"把"可以计量"嘴/口""声音"，本节开头所说的新加坡华语、马来西亚华语和港式中文中的相同用法应该是受到了粤语的影响。

第四节　华语视域中动词"帮忙"用法的共时差异与历时变化

一、问题的提出

在现代汉语中，"帮忙"是一个常用动词。孟琮等[①]、吕叔湘[②]等对"帮忙"均有收录与解释。在汉语作为第二语言的教学中，"帮忙"因其"离合"用法而成为教学中的一个重点和难点；例如，彭小川等[③]即以《"我要帮忙他"为什么不对?》为题，将"帮忙"列为"对外汉语教学语法释疑201例"之一。

彭小川等[④]指出："'帮忙'，这类动词的用法比较特别，组成这个词的'帮'与'忙'可以合起来用，如：看到朋友有困难，当然应该帮忙。也可以离开、分开用，如例(3)'帮他的忙'。""我要帮忙他"这种配位方式在现代汉语中不合语法，要说成"我要给他帮忙""我要帮他的忙"等才行，但"我要帮忙他"在新加坡华语、马来西亚华语和中国台湾地区的现代汉语等诸多华语变体中却是常见的用法。

郭熙指出："我们过去更多的是静态地观察汉语，忽略了变化中的汉语；更多的是从中国大陆的角度看待汉语，忽略了跨国、跨境情况下的

---

①　孟琮、郑怀德等：《汉语动词用法词典》，北京，商务印书馆，1999。

②　吕叔湘：《现代汉语八百词》(增订本)，北京，商务印书馆，1999。

③　彭小川等：《对外汉语教学语法释疑201例》，北京，商务印书馆，2004。

④　彭小川等：《对外汉语教学语法释疑201例》，北京，商务印书馆，2004，第71页。

汉语运用。""华语的研究，尤其是着眼于空间维度推移上的华语研究，将是我们观察汉语标准语的一个重要窗口。"①本节将首先以当前的现代汉语普通话为基本参照，描写新加坡华语、马来西亚华语和中国台湾地区现代汉语中的动词"帮忙"在用法上与现代汉语普通话的共时差异；进而考察"帮忙"在汉语历史上用法的历时变化，指出中国台湾地区现代汉语和新加坡华语、马来西亚华语中动词"帮忙"的特殊用法源自早期现代汉语或者说传统"国语"，并非受英语之影响等原因所致。

二、华语视域中"帮忙"用法的共时差异

刁晏斌②基于历史和现实两个基础，将华语定义为"以传统国语为基础、以普通话为核心的华人共同语"。在此基础上，李宇明提出"大华语"的概念，即"大华语是以普通话/国语为基础的全世界华人的共同语"，并将华语变体大致分为五类："大陆的普通话""中国台湾的'国语'""香港、澳门的华语""新马印尼文莱的华语"和以欧洲、北美为代表的正在形成的"其他华语"。③下面，我们将首先以在整个东南亚地区最有影响、彼此也最为接近的新加坡华语和马来西亚华语为例，来看其动词"帮忙"不同于现代汉语普通话的用法。例如，

（1）我还以为是什么事，这个我一定帮忙你的。（新加坡）

（2）目前，有两位朋友在帮忙他，一人帮忙设计网页，另有朋友在他不在时顶替他贴文。（马来西亚）

（3）我一心想着要帮忙乞丐，通常会施舍一令吉至5令吉。（马来西亚）

（4）新传媒新闻报道，内阁资政李光耀说，新加坡在帮忙马来西亚和印尼发展特别经济区上，将给予同样的重视。（新加坡）

（5）方健维的人生可以说是与食物分不开，他中学时身兼数职，除了上学，还得到阿依淡巴刹帮忙爸爸看档，同时也到菜馆当学徒。（马来西亚）

（6）她接受采访时也指出，目前各方送来的物资非常足够，但是在没有自来水供应下，她奉劝欲施于援手的志工，应该等当地回复水供后，才前往帮忙灾黎重建家园。（马来西亚）

（7）她已婚，丈夫也是工人党党员，但是只会在幕后帮忙竞选活动，所以两人组成竞选"夫妻档"的可能性不大。（新加坡）

---

① 郭熙：《论华语研究》，《语言文字应用》2006年第2期。
② 刁晏斌：《论全球华语的基础及内涵》，《全球华语(Global Chinese)》2015年创刊号。
③ 李宇明：《大华语：全球华人的共同语》，《语言文字应用》2017年第1期。

（8）该会筹委会主席陈水塘指出，该会每年所举办的盂兰胜会，都获得当地居民的鼎力支持，包括有者特别抽空来参与活动，义务<u>帮忙活动的进行</u>。（马来西亚）

（9）母亲让孩子<u>帮忙家务</u>。（马来西亚）

朱彦将动词"帮忙"的语义结构描述为：事物$_1$—帮—事物$_2$〈事物$_2$—忙〉。[①] 但根据事件场景，该结构还应该加入"忙的原因"这一语义成分。让我们通过一个具体的例子来加以说明："花子和母亲打个招呼，挽袖子洗手要帮忙包饺子。母亲却微笑着阻止她，说：'不用你啦，王连长和我就行了。花子，到西炕上帮娟子的忙去吧！'"（冯德英《苦菜花》）在这个例子中，"事物$_1$"是"花子"，"事物$_2$"是"王连长和母亲"，"王连长和母亲"忙于"包饺子"，所以"花子"要"帮忙包饺子"。在该场景中，"包饺子"是"事物$_2$"的所忙，或者说是"事物$_2$"忙的原因。忙的原因可以是个事件，如"包饺子"，也可以是个事物，如"忙家务"中的"家务"，原因成分前可以有格标记"于"，如"忙于包饺子"和"忙于家务"，也可以隐含而不出现，如"忙包饺子"和"忙家务"。基于上述分析，我们可以将"帮忙"的语义结构描述为：事物$_1$—帮—事物$_2$〈事物$_2$—忙—（于）事物/事件$_3$〉。为叙述简便，我们将"事物$_1$"记为"NP$_{施事}$"，"事物$_2$"记为"NP$_{对象}$"，"事件/事物$_3$"记为"VP/NP$_{原因}$"——为区分计，分别标记为"VP$_{原因}$"和"NP$_{原因}$"。

基于上述语义结构，我们可以将上文所举新、马华语中动词"帮忙"的用法描述如下：在例（1）—例（3）中，动词"帮忙"后直接加 NP$_{对象}$，形成"帮忙＋NP$_{对象}$"结构；例（4）—例（6）中，动词"帮忙"后加 NP$_{对象}$ 再加 VP$_{原因}$，即"帮忙＋NP$_{对象}$＋VP$_{原因}$"结构；例（7）—例（9）中，动词"帮忙"后加 NP$_{原因}$，形成"帮忙＋NP$_{原因}$"结构。这三种结构都是新、马华语常用而今天的现代汉语普通话所没有的。

在中国台湾地区的现代汉语中，"帮忙"的用法与新、马华语基本相同。例如，

（10）过去学生视<u>帮忙老师</u>、参与公共事务为荣誉，现在许多学生则避之唯恐不及，如果要帮，有些还会问酬劳。

（11）如果有清新、年轻、有能力的好人才要出来参选，却被政党排除，那么他很乐意<u>帮忙这些人</u>。

（12）文大校方表示，安排上课地点是各系系办的权责，学校只能尽力<u>帮忙同学减少通车之苦</u>。

① 朱彦：《汉语复合词语义构词法研究》，北京，北京大学出版社，2004，第237页。

（13）我**帮忙**她把杂货搬进她家，她发动抽水马达后，便热心地带我参观院子。

（14）原来当初相亲时，钟全辉只告诉她"家里有田"，没说她必须**帮忙田事**，因此刚结婚的半年内两人时有争执。

（15）钱先生在美国**帮忙余先生的业务**；而我则在台北效劳。

（16）他绝对亲自替业者"跑件"，随时以"特案"方式处理，对于**重大投资案件，政府有义务替民众帮忙解决**。

例（10）—例（15），与新、马华语的用法是一致的。除此以外，在中国台湾地区现代汉语中，"帮忙"的"NP$_{对象}$"这个语义成分还可以用介词"替"引介，如例（16），这一用法也是今天的现代汉语普通话所没有的。

新加坡华语中"帮忙"的一些特殊用法，在既往的华语研究中已屡有论及。如陈重瑜在论述新加坡华语"应分解之动宾复合词不予分解"这一语法特征时就提到了"帮忙"，其所举的例子是"你来帮忙我好吗"和"你帮忙我一次啦"，指出这是新加坡华语的特殊用法，其在现代汉语普通话中相对应的说法应该是"你来帮我忙好吗"和"你帮我一次忙啦"，但并未明确指出这一用法的来源。[1] 陆俭明等在描写新加坡华语"不及物动词当及物动词用"这一特点时，也提到了"帮忙"能够带宾语，其所举例子是："只和他见了一次面的陈老师，竟这么的关心他，帮忙他，他怎么不感动呢？"和"你看看有什么地方可以帮忙的，尽量帮忙他们。"[2]关于新加坡华语这一特点的成因，陆俭明等指出："不及物动词带宾语……有的是受英语影响所造成的，如'挑战'带宾语就是受英语影响造成的。……但是，从根本上说，部分不及物动词和形容词逐渐演化为能带宾语，这主要还是语言表达要求简洁、经济的结果。因此这些说法都将有生命力。"[3]周清海也提到，在新加坡华语里，"帮忙""提名""休养"等词，常常带宾语，[4] 并援引前述陆俭明等[5]的观点来对此一现象做出解释。陆俭明仍然

---

[1]　陈重瑜：《新加坡华语语法特征》，《语言研究》1986年第1期。

[2]　陆俭明、张楚浩、钱萍：《新加坡华语语法的特点》，见新加坡《南大中华语言文化学报（创刊号）》，1996。

[3]　陆俭明、张楚浩、钱萍：《新加坡华语语法的特点》，见新加坡《南大中华语言文化学报（创刊号）》，1996。

[4]　周清海：《华语研究与华语教学》，《暨南大学华文学院学报》2008年第3期。

[5]　陆俭明、张楚浩、钱萍：《新加坡华语语法的特点》，见新加坡《南大中华语言文化学报（创刊号）》，1996。

坚持这一看法。① 祝晓宏在描写这一现象时提到:"从以上用例来看,最常用的动宾式复合词带宾语的是'帮忙'一词。……普通话中离合式动词带宾也是越来越普遍,比如'入籍德国、对阵巴西队'等,这是新时期现代汉语最重要的语法变异现象。"②此外,李计伟也简单地描写了马来西亚华语中的"帮忙+NP$_{对象}$+VP$_{原因}$"结构,但未作出来源上的解释。③

从上述内容可以看出,对于新加坡华语中"帮忙"能够带宾语现象的成因,目前还未取得一致的认识。但与陆俭明等④、周清海⑤的看法相映成趣的是,在对外汉语教学中,"帮忙+NP$_{对象}$"经常被认为是外国学习者尤其是英语背景学习者常会出现的偏误。无疑,这一偏误现象又强化了我们认为"帮忙"带宾语是受英语影响所致的观点。

陈重瑜⑥、陆俭明等⑦、周清海⑧、祝晓宏⑨提到的例子都属于"帮忙+NP$_{对象}$"这一配位方式,如"帮忙我""帮忙他(们)"等。通过前文大量的例子,我们可以看到,在新加坡华语中,动词"帮忙"与现代汉语普通话不同的特殊用法,并非仅仅这么一类。如果将上述三类特殊用法统一起来考察,再考虑到新加坡、马来西亚和中国台湾等不同地区的华语变体在这些特殊用法上的高度一致性,恐怕就很难用受英语影响来解释了。

在考察新、马等地的华语时,可以发现这样一种现象,即新、马华语的一些特有词语或一些词语的特殊用法,在早期现代汉语或者传统汉语中都曾经存在过;在中国大陆地区现代汉语100多年的变化中,这些现象消失了,但却保存在与大陆地区现代汉语"同源异流"的这些华语变体中。李宇明提到,在现代汉民族共同语的形成和发展过程中,港、澳和海外华人社区也在一直跟队而行,而中国台湾地区也在1949年之后,

---

① 陆俭明:《新加坡华语语法》,北京,商务印书馆,2018,第402页。

② 祝晓宏:《新加坡华语语法变异研究》,北京,世界图书出版公司,2016,第78~79页。

③ 李计伟:《基于对比与定量统计的马来西亚华语动词研究》,《汉语学报》2014年第4期。

④ 陆俭明、张楚浩、钱萍:《新加坡华语语法的特点》,见新加坡《南大中华语言文化学报(创刊号)》,1996;陆俭明:《新加坡华语语法》,北京,商务印书馆,2018。

⑤ 周清海:《华语研究与华语教学》,《暨南大学华文学院学报》2008年第3期。

⑥ 陈重瑜:《新加坡华语语法特征》,《语言研究》1986年第1期。

⑦ 陆俭明、张楚浩、钱萍:《新加坡华语语法的特点》,见新加坡《南大中华语言文化学报(创刊号)》,1996;陆俭明:《新加坡华语语法》,北京,商务印书馆,2018。

⑧ 周清海:《华语研究与华语教学》,《暨南大学华文学院学报》2008年第3期。

⑨ 祝晓宏:《新加坡华语语法变异研究》,北京,世界图书出版公司,2016。

逐渐形成了"国语"的一个中心。Montrul 指出，在传承语(heritage lan-
guage)研究中，如果将传承语者的传承语跟其祖籍国的同一语言进行对
比，需要注意祖籍国语言的"历时变化(diachronic change)"，一般说来，
"移民集团的语言往往要比留居故土者保守"。① 这些事实及理论论述提
醒我们，对于华语变体的一些词汇、语法特色，在寻找其成因时，对现
代汉语进行一定时间纵深的考察是必不可少的。

三、动词"帮忙"用法的历时变化

在汉语史上，"帮忙"是一个相对晚近的词儿。在《汉语大词典》中，
"帮忙"的最早例证来自《红楼梦》第四十五回："宝玉每日便在惜春那边帮
忙。"前文我们提到，在新、马华语及中国台湾地区现代汉语中，动词"帮
忙"的特殊用法主要有如下四类：(一)"帮忙＋NP$_{对象}$"结构；(二)"帮忙＋
NP$_{对象}$＋VP$_{原因}$"结构；(三)"帮忙＋NP$_{原因}$"结构；(四)"替＋NP$_{对象}$＋帮
忙"结构。前三类为新、马华语和中国台湾地区现代汉语共有，第四类为
中国台湾地区现代汉语所有，而新、马华语不用。

据考察，"帮忙"的这四种结构与现代汉语普通话不同的特殊用法，
在现代汉语的早期历史上均出现过。下面我们将分类考察上述四类用法
在汉语中的发展变化。

(一)"帮忙＋NP$_{对象}$"结构

"帮忙＋NP$_{对象}$"结构，在今天的现代汉语普通话中是不合语法的；如
果"帮忙"要带"NP$_{对象}$"这一语义成分，可以用离合的形式实现，即"帮＋
NP$_{对象}$＋(……)＋忙"，也可在其前用介词"给""为"等引介 NP$_{对象}$。"帮忙
＋NP$_{对象}$"这一用法，在清代文献中仅有个别用例，但在民国时期的文献
中，这一用法较为常见。例如，

(17)苏莲芳道："现在事已如此，他肯也要他帮助吾，不肯也要他帮
忙吾的了。"[(清)坑余生：《续济公传》第 60 回]

(18)县役毛四，在娶李氏时，曾帮忙过自成，自成也很感激他。(许
啸天：《明代宫闱史》第 93 回)

(19)所谓拼音帮忙文字者，就是文字止能用长久时间，耗重大费用，
养成一部分人的学问。(吴敬恒：《补救中国文字之方法若何?》，载《新青
年》，第 5 卷，第 5 期，1918 年)

---

① Silvina Montrul：The Acquisition of Heritage Languages，Cambridge：Cambridge Uni-
versity Press，2016，p.239.

(20)学生讲演队向观者痛陈闽鲁事件之由来及天津事变之经过，及今后吾人应取之态度，群众咸鼓掌，人丛中竟有大呼"我们也得出来<u>帮忙学生</u>呀"者，足知其受感动之深也。(《北京学界之游街大会》，载《申报》，1920-02-03)

(21)乙兵："我们若不是疯子，何至<u>帮忙仇敌</u>，来杀我们的好友？"(鸿干：《牺牲者》第一幕，载《中国青年》，1926年第116期)

(22)大家说："我们来<u>帮忙他</u>吧，不然合作就成了虚名了。"(《我们来帮忙他吧》，载《华北合作》，1934年第21期)

(23)新年大概不少新气象，但在故乡那可扫兴得很，因为气候太不<u>帮忙人</u>。(英光军：《新年忆旧》，载《申报》，1936-01-01)

(24)韩玉忙插嘴道："不是这么说，彼此都应该帮忙，<u>徐先生帮忙凤笙</u>，<u>凤笙也帮忙徐先生</u>，你们二位，表面上各奔前途，精神上仍是共同合作的。"(陈慎言：《逍遥花》，载《申报》，1948-04-07)

上面的例子，从文体上看，有小说，有新闻报道，亦有话剧等，并且例(17)、例(20)、例(21)、例(22)和例(24)中的"帮忙＋NP_{对象}"结构都出现于对话或者直接引语中。由此我们可以推测，这一用法在当时的口语中应该是有使用的。从使用地域上看，例(20)报道"北京学界之游街大会"，例(22)是一则短新闻，写天津蓟县农村合作社社员的事儿："蓟县壕门村合作社社员张某，是一个忠厚农民，平时以贩卖鸡鸭铜铁等作为副业。七月三十日他应该归还合作社一笔借款，不过张某极穷，若将款归还，就没了作生意的本钱了。当时非常为难，社员开会时，监事主席李兰亭，就解说合作意义，与张某困难情形，大家说：'我们来帮忙他吧，不然合作就成了虚名了。'"从这两例可以看出，"帮忙＋NP_{对象}"结构在京、津等华北一带是有使用的。更为有趣的是，在老舍先生20世纪三四十年代乃至中华人民共和国成立初期的作品中，也有"帮忙＋NP_{对象}"结构的用例。例如，

(25)往回说吧，你要是教我去作副局长，而且一点不抱怨我不<u>帮忙你</u>，我就去。(老舍《东西》)

(26)她开首便<u>帮忙了丁务源</u>，还想敷衍一切活的东西，就连院中的大鹅，她也想多去喂一喂。(老舍《不成问题的问题》)

(27)他有点神神气气的，不会以劳力换钱，可常<u>帮忙别人</u>。他会唱，尤以数来宝见长。简称疯子。(老舍《龙须沟》)

(28)只要咱们平安地过去这一关，我还得多借重你，请你作副经理呢！你这么<u>帮忙我</u>，我十分感激，不能叫你白受累！(老舍《春华秋实》)

"帮忙＋NP_{对象}"这一用法在现代汉语中是何时消亡的呢？为此，我们详细考察了北京语言大学 BCC 语料库的"历时检索"部分(1946—2015 年的《人民日报》语料)。考察发现，1949 年以后，"帮忙＋NP_{对象}"这一用法日趋罕见：1949 年 3 例，20 世纪 50 年代仅 1958 年和 1959 年各 1 例，20 世纪 60 年代仅 1960 年和 1961 年各 1 例，20 世纪 70 年代没有用例，20 世纪 80 年代仅 1980 年和 1982 年各 1 例，此后消亡，三十多年的语料共有 9 个用例，其使用频率远远低于民国时期的语料。例如，

(29)老段也越想越摸不着头脑，怎么办呢，怎么才能<u>帮忙这位新来的同志</u>呢？(《人民日报》，1949)

(30)在我们大队里、生产队里，谁不会做什么活，我们就去<u>帮忙谁</u>。(《人民日报》，1961)

(二)"帮忙＋NP_{对象}＋VP_{原因}"结构

"帮忙＋NP_{对象}＋VP_{原因}"结构，在现代汉语中不合语法，如果要表达这一意义，需将"帮忙"替换为"帮"和"帮助"。"帮忙＋NP_{对象}＋VP_{原因}"这一用法，在民国时期的文献中较为常见。例如，

(31)原来左宗棠从前虽奉<u>帮忙曾国藩大营军务</u>之命，到底不是主体官儿。(徐哲身：《大清三杰》第 52 回)

(32)我又退一步想，隐忍苟存，作目前的救济，叫我父亲劝导我母亲和妹子不要闹架子，要<u>帮忙我的妻打理家务</u>。(《一个黑暗的家庭》，载《北京大学学生周刊》，1920 年第 13 期)

(33)她平日除了<u>帮忙房东太太料理家事</u>之外，没事就找我同姊姊谈天。(琴慧：《留美漫记·小市场》，载《学衡》，1933 年第 78 期)

(34)抱定这样目的去研究教育的人，如果不是有意自欺欺人，甘心<u>帮忙那些另有野心的人去欺骗麻醉民众</u>，那结果一定要陷于绝望，永远寻不着出路。(《怎样研究教育》，载《申报》，1934-04-15)

(35)兄弟希望我们两方的工作，能<u>帮忙我们政府来解这数十年来的悬案</u>，使两大国的友谊更进一步。(《中英委员会勘滇缅界务经过·梁委员闭会辞》，载《申报》，1936-05-28)

同样，"帮忙＋NP_{对象}＋VP_{原因}"结构在老舍先生的作品中也不乏用例，例如，"徐芳蜜：'可笑！第一，作官搂钱就是汉奸，你已搂了不少钱，而且正托我<u>帮忙你再多搂一点</u>！'"(《残雾》，1939)"恐怕痛哭一场才更合适！告诉你吧，我的作用就是能<u>帮忙你解决了你自己不能解决的问题</u>，秦大夫——佟继芬他与我没关系！"(《面子问题》，1944)"他绝对不肯运动任何人<u>帮忙他作主任或校长</u>。"(《四世同堂》，1944)

在 BCC 语料库的"历时检索"部分，"帮忙＋NP$_{对象}$＋VP$_{原因}$"在从 1946—1960 这 15 年间，尚有 20 余个用例，进入 20 世纪 60 年代，"帮忙＋NP$_{对象}$＋VP$_{原因}$"逐渐消亡。例如，

（36）"老太太，不要哭了！我们就是来帮忙你老人家收麦的。"陶班长像亲儿子对母亲似的安慰她。（《人民日报》，1947）

（37）杨进小俩口这天回家也特别早，杨进主动把院中荒了几年的花木整理起来，媳妇帮忙婆婆做饭。（《人民日报》，1953）

（三）"帮忙＋NP$_{原因}$"结构

"帮忙＋VP$_{原因}$"结构是"帮忙"自出现起便已具有，并且今天依然常用的用法，而"帮忙＋NP$_{原因}$"结构在早期现代汉语中有着一定的使用频率，但 1949 年之后，就基本上绝迹了。在今天的现代汉语普通话中，"帮忙别的工作"和"帮忙家务"这种"帮忙＋NP$_{原因}$"结构不能说，但如果改成"帮忙做别的工作""帮忙做家务"这种"帮忙＋VP$_{原因}$"结构就可以了。

在民国时期的文献中，我们发现了"帮忙＋NP$_{原因}$"用例数十例，其中一部分为新闻或文章标题，但并不仅限于标题，如下面的例（38）—例（40）为标题用例，其余均出现于正文中。例如，

（38）黄陂请王克敏帮忙公债。（载《顺天时报》，1922-09-29）

（39）孙科向全国商界请帮忙财政。（载《益世报》，1927-10-09）

（40）如何训练孩子会帮忙家事？（载《农业进步》，1936 年第 4 卷第 6 号）

（41）中央党部特派员郑异、梁中权、林品石三十一日午移寓市指委会，下午召集保委会人员谈话，请在正式党部未成立期间帮忙工作。（《津市党部筹备选举》，载《申报》，1929-02-01）

（42）因此我们的组织有些纷乱，职权也不能划清，同时舞台上底职演员也都不能专心预备戏而来帮忙前台底工作了。（《关于傩剧运动的来函》，载《申报》，1930-06-17）

（43）梅贻琦续之讲演，题为"工程教育"，提出三点：（一）工程师们要帮忙工程研究事业的发展，（二）多给工程学生实习机会，（三）注意培植艺徒。（《胡适歌颂工程师们》，载《申报》，1948-06-07）

从例子的来源是报纸来看，这一用法在当时的使用范围还是相当广泛的。在老舍先生的作品中，"帮忙＋NP$_{原因}$"结构与前两类结构相比，较为少见。例如，"我们有人，可是为办这件事，必得把乐意帮忙这件事的生活维持费找出来。"（《一年来"文协"会务的检讨》，1939）

北京语言大学 BCC 语料库的"历时检索部分"，用例极少，说明 1949 年以后，"帮忙＋NP$_{原因}$"迅速消亡。例如，

（44）内线股工人金连奎、张振国、赵古勋、方普祥、刘志方等五人，从东直门等处工作回来，饭也没有吃，就自动<u>帮忙别的工作</u>。（《人民日报》，1949）

（45）而女孩子要比男孩子耐心，<u>帮忙家务</u>、照看弟妹比男孩强。结果，上学的是男孩，留家帮忙的是女孩。（《人民日报》，1965）

（四）"替＋NP对象＋帮忙"结构

在今天的现代汉语普通话中，能出现在"介词＋NP对象＋帮忙"格式中的介词一般是"给"和"为"，"替＋NP对象＋帮忙"结构已不用。在晚清与民国时期的文献中，能进入这一格式的介词主要有"替""和""对""向""给""为"等六个。其中，在民国文献中，"替"是非常常用的，"和"的用例也不少见。1949年之后，"替"依然有所使用，但频率明显下降，"为""给"成为这一格式主要使用的介词，20世纪60年代之后，"替＋NP对象＋帮忙"逐渐消亡。例如，

（46）东手来西手去，也不过<u>替人家帮忙</u>。事到如今，钱也完了，人情也没有了，还不同没有用过钱的一样。〔（清）李伯元：《官场现形记》第28回〕

（47）我们家里割稻子、收麦子的时候，一遇了天气不好，大家忙得不了，他就来<u>替我们帮忙</u>。（不肖生：《侠义英雄传》第43回）

（48）倘遇她敌不过仇人时，千万要<u>替她帮忙</u>。（徐耻痕：《玉雀》，载《侦探世界》，1923年15期）

（49）老太太，老实对你说一句，我这回出城来，是<u>替你们帮忙</u>来了。（张恨水：《东北四连长》第九回，载《申报》，1933-06-18）

（50）为什么外国人<u>和我们帮忙</u>而不怕死，我们中国人自己负着责任倒没有他勇气，没有他热心。（《李宗仁对七军军官训话》，载《申报》，1927-12-01）

（51）你别着急，要找媳妇，为嫂的可以<u>和你帮忙</u>，要哪一路的也有。（张恨水：《东北四连长》第二回，载《申报》，1933-03-26）

（52）我们应该一致团结起来和政府合作，一致起来<u>向政府帮忙</u>。（《总商会力助关税自主之文件》，载《申报》，1927-08-11）

（53）华北财政已有头绪，平津银界允<u>对政府帮忙</u>，宋日内回京向中央报告。（《宋与各外使接洽展付庚款事》，载《申报》，1933-02-17）

例（46）—例（49）均使用介词"替"引介所帮之对象。1934年出版的《平民月刊》第10卷第2期上，有一则"随感"，题目是《不能替朋友帮忙的不是人》，非常口语的一句话，加之民国时期的大量用例，可见"替＋

NP_{对象}＋帮忙"结构在当时的通用程度。关于表受益关系的与事介词"替"，李炜、王琳指出，这一用法的"替"并非方言，而是"南支"官话；在清代琉球官话课本《人中画》中，一个"替"可通表与事范畴的受益、相与和指涉三种关系；在清代中后期以北京官话为主要特征的《红楼梦》和《儿女英雄传》中，前者主要使用"给"和"替"，且二者势均力敌，后者中"给"的数量则远远超过"替"，成为受益介词的代表。① 由此可知，在民国时期的文献中，"替"进入"介词＋NP_{对象}＋帮忙"结构，是其时与事介词"替"在官话中的一种正常用法。

1949 年之后，直至 20 世纪 60 年代，"替＋NP_{对象}＋帮忙"结构尚有一些用例。例如，

(54)校长，您对人热心，定县城里熟人又多，一定请您替我帮忙！（杨沫：《青春之歌》第二部第一章）

(55)柯西金和威尔逊在他们的联合公报上，露骨地提出要搞什么"越南战争"的"政治解决"，替美帝国主义帮忙。（《人民日报》，1968）

综上，新、马华语和中国台湾地区现代汉语中使用的"帮忙"的四类特殊用法，在现代汉语的历史上均存在且不乏用例，考虑到新、马华语相对良好的历史传承，我们可以认为，新、马华语中的"帮忙＋NP_{对象}"结构并非受英语影响而产生的，而是跟中国台湾地区的现代汉语一样，来自早期现代汉语。

1913 年 4 月 14 日出版于新加坡的《振南日报》的"南洋"新闻中，有"中华学校演说词"和"传习国语所之组织"两篇报道，前文中说："此华侨语言之复杂，实为教育上一大障碍也。诸公等有鉴于此，创办时，即实行用普通语教授，可谓知所本矣。"后文中说："槟屿近有热心家多人，以旅居此土之侨胞，话言互异，则感情曷由而生，他日回国，尤为不便，故特组织一华侨国语传习所，以冀将来收统一语言之效。顷闻已组织就绪，并择定汕头街门牌字六十四号为传翻之所，大约开幕之期不远云。"从这两则新闻，我们可以窥知 20 世纪初"国语"或"普通语"在新、马的传播状况，今日新、马华语的一些特殊用法，当承继自早期"国语"。

行文至此，还有一个问题要追问，即这四种用法在 1949 年之后的现代汉语中逐渐消亡，那么，消亡的原因是什么？这是值得探讨的一个问题。

---

① 李炜、王琳：《琉球写本〈人中画〉的与事介词及其相关问题——兼论南北与事介词的类型差异》，《中国语文》2011 年第 5 期。

　　如前文所述，"替"本属"南支"官话，在清末即逐渐被在北方官话中占据优势的"给"所取代，这是介词兴替使然；而"帮忙＋NP$_{对象}$"结构、"帮忙＋NP$_{对象}$＋VP$_{原因}$"结构、"帮忙＋NP$_{原因}$"结构的消亡，我们认为，除了语体的原因之外，主要原因应该是"帮忙""帮""帮助"这个词汇聚合中成员的相互竞争、协调，竞争、协调的结果就是彼此的分工更为明确。因为，动词"帮忙"早期的用法实际上是涵盖"帮""帮助"的主导用法的。1932年11月出版的《事业与修养》上有一篇题为《帮忙》的文章，其中有一段是："事之最不易为者，莫若帮人忙；同样，事之最难者，亦莫若求人之帮忙。帮忙之种类甚多：有学问上之帮忙，有工作上之帮忙，……我今日帮人之忙，则他日人亦帮我之忙，是谓之'互相帮忙'。"前文提到的"帮忙"的四种用法，加上这一段中的用法，基本上涵盖了今天现代汉语普通话中"帮忙""帮""帮助"三个词的用法范围。"帮忙＋NP$_{对象}$"结构、"帮忙＋NP$_{对象}$＋VP$_{原因}$"结构的消失，应该是因为这两个结构是"帮""帮助"能够出现的主导性结构，竞争的结果导致彼此分工更为明确，从而形成基本的互补分布。

四、结语

　　在华语的视域中，现代汉语普通话、新加坡华语、马来西亚华语、中国台湾地区的现代汉语在动词"帮忙"的用法上存在共时差异。"帮忙＋NP$_{对象}$"结构、"帮忙＋NP$_{对象}$＋VP$_{原因}$"结构、"帮忙＋NP$_{原因}$"结构，新、马华语和中国台湾地区现代汉语常用而现代汉语普通话不用，"替＋NP$_{对象}$＋帮忙"结构，中国台湾地区现代汉语使用而新、马华语和现代汉语普通话不用。

　　通过对"帮忙"一词的历史溯源，我们可以发现，这四类特殊用法在清代以来的汉语历史上均曾经出现过，这些结构在1949年以前的汉语中使用频繁，1949年之后逐渐衰亡；考虑到早期现代汉语或传统"国语"在新加坡、马来西亚和中国台湾地区的使用、传承，我们应该认为，新、马华语中的"帮忙＋NP$_{对象}$"结构并非是受英语影响所致，这一结构跟其他三类结构一起，均来自早期现代汉语或者说传统"国语"。

第五章　华语历时文献的整理与研究

华语研究方兴未艾，其研究目前主要集中在共时层面的描写上，但随着大陆地区之外的华语变体共时描写与研究的深入，对其历时文献的整理与研究也要逐步提上议事日程。

下面我们将以新加坡和马来西亚华语历时文献为例，从整理与研究两个角度对华语历时文献进行简要介绍，并以"南洋华侨早期国语推广"为例，呈现华语历时文献研究的价值与意义。

第一节　华语历时文献的分类

关于华语的历时文献，我们目前还缺乏一个基本的摸底调查和了解，尤其是在中国国内；在移民历史悠久且华语传承较好的国家和地区，情况可能稍好，如新加坡和马来西亚等地，但也需要在搜集和整理两个方面尽快推进。

下面是暨南大学于 2016 年 4 月 15 日在其官网发布的一则"通告"的部分内容：

世界华侨华人文献馆(筹)文献资料征集通告

各有关华侨华人团体(人士)、广大校友及社会贤达：

国务院侨办主任裘援平指出，在"一带一路"建设中，华侨华人"将发挥难以替代的作用"，是重要的参与者、建设者和促进者。作为百年侨府、最早设立华侨华人研究机构的暨南大学，将借 110 周年校庆之机，筹建"世界华侨华人文献馆"。该馆将打造成为华侨华人文献规模最大、影响广泛、复合现代功能的标志性场馆，以更好地藏录、研究、弘扬华侨华人精神，为加强互联互通、交流共融的国际关系需要服务。

为此，诚向海内外华社团体、华侨华人、归侨侨眷、社会贤达以及广大校友发此通告，征集涉侨文献资料。

一、文献征集范围

(1)华侨华人研究图书、档案、报刊以及传记、回忆录、会议录、口述资料等文献；(2)华人社团资料：各种纪念特刊、专刊、文书档案等资料；(3)华文教育文献资料：各类华校教材、试题、辅导书、报刊、研究论著等；(4)华文传媒资料：各类海外华文报纸、期刊以及华文广播电视等音频视频资料；(5)民间文献：涉侨家谱、侨批、口供纸、契约文书、证件、证明、票据、信函、手稿、碑刻拓片、照片、中餐牌、广告牌、商标、邮票等各类型资料原件；(6)侨刊乡讯：侨乡涉侨报纸、期刊、宣传册页等文献资料；(7)华文文学与华人文学作品；(8)实物资料：与海外华人社会、侨乡、归侨侨眷等紧密相关、具有一定收藏与研究价值的实物资料。

通过这则"通告"，我们可以大致了解华人华侨文献的种类，其中就包括了华语历时文献研究的重要对象——华文教育文献资料、华文传媒资料和华文文学与华人文学作品。

再来看马来西亚《星洲日报》于 2014 年 3 月 3 日刊载的一篇《勿让华社历史留白(下篇)：华研资料收存电子化》的报道，摘录部分内容如下：

华研主任詹缘端指出，新加坡有不少单位曾接触杨贵谊，对其收藏品表示兴趣。最终对原乡情意浓的杨贵谊被华研的诚意打动，于 2010 年把毕生珍藏的物品不收分文地捐献华研。

"杨贵谊的珍藏品可延伸多项研究，首个阶段研究估计耗资 50 万令吉。这批珍藏品约有 4 万册，主要的收藏品中英巫词典类就有 1 千多种，其余的包括新加坡南大学生刊物、四书五经的国文翻译本、第二次世界大战后的马来文学、马来文学的中文翻译本、印尼语课本、伊斯兰教义、印尼期刊等。"

在杨贵谊的珍藏品当中，有数本翻译本相当玩味，且意义深远。这数本簿子皆以不同籍贯的方言拼读马来文词语，包括粤语、客家语、福建语及福州语。

……

庄华兴指出，从这些方言拼读马来文的簿子中，就可解读到华人从中国南来马新两地落地生根后，因教育尚未普及化，他们想出一套让同乡学习马来语的方法。"这些文字的记录显示先贤们为了融入大马社会，凭着方言的文字读音来学习马来文发音，它也间接推翻了华人不愿学马来文的说词。"

他说，经历过 513 事件的杨老师深刻感受到种族之间唯有通过了解彼此的语文才能巩固关系，因此毕生都在研究马新印三地的马来文发展与演变。他补充，上述的例子都是值得深入研究的课题，不过因经费不足，迟迟未能落实研究计划，华研亟须各界人士伸出援手，以领养有关的研究计划。

华研图书馆馆长竺静珍说，这批报纸送过来时已相当陈旧，馆方花了不少心思去保存，整个搬迁费，订制铁架与盒子费约 4 万令吉。她指出，华研预计需要 50 万令吉，购置电子数据库软件，把旧报纸全面电子化。尽管如此，在尚未筹足资金前，华研只能以传统的方式继续保存这批报纸。她补充，这间房内每年进行 6 次防虫蚁工作，每日也开启冷气 6 小时，以阻止报纸被虫蚁蛀蚀。

　　……

华研的藏书种类贵精不贵多，每一种书类抽出来，即可反映某个年代的文化与状况。

詹缘端提到该中心也收集教科书，他说，独立前，大部份华人私塾、学校的书本尚未统一，有的是学校的老师亲自编书，有的则是直接从中国运来。他指出，华人向来最注重教育，收集这些教科书有助于了解过去的教学方式，同时研究教育的演变。他补充，这些战前的教科书很稀有，该中心所收集的教科书也不齐全，做起研究来难免有欠完整。

詹缘端相信很多书本散落在民间或学校，他非常希望校方或个人在进行大扫除时，若发现家中藏有这些书本，可以捐给华研作为日后的研究。

2017 年 9 月 13 日，马来西亚"华社研究中心"官网有一则"陈充恩电子图书馆"的介绍，文中如此写道：

华社研究中心成立于 1985 年。成立三十年来，华研研究出版百种以上的专著及专题报告，举行数百场的研讨活动和论坛，建立了马来西亚华人研究的图书与文献的资料库，设立集贤图书馆及数个特藏室，典藏超过十万笔各类专著与研究资料，是马来西亚华人研究最完整的资料与档案馆。

自 2010 年开始，为确保华社重要的文献历史资料得以最安全的保存，为提升学术研究及资讯网络工作，华研计划将集贤图书馆馆藏资料数码电子化，希望有效流通马来西亚和华社的重要图书资料与文献，方便国际学界随时可以通过网际网络进行资料检索，使马来西亚华人研究朝向国际学术交流网络迈进。

……

2012 年，我国著名的马来语词典学家杨贵谊和陈妙华夫妇捐赠给华研毕生藏书含手稿总数约 40000 册/件，包含马来文（含印尼文）、中文与英文的各种书籍、出版刊物、报纸以及手稿，等等。其中，1400 多部马来文等各种语文辞典和字典，是杨老师夫妇从事马来文、中文和英文辞典编纂工作近五十年的精心收藏，极具特色。

杨老师给华研乃至于马来西亚文化史上深具典范意义的文化馈赠，不仅使华社的华马语言文化的学术研究建立了桥头堡，长期而言，将对国家民族的语言文化的学术研究、族群交流与民族谅解做出重大的贡献。为此，华研特设"杨贵谊陈妙华赠书珍藏室"，并耗费二十余万元增设气体防火设备，加大力度提升馆藏设施，期使馆藏资料具有高度的安全保障。

从上面的叙述中，我们可以了解到，搜集、保存以及整理研究海外华侨华人历时文献之不易，同时也认识到了整理和研究这些文献材料的迫切性及其所具有的重要意义。

就马来西亚而言，其华文文献除了藏于国立大学图书馆和公共图书馆之外，尚有很多为华社、民间团体及个人所收藏。例如，成立于 1990 年的民办砂拉越华族文化协会资料室，就收藏了大量的华文书刊，其中包含大量的早期华文报纸剪报资料。苏庆华曾对该协会蔡增聪先生编著的《砂华文协现藏砂拉越华文书刊目录汇编》做过评述，文中说："该书目大体上分作著作和特刊、族谱两大部分，将该室所藏书刊逐一按照编号、作者、书刊名称、出版社、页数和出版年代的编排方式加以编写条目。砂拉越华文著作部分，共有了 538 个条目，其中年代最早者，乃出版于1917 年、厚 30 页的《南洋新广东沙濂开辟记》。其中，所收录的著作包括：历史、文艺作品、昔日马来西亚学校所采用的高小国语（华语）、地理、算术、马来语科目的读本、个人自述的传记、当地历史掌故和地名掌故等。砂拉越华文特刊、族谱共分十二类，包括：A. 华团类特刊 23种，B. 业缘性组织类特刊 34 种，C. 商业年鉴、工商指南类出版物 14种，D. 地缘性组织类特刊 86 种，E. 血缘性组织类特刊 29 种，F. 宗教组织类特刊 32 种，G. 文化、文娱组织类特刊 36 种，H. 校友会、教育团体特刊 18 种，I. 慈善福利组织类特刊 16 种，J. 政治组织类特刊 19 种，

K. 人物类纪念刊 9 种，L. 族谱类 20 种。"①

从上面的叙述，我们可以看出华文文献资源的丰富性，当然，不同国家或地区由于华人移民历史的时间纵深不同，其历时文献在数量和丰富性上肯定是有差异的。从华语或汉语方言传播、使用之历时研究这个角度来看，以新加坡和马来西亚为例，重要的文献主要有如下几大类：

A. 不同时期华语（或华语方言）—所在国（地区）语言的双/多语词典

例如，马来西亚华研中心收藏的《华夷通语》《巫来油通话》《中英巫词典》《琼南音谐摩赖幼话义》《南洋华语俚俗辞典》等。

B. 不同时期的华语课本与教学用书

例如，马来西亚高小《国语（华语）》课本、各科目《教学指引》等。

C. 不同时期的华语文学、历史、个人自述、传记等作品

例如，砂拉越华族文化协会收藏的写于 1917 年的《南洋新广东沙濂开辟记》和 1955 年创刊、发行达二十余年的马来西亚纯文学刊物《蕉风》。

D. 不同时期华文报章

例如，《叻报》《振南日报》《新国民日报》等，就是新加坡和马来西亚华人由方言通行转变为以华语为通用语这一过渡阶段的重要文献记录。

第二节 早期华文报刊文献的整理

一、南洋早期华文报刊概况

方汉奇以《清史·报刊表》为例，介绍了清朝顺治元年到宣统三年（1644 年至 1911 年）共 268 年间世界各地公开出版的华文报刊的基本情况，其中提到东南亚是华人最为集中也是华文报刊最为集中的地区之一，比如 1815 年在马六甲创刊的《察世俗每月统记传》，是马来半岛地区最早的，也是海外各地最早的华文报刊。② 当然，清朝被推翻以后，南洋地区也还有不少华文报纸创刊、发行。

实际上，早在民国时期，我国对南洋一带的华文报刊就多有关注。如 1934 年《报学季刊》创刊号上就有"第一种之华文报纸"之报道："前清嘉庆二十年，《察世俗每月统记传》创刊，为华文报纸第一种，发行于马六甲，主办者为西人马礼逊米怜麦都思及华人梁亚发诸氏，为传教刊物

---

① 苏庆华：《〈砂华文协现藏砂拉越华文书刊目录汇编〉书评》，《马来西亚华人研究学刊》2005 年第 8 期。

② 方汉奇：《〈清史·报刊表〉中的海外华文报刊》，《国际新闻界》2005 年第 5 期。

而具有新闻性质者。"1938 年《编译月刊》第 2 期亦曾有"华文杂志的鼻祖"之报道："正式的华文杂志，要算前清嘉庆二十年(1815)创刊的《察世俗每月统记传(Chinese Monthly Magazine)》为最早，距今已一百二十四年了。不过这杂志的诞生地，并非在中国，而是在英领马来半岛西南岸的麻剌甲(Malacca)地方。由国人梁亚发和几个西人合办，专为传教之用，但亦附带载些新闻。其封面正如一个印有边线和两条直线的中国信封，中行印'察世俗每月统记传'八个大字，右行印'子曰多闻择其善者而从之'，左行印'博爱者纂'，顶线上横印'嘉庆乙亥年〇月'等字样，都较中行略小，木刻宋体，好像一本古书。"1927 年《教育杂志》第 19 卷第 2 期上有"南洋华字日报调查表"一份，我们择其重要栏目列表如下：

表 5-1　南洋华字日报调查表

报名	地点	创刊时间	报纸张数
南洋日报	荷属棉兰	民国十年	四大张
苏门答腊民报	同上	民国十三年	四张半
天声日报	荷属巴达维亚	民国十年	三张半
新报	同上	民国十年	一张半
工商日报	同上	民国十一年	三大张
八打威日报	同上	民国十二年	二张半
三宝垄日报	荷属三宝垄	民国十二年	二大张
中南日报	同上	民国十五年	二张半
泗滨新报	荷属泗水	民国十一年	二张半
大公商报	同上	民国十二年	三大张
锡江商报	荷属西利伯	民国十四年	二大张
叻报	英属新加坡	光绪七年	六张半
总汇新报	同上	光绪二十二年	四大张
新国民日报	同上	民国九年	六大张
南洋商报	同上	民国十二年	四大张
滨城日报①	英属槟榔屿	光绪九年	五大张
光华日报	同上	民国九年	四张半
南洋时报	同上	民国十一年	三大张
益群报	英属吉隆坡	民国八年	五大张
中华商报	同上	民国十五年	三大张

---

① 原文为"滨城日报"，疑为"槟城日报"，后者新加坡国立大学图书馆有藏。

续表

报名	地点	创刊时间	报纸张数
觉民日报	英属缅甸	宣统二年	五大张
仰光日报	同上	民国十一年	五大张
缅甸新报	同上	民国十二年	四大张
民号报	美属菲律宾	民国三年	三大张
新闻日报	同上	民国十五年	二张半
南圻华侨日报	法属安南	民国八年	三大张
联侨报	暹罗	民国十五年	三大张

从上表可以看到，早期华文报刊遍布于今日之印尼、新加坡、马来西亚、缅甸、菲律宾、越南和泰国，在整个东南亚地区可谓"遍地开花"。这些华文报刊，是我们研究当时侨民生活、华文教育、华语及汉语方言使用的重要材料。需要指出的是，上表所列并非华文报刊之全部，尚有不少华文报刊未被列入，如今新加坡国立大学图书馆所收藏的《振南日报》（创刊于 1913 年）、《天南新报》（创刊于 1898 年）、《中兴日报》（创刊于 1907 年）等。

除了报纸，还有一些华文刊物。下面是《新国民日报》上关于一些刊物的介绍：

中学周刊将出世

本坡华侨中学校自本年开办以来，现有学生百名左右。内容关于补助教育之机关，组织日臻完备，如学生演说会、童子军事务所、图书馆、贩卖部、俱乐部等，均先后成立。近日又由学生组织一周刊事务所。记者昨往该校参观，见该所布置条理井然，且其中各项器具，均由学生自办，殆亦练习各生办事能力之良法欤。兹闻该周刊不日即可出世，想必内容丰富，有以慰吾侨之望也。

（载《新国民日报》第六页，1919-12-12）

婆罗洲华侨杂志出版有期

婆罗洲杂志，前由王君雪樵发起，而联络该洲热心人士所共同组织者。创办以来，各方赞助，诚恐有落后之憾，故不数月间，该社筹办渐臻完善，行将出版。闻聘定剑君为编辑，现定期二月十五号出版云云。（按）剑君学识，早负盛名，想欢迎剑君文章者，定当争先购阅也。

（载《新国民日报》第六页，1920-01-12）

二、新、马早期华文报刊的整理示例

关于报纸之于华侨的作用，1919 年 10 月 1 日的《新国民日报》有篇《报纸与华侨》的"时评"，说得很清楚：

> 吾人远离宗邦，侨居海外，初不过为生活计耳，其爱宗邦之心未尝须臾忘也。讵意浸假每为天限所隔，而宗邦诸事遂杳然无闻。即使间有一二知之，亦甚苦其弗详，由是而爱宗邦之观念不得不随之而薄弱。然欲使吾侨爱宗邦之观念由弱而转强者，舍报纸之力不为功。
>
> 夫报纸者，不啻一纸家书也，一部救国指南针也。嗟夫！我可爱之侨胞乎，其忍舍家书与指南针而不阅之乎？抑朝斯夕斯，与衣食住三者同其要乎？如以为要也，则微特侨胞之荣，亦国家之光也。

这段话道出了彼时南洋华文报刊"遍地开花"的主要原因。下面仅以《振南日报》和《新国民日报》为例，展示早期南洋报纸的内容、语言及对其的初步整理等。

《振南日报》创刊于 1913 年 1 月 1 日，主要创办人为新加坡华侨企业家、慈善家、著名侨领邱菽园先生。《振南日报》从创刊起，除星期日及重大节日外，每天出版。从内容上看，该报大致可以分为报道、广告、文艺和社说等四个板块。新闻报道是报纸的核心业务。《振南日报》报道的栏目包括"译电""本馆特电""选电""本坡（新加坡当地新闻）""京省要闻（政府的军国大事及官员动态）""粤省新闻""闽省新闻""蒙藏要闻""世界要闻""南洋""专件""要件（集中且较长篇幅介绍某事件）"等。单独分出"广东""福建"来，主要是因为华侨大都来自于这两个省。《新国民日报》等报纸亦如此。

《新国民日报》是孙中山、陈新政等国民党人在新加坡创办的《国民日报》的延续，1919 年 10 月 1 日出版第 1 期。其主要板块有："广告""时评""世界要闻""国内要闻""本坡要闻""南洋要闻""广东要闻""福建要闻""新国民杂志（文艺副刊）"等。

来看我们从上述两报摘录的一些内容。

1913 年 4 月 2 日《振南日报》第五页"京省要闻"有"七大区巡视华侨"

新闻一则，转录如下：

七大区巡视华侨

外交海军部日前会议，以海外华侨热心祖国，不可不切实保护以系人心。惟中国海军方始萌芽，殊难如愿，刻议划分华侨区域，每区派巡洋舰一艘，巡视停泊，稍尽保护义务。

闻其分划区域：

（一）英属新嘉坡、麻六甲、霹雳岛、槟榔屿；

（二）美属菲律宾；

（三）荷属爪哇、苏门答腊、婆罗洲、亚里伯；

（四）法属安南；

（五）印度加里格达；

（六）缅甸仰光；

（七）澳洲新金山。

按右列华侨区域，不过在南洋一带耳。至欧美两洲，亦时有虐待吾侨民之举动。刻虽海军幼稚，未能兼顾，然亦不可不别筹方法以保护之。

1919 年 10 月 6 日《新国民日报》第九页"南洋要闻"有如下一则新闻：

外国武员歧视华侨

（越南通讯）有外国武员名希列斯哥者，前因欧洲战事，流落越南，近拟遄反祖国，乏于资斧，乃与其妻于前月廿七号夜间九句钟，在西贡政界俱乐部，开一歌舞会，借以筹款。其入座券先期到各华洋商店劝购。券分四等：头等二元，二等一元五角，三等一元，四等八角。届时往观，则场内前座为花旗藤椅，西人之位也。西人虽购二三四等，可以藤椅，华人虽购头等，只坐板条，因此华人已怀不平。迨后藤椅座位不敷，又将前列板坐之华人驱向后方以让后来之西人。于是，华人忍无可忍，向其招待诘责，并立将座券撕毁，全体离场不观。

1913 年 4 月 14 日《振南日报》第七页"南洋"版，有《中华学校演说词》和《传习国语所之组织》两篇，从中我们可以读到作为华人共同语的"华语"产生的原因及南洋华文教育、"国语"传播的一些信息：

中华学校演说词

蔴坡中华学校，四月一日，举行周年纪念典礼。兹将其时教员徐君演说词照录如下：

语言者，所以达个人之意，通彼此之情也。人类初生，本无歧异。及散居各处，各因其水土习惯，渐生差异，其方言之变转，几于百里不相同。南洋侨民杂处，若埠之大者，可各人独立一学校；倘埠之小者，必合全埠人组织一学校。则此一学校，无论何处人均聚于其中，将何种语言以教授乎？此华侨语言之复杂，实为教育上一大障碍也。诸公等有鉴于此，创办时，即实行用普通语教授，可谓知所本矣。又云现在之中国，为学界进步之时代，而扶衰振弱，为将来民国之国魂者，恃有是今日之学生。夫学生之人格至高也，学生之名誉至尊也，学生之责任至重且巨也。政府拟整顿南洋育教，而冀侨学之发达者，恃有此学生。办学诸君热心教育，惨淡经营，而视学务之有进步者，恃有此学生。即多数侨胞，热血潮涌，而愿有投艰遗大之才，永奠我神州者，亦恃有此学生。诸生之担荷，已如此其重且大，故诸生在校，当以致力学业、锻炼身心为务。学校规则，必应遵守之；学校秩序，必应尊重之。毋怠惰，毋傲慢，毋畏缩，毋奢侈，毋妄语。然则如之何其可？曰心智高尚，曰勤勉，曰忠直，曰诚敬，曰勇敢。学生之性质如此，则鄙人等之所深幸也。愿诸生勉之。

传习国语所之组织

槟屿近有热心家多人，以旅居此土之侨胞，话言互异，则感情曷由而生，他日回国，尤为不便，故特组织一华侨国语传习所，以冀将来收统一语言之效。顷闻已组织就绪，并择定汕头街门牌字六十四号为传翻之所，大约开幕之期不远云。

《新国民日报》亦有相似之内容。如 1919 年 10 月 1 日"南洋要闻"的《邦咯鼎新国语讲习所之告成》一文：

邦咯鼎新国语讲习所之告成

邦咯小埠，地属奇甸。吾侨居此者亦不多。惟鉴吾人之交际，同是国人，因语言互异，致彼此畛域，非急设法，以图补救，不足以为功。爰集该埠诸热心家商议，现筹有基金，创设鼎新国语讲习所培养青年子弟，以备中年失学者，统一言语。务使声气相通，联络感情，他日效果不特侨胞之荣，亦国家之光乎。闻该所上课已逾两月，现学生达至二十名左右。近见学者蒸蒸日上，大有一日千里之势云。

1913 年 4 月 2 日《振南日报》第九页"本坡"有《如果属实，未免太蛮》新闻一则，转录如下：

如果属实，未免太蛮

闽妇招氏，昨日下午往天华街购买花布后，入西人某店，看视古玩等物。以还价不成，氏甫出门，讵该西人店内有伴名比比巴庳者，见此大愤，直奔出门外骑楼下，乱拳向氏殴来，氏即厉声呼差，比始遁入店内。有六百三十五号警差，闻声驰至，拟将西人执去。讵店内人阻止，差使氏控于公堂，至如何了结，候探再登。

1913 年 4 月 7 日《振南日报》第十一页"本坡"有《巫来人强横至此》新闻一则，转录如下（不能识别之字以"□"代之）：

巫来人强横至此

昨晚八点余钟时，有二巫来人乘坐闽人林某所牵之手车，至小坡海旁演马戏前附近下车，为争车资，林与二巫来人相缠。时游人如鲫，驻足而观者如堵。林向人□称，牵此二巫人由天华街牵至牛车水，遍游二马路，向东陵往返数次，只给车资二角，所欠太多，历述已牵三句钟之久，惟林不谙操巫来语。二巫人闻林向旁人历诉，疑为谤己，竟挥拳向林乱殴乱踢。林被伤多处，不能起立，二巫人始悻悻然而去。比林展转起来呼差，二人已不知去向矣。见者莫不痛骂二巫人太蛮云。

1919 年 10 月 4 日《新国民日报》第六页"本坡要闻"有《小贩因争地位决斗》新闻一则，如下：

小贩因争地位决斗

小贩摆卖食物及杂物于街旁，亦属贫民生计之一。本坡向例，只有夜夜发出。现闻工务局为体恤贫民起见，特开日牌之创例，规定本月内实行发出。日昨下午戏院后街，各摆卖鱼菜小贩，因争地点之故，致彼此各持棍棒，大斗特斗，声势汹汹，如临大敌，后有警差驰至，始肃然寂静云。

《振南日报》的广告占有较多版面，主要分布于第四版、第八版、第十版和第十二版，第二版、第三版和第十一版也多用广告补白，第十版整版刊登当日的银行行情、输船出入口一览表及各色物品（油、糖、豆、椒、椰肉干等）价格信息；就广告内容而言，吃、住、穿、行、娱、医……无所不包，其中以医药居多；偶尔还能看到华侨女校招生广告，公司退股广告，股权转让声明，甚至讣告等。《新国民日报》与《振南日报》在广告内容上类似。这些丰富的广告内容构成了新加坡当时社会的一幅人文图景。来看几则广告：

1913 年 4 月 12 日《振南日报》第一页：

国民党正式选举展期广告

启者，本党前议四月十五日开正式选举大会。今为时已届而选举之手续颇繁，非预举专员担认组织选举办法无以专责成，且非慎重选举之意，故本党前会议公举专员三十人，编讨选举之办法，昨由专员议决展期五月一日开正式选举大会，以便讨论，办法务臻完善。特此通告，统希公鉴。

民国二年四月十一日

国民党新嘉坡交通部启

1913 年 4 月 15 日《振南日报》第四页：

第一总统牌
精神丸
补血壮身第一新灵妙

五大特色：

是丸内容皆新药灵剂，名医称为滋补中食品，有脑力衰疲、精枯神短，服此丸七日后，精神日增，思想日发，特色一。

是丸无糖汁粗劣猛毒之品，凡身亏、肢软、昏眩诸病，服此丸十四日后，诸症即止，再服则身强力壮，特色二。

是丸滋补而不寒滞，兴奋而不燥烈，凡血枯、血热、血冷皆血虚不洁之现象，服此丸七日后，能使血洁生新，百病皆除，特色三。

是丸有保寿逗魂之功，医士公推为世界独一无二之补品，凡妇女痛经、赤带、白带、头晕、眼花诸虚恶症，服此丸十四日后，经期准而不痛，赤白带止，诸虚全消，特色四。

是丸自发行以来，未及一载，销数已达数十万瓶，足见效力非常，信用特著，凡年老精力衰败，血不养筋，畏寒畏热，服此丸十四日后，诸亏自能培补，再服则身壮颜红，特色五。

阅者注意：总发行所上海三马路中法大药房

1920 年 1 月 12 日《新国民日报》第十页有"聘请教师"广告一则，如下：

聘请教师

启者：本校欲聘普通科教员一位，以能完全国语教授及谙闽粤语者为合格。每周担任教授卅小时，月奉修金七十元，膳费在内。凡愿屈就斯席者，请书明履历、住址，限一星期以内，投交敝校以便择聘。此布。

民国九年一月六日
住址：巴生呀岳峇都益智学校

1919 年 1 月 9 日《振南日报》第一页：

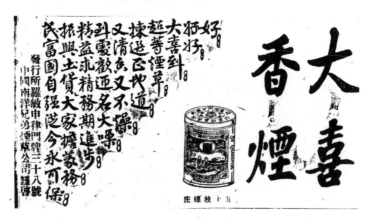

图 5-1　大喜香烟（五十枝罐庄）

好！
好好！
大喜到，超等烟草！
拣选正地道，又清香，又不燥，到处欢迎名大噪。
精益求精务期进步，振兴土货大家担义务。
民富国自强，从今永可保。

发行所：罗敏申律；门牌：三十八号
中国南洋兄弟烟草公司谨启

《振南日报》的"文艺"主要栏目有："文苑""小说""诗话""谐著""谈丛""杂著""谐文""谐聊""趣闻""粤讴""谐谈""杂俎""班本""谈薮""迭闻""灯谜"等，除部分小说外，篇幅均较短，当小说的内容过长时，就分成几部分连载。《新国民日报》的"新国民杂志"部分，主要内容为随笔、杂文、小说以及诗词等。限于篇幅，下面仅摘取几则，以观其语言面貌。

1913 年 4 月 18 日《振南日报》第一页，有"谐著"《饭桶制造厂简章》一篇，摘录如下（不能识别的字以"口"代之）：

饭桶制造厂简章

一、本厂以特别改良之手段，制造饭桶，专供四万万同胞需用为宗旨。

一、本厂先由北京设立总厂，以□分设各行省，推及各县各乡各埠，□以设至额定十万所为止。

一、本厂礼聘头等技师改良式样，务求华美悦目，精益求精，以期销路日渐发达。

一、本厂聘有修旧名手，如有破损多年之旧饭桶，亦可代修。一经整理，即可簇簇生新，仍博社会之欢迎。

一、本厂技师，每人每礼拜各制灵饭桶一只，即为尽职。其有手腕敏捷能额外多制者，月终总计特别优给奖金，以资鼓励。

一、本厂所制饭桶，略分三等。以表面美观、木质坚致、容积广大三项兼备者为上等，备两项者为中等，一项者为下等。发行价目，以各处需用之地为标准，量位置之繁简，定价目之高下。

一、每厂各设经理一人，协理一人，会计书记各一人，评议员七人，均由吃饭研究会会员中选充，技师若干人，则由各省召募。

一、每月开常会一次，讨论厂中一切进行事宜。

一、各省派调查员四人，调查关于饭桶之一切利弊，应兴应革，随时笔记，以便逐渐改良。

1913 年 4 月 5 日《振南日报》第九页"谐谈"有《模范学堂招生启》一则，转录如下：

模范学堂招生启

本学堂自开办以来，内容腐败，功课荒废，树全国学校之模范。早蒙学界诸君，同声唾骂。今为误人子弟起见，自本学期始，重订校章，改编课程，养成各学生身败名裂之资格。男女兼收，凡丧心病狂者，请于昨日以前来本学堂报名可也。兹将本学期课程单录左：

（一）修身。家庭革命谈，吊膀抉微。

（二）读经。嫖经，赌经，魂灵经。

（三）历史。金瓶梅，唐宫秘史，焦滇列传。

（四）地理。北京八大胡同地志，上海胡家宅指南。

（五）理化。媚药化合，人造金刚石法，人造金法。

（六）洋文。洋泾（滢）浜话，切口。

（七）乐歌。东乡花鼓调，十八模，京津小曲，二簧梆子。

（八）图画。汉宫春，生殖器，解剖图。

（九）体操。跪踏板，仙人跳，三只手法。

（十）校址。暂设小便处，俟西牢房落成再行迁入。

1913 年 11 月 25 日《振南日报》第九页"粤讴"有《须要自重》一则，转录如下：

> 须要自重，你系一个军人，话你骄横霸气，实系假和真。让你吹烟赌博，人亦心唔愤。若系奸淫强买咯，就会激怒商民。我睇间谍专好造谣，实想撩人恨。或系办成你咁样，冒作龙军。总系你自己要认真，唔好混沌。名誉要紧，祸胎母再娠。但得你维持秩序喇，就可以保护同群。

1919 年 10 月 2 日《新国民日报》第十四页"新粤声"有《平等果》一则，如下：

平等果

> 平等果，几时开？未见成花，边有果实来？似极亚雨欧风，嚟把佢灌溉，到底唔曾成熟，枉你日日咁把花栽。人事用尽咁多，亦无乜可奈。天唔将就，怕乜你有人材。薄命一条，留得几耐，得成果实，又怕命已哀哉。心机一点，附了洋海。唉，人事在，天时多阻碍。亏我站立园中，独自发呆。

诗歌方面，我们选择了这首《马来人》，作者是云山，登载于 1926 年 12 月 14 日《新国民日报》的第十五版。这首诗表达了华人来到南洋，接触、融入、落根当地的复杂心情。

马来人

马来人哟！

我亲敬的马来人哟！

我由我们老大的华夏的国里——

不，我是由我们老大的古墓的坟山里；

来到你们底荒蛮的岛上——

不，是来到你们的葱茏的岛上。

我徂东自西，

我徂南自北；

我越山渡海，

经过了水陆一万多里。

我亲会着的人面，我眼看见的人种；

不知道几万几千，几十几百。

然而——

我只觉得你们是真正的人类，

你们是真正的可亲敬的人类！

你们露着头，跣着足；

你们赤着身，裸着体。

你们底全身，都是赤色；

你们底周体，都是热血！

你们完完全全是天赋的本人，

没有半点遮盖掩饰！

你们饿了，拿着便吃；

你们倦了，躺着便睡。

你们快愉的时候，

——便歌唱跳舞；

你们忧郁的时候，

——便叫号哭泣！

你们完全是表现你们底天赋的本能，

没有半点儿忸怩，顾忌，

更没有半点儿狡诈，虚伪！

我曾和你们底一位兄弟，

同坐过一次客车。
他手里拿着弯刀，
脸儿向我微笑。
我要他底弯刀一看，
他举起手指着旁边的树林一挥；
告诉我是去砍伐那丛莽的荆棘。
我从他手里把刀看了，
复向他手里把刀送回；
彼此都觉得——
异常的欢忻，
格外的喜悦！
只可惜——
言语不通，
似乎有无限的心情，
不能用口言说。
然而虽不能用口言说，
我们已彼此互感人类底亲热；
我底心和他底心，
已深深地相印！
我又曾经走到你们底一座庙前，
我探首向着里面一看；
门口站着一个看护的人，
招手要我脱着鞋儿进去。
我走进里面，
许多人正在敬谨地礼拜。
一个人来把一朵玉兰放在我手里，
复拿一点香粉向我涂抹。
我看了要出来，
又一个人拿来一个椰壳，
盛着两个香蕉几皮菜叶；
向我说：Maga，Maga，
意思是要我进食。
我虽然是不信宗教，
但我已深深感觉他们底诚意！

哦，马来人哟！

我亲敬的马来人哟！

可是，可是——

一般自号为文明的人们，佢们

正在讥诮你们，鄙视你们；

讥诮你们不开化，

鄙视你们无知识！

佢们，并且

把一层一层无形的东西，

向你们压迫；

把一根一根的无形的东西，

将你们束缚！

马来人哟！

我亲敬的马来人哟！

这些，这些——

你们知不知道？

你们明不明白？

你们又措意不措意？

你们又忧虑不忧虑？

然而，我以为——

这些全不要紧，

这些全不足为你们底真正的重大损失。

我只希望你们——

好好的保守你们底本能，

好好的保持你们底天真；

慢慢地向你们底前途努力，

慢慢地把你们底前途开发！

将来的世界，

定是你们世界；

将来只有你们，

才能走进理想的天国！

哦，马来人哟！

我亲敬的马来人哟！

我愿你们做我底弟兄，

> 我愿你们做我底姊妹！
> 我愿携着你们底手前进，
> 我愿同你们努力！

"社说"即今"社论"。下面是 1913 年 4 月 10 日《振南日报》"社说"的一部分，从语言上看，"社说"更为书面化。

中美同盟中日同盟与中暹同盟之比较

一厂

太平洋濒海新独立国有三：曰美、曰日、曰暹罗。自民国成立，海内士夫，其以中美联盟、中日联盟之说，倡者几于唇焦笔秃。而暹罗独立国亦特派信使要求与我联盟。而中美同盟、中日同盟、中暹同盟三问题遂为国际上最有研究之价值。以记者观察之，论东亚地理之形势，则联美联暹实不如联日；论与国盟约之信守，则联美联日实不如联暹；论外交发难之易于转圜、速于取效，则联日联暹实不如联美；论国家之元素与根本之解决，则联美联日联暹实不如先具有独立之资格，然后希望联盟之效力。

今吾国政治界、言论界，其主张联美联日者大居多数。而证以日美舆论，其主张中圝同盟者，非出自野心家欲借盟约以扩张势力范围，即出于经济家欲假盟约以推广社会实业，并非出于全国之公意。惟暹罗以蕞尔小国，首能改纪内政、利用外交以操纵英德法三强国之间而屹然独立。闻吾国新造，即首以攻守同盟之约相要求，此天与我以东南之奥援也。若复拒而弗许，失交树敌以增南顾之忧。一旦滇藏有事，谁为我急难御侮哉？且中美中日联盟之议，出自我而非出自日美政府者也。中暹联盟之议，则出自暹政府而非出自吾国之干求者也。夫我屡求于人而人不遽许，我如急与之盟，无论其不我与也，即强与我而其交不亲。人屡求于我且有益于我，我如据不与盟，无论其怨我訾我也，即不怨我不訾我，我亦嫌于孤立。利害之数，推就之机，必有能辨之者矣。今请略举中暹同盟之利，以为留心时事者告。

近年来，随着汉语国际推广、海外华文教育的蓬勃发展，以及对华语在凝聚华人社会、传播中华文化、建构族群认同等方面作用的认识，全球华语逐渐成为中国语言学及全球华人学者讨论和研究的一个热点话题，但当前的研究主要集中在共时面貌的描写上，而对于历时文献以及基于历时文献的华语形成理论的研究成果则相当鲜见。这方面的成果主要有：李如龙《〈华夷通语〉研究》①、徐威雄《马新华语的历史考察：从十九世纪末到 1919 年》②、邱克威《〈叻报〉的词语特点及其词汇学价值管窥》③等。这为数不多的个案研究却为我们展示了类型多样的华语历时文献及其所蕴含的巨大学术空间。

华文报章历时文献的整理与研究，对中国语言学者来讲，是一个值得进一步探究的领域。在我们看来，它至少具有如下两方面的价值和意义：

一方面，华文报章历时文献的整理与研究，有助于深化我们对华语传播、全球华语共时面貌和华文教育史的认识。例如，以北京话为标准的现代汉语普通话在南洋地区较为通行大约是什么时间，其后的发展如何，其在今日之华语中留下了哪些现代汉语普通话已消失的现象，等等；这些问题，没有对华语历时文献的整理与研究，是不易或无法回答的。再如，我们现在谈华语个体的面貌，最多的就是笼统地说方言与所在国语言对它的影响。但这种影响的过程或者说历史如何，华语是如何在多元语言文化环境中一步步形成它今天的样子的？这些问题的回答同样离不开对华文文献的考察和研究。前文所呈现的一些文献篇章中，就有"惟""冀""甫""俾""埠""讵""展期"等今日新、马华语常用之词语，由此可以看出今日之东南亚华语对文言及早期现代汉语的继承。报章对华人早期语言学习、"国语"传播及办学情况的记载，则为华文教育史提供了好的素材。

另一方面，多形态华语语言文化资源的保存，有利于海内外华人语言文化认同的维护与建构。习近平总书记说："团结统一的中华民族是海内外中华儿女共同的根，博大精深的中华文化是海内外中华儿女共同的魂，实现中华民族伟大复兴是海内外中华儿女共同的梦。"华语形成问题的研究与全球华语文献的整理，不仅是我们研究者的愿望，而且是全球华人社会的愿望，同时对海内外华人的语言文化认同的维护与建构有重要的意义。

---

① 李如龙：《〈华夷通语〉研究》，《方言》1998 年第 2 期。

② 徐威雄：《马新华语的历史考察：从十九世纪末到 1919 年》，《马来西亚华人研究学刊》2012 年第 15 期。

③ 邱克威：《〈叻报〉的词语特点及其词汇学价值管窥》，《语言研究》2014 年第 4 期。

第三节 南洋华侨早期国语推广研究

一、引言

"国语运动"是 20 世纪中国语言生活中的一件大事，黎锦熙先生在 20 世纪 30 年代就曾撰写《国语运动史纲》①一书，来总结"国语运动"四十余年的发展过程以及其中的种种争论。但该书仅限于当时中国国内的"国语"推广，并未涉及海外，比如华侨众多的南洋地区。时至今日，我们对彼时南洋地区华侨"国语"推广的相关情况依然缺乏有足够史料支撑的全面认识；而对这一问题的研究，不仅可以补充《国语运动史纲》，而且关系到包括新加坡华语、马来西亚华语等华语变体在内的东南亚华语这个全球华语"中圈"②相关问题的理解与认识。

李宇明指出，大华语之现今状态，与现代汉民族共同语的规范建设和传播历史密切相关；在现代汉民族共同语的形成和发展过程中，海外华人社区也在一直跟队而行。③ 苏培成提到，1926 年在北京举行的"国语"研究会十周年纪念会，南洋各埠华侨均有代表参加。④ 别必亮论述了南洋华侨学校在"国语"推广方面的部分情况。⑤ 姚敏在论述清末、民国政府时期的华文教育政策时，偶尔提及了"海外侨校语言问题"。⑥ 可以说，关于南洋华侨早期的"国语"推广状况，这些叙述还是简略、不全面的，尤其是考虑到侨民人口数量、代际传承、侨民汉语南方方言背景、多元语言文化环境、所在地殖民统治的教育制度等诸多因素，南洋华侨的"国语"推广必然有其独特的地方，其效果也必然受到上述诸多因素的影响。本节拟通过对《新国民日报》(1919—1933)等早期华文报刊相关文献的搜集、整理，从"缘起""机构""效果""影响"四个方面，较为全面地论述南洋华侨早期"国语"推广的基本状况，为"全球华语史"⑦研究做些基础工作。

---

① 黎锦熙：《国语运动史纲》，北京，商务印书馆，2011。

② 吴英成：《汉语国际传播：新加坡视角》，北京，商务印书馆，2009，第 85 页。

③ 李宇明：《大华语：全球华人的共同语》，《语言文字应用》2017 年第 1 期。

④ 苏培成：《当代中国的语文改革和语文规范》，北京，商务印书馆，2010，第 73～74 页。

⑤ 别必亮：《承传与创新——近代华侨教育研究》，石家庄，河北教育出版社，2001，第 118～130 页。

⑥ 姚敏：《中国华文教育政策历史研究：语言规划理论透视》，上海，复旦大学出版社，2017。

⑦ 刁晏斌：《论全球华语史及其研究》，《全球华语(Global Chinese)》2017 年第 2 期。

本节的主要材料来自《新国民日报》。《新国民日报》创办于新加坡，与马来西亚槟城的《光华日报》南北呼应，是研究中国现代史与战前新、马乃至整个南洋地区华人史的珍贵文献。我们查阅的《新国民日报》的时间跨度为 1919 年—1933 年，这是"国语"运动最为关键的阶段：1919 年五四新文化运动，让语言问题受到了全社会的关注，白话文取代文言文，并被纳入了国民教育体系，而 1937 年七七事变发生，"国语"问题逐渐被边缘化。在南洋同样如此，如马来西亚学者徐威雄就认为，1919 年到第二次世界大战前后，是马来西亚华语史的"国民教育普及阶段"。[①] 在此期间，该报保存连续、完整，其固定栏目"本坡新闻"与"华侨消息"基本涵盖了整个南洋地区，多有关于"国语"推广及华文教育的信息，这是我们选择以其为材料来源的主要原因。

二、缘起

一个国家"国语"的选择、标准的确立以及推广，是语言规划的重要工作。"国语运动"中，南洋华侨在教育、报业人士及爱国侨商的呼吁、推动下，积极、主动地将"国语"在"五方杂处"的"异域"推广开来，但受制于各种社会因素或者说移民所具有的"传承语"（heritage language）环境，早期南洋华侨的"国语"推广自有其特点。

关于南洋华侨"国语"推广的缘起，可以概括为三点：一、浓烈的爱国合群之心；二、优越的文化心态；三、巨大的语言歧异。第三点是当时中国与南洋地区共同的，也是"国语运动"的主要动因之一。但需要指出的是，由于南洋华侨多为闽、粤两省移民，其语言的歧异远甚于国内，并且由于侨居海外，语言的互通、统一关乎国家认同、族群团结等，这也让南洋华侨社会将对语言歧异的认识与爱国、合群联系起来。

我们知道，近代兴起的国家主义（nationalism）从一开始就与语言密不可分，语言被认为是国家或族群认同的特殊外显标记。保存及推广语言，是维持这种认同的重要方法。Edwards 指出，少数族群成员多有认同危机，因此可能会比多数族群成员更为强调其族群性。[②] 所以，对于上文提及的前两点原因的认识，除了国家主义在近代的广泛流行，还要充分考虑到侨民的少数族群身份及其认同焦虑；这种焦虑在其看到随着代际传承下一代有被同化趋势及土生华人多被完全同化的时候，尤为强烈。

---

① 徐威雄：《马新华语的历史考察：从十九世纪末到 1919 年》，《马来西亚华人研究学刊》2012 年第 15 期。

② John Edwards：Language，Society and Identity：Oxford，Basil Blackwell Ltd.，1985，p. 46.

第一点，浓烈的爱国合群之心。

早期南洋地区为英、荷等国的属地，侨民入籍者少，"漂泊""寄居"心态较重，对祖国的思念、眷恋亦较为浓厚。"我们虽则侨居在这南洋地方，但是我们的根本究竟还在中国。……现在虽则在英、荷两国的属地上做事情，到底是个寄居的客人。……譬如一个瓜蔓，蔓延到狠远的地方，然而他的根依旧长在这块土上。这块土或是坏了，被水没了，被火烧了，仅是这瓜蔓离得极远，长得极茂，也是立刻会受影响，枯槁死的。"[社论《例言》（续），载《新国民日报》，1919-10-02]

南洋华侨将爱国情感与语言统一、"国语"推广紧密联系起来，希望以语言来团结国家和族群。在《新国民日报》上，一些"时评""社论"及关于华社的新闻乃至广告，都从爱国合群的角度阐述了学习国音、"国语"的重要性。如"韩立中君以国音为爱群爱国之媒介，而不可不多多传习也。"（《国音夜学又多两处》，载《新国民日报》，1922-10-26）"保存国性之本国语文，应先顾到。"[《（泗水）全侨大会详情》，载《新国民日报》，1927-04-29]"仰即通令各校，一体以国语部教授儿童，以一语言而存国性。"（《学校教授宜用国语》，载《新国民日报》，1929-09-28）"尤其是咱们侨居海外的同胞，寄人篱下，五方杂处，统一语言，更加要紧。"（《南洋中华国语统一总会开发起人大会纪》，载《新国民日报》，1930-04-01）语言的学习需要动机，主要的工具性动机就是有用，面对南洋早期"国语"在社会场合使用不多之情状，甚至有人提出，对于"国语"，"吾人宁可会而不说，切不可根本不会"[《华侨国语学校开校典礼纪盛（一）》，载《新国民日报》，1930-01-06]，这就完全出于爱国与族群认同等传承动因了。再来看一些有代表性的说法。例如，

（1）建国家、秩种族，其条例所系，曰语言、文字、风俗。……呜呼！语言之关于天下国家也，大矣！（《统一语言之研究》，载《新国民日报》，1920-01-14）

（2）非提倡国语无以团结民族精神，非促进国语教育无以发扬中国文化，提倡国语是中华国语学校的使命，统一国语是个个中国人的责任。（《统一国语运动》，载《新国民日报》，1920-02-11）

（3）合群！爱国！不知道国语怎么可以呢？外人谓中国人如一盘散沙，就是我们有省界乡界、言语不统一、没有感情的缘故！诸君，你爱国吗？爱群吗？可以不学国语吗？（《国语、注音字母、白话文法》，载《新国民日报》，1921-04-01）

新加坡华侨"国语"学校创办人张贞樑在《新嘉坡华侨国语学校第一周

年纪念特刊(一)》"发刊词"中这样写道："本校创设之宗旨，在使土生侨胞，先从读国文说国语，然后进而赏识宗邦文化，而增其爱国之心，以免数典忘祖，长沦外化。"①这里重点提到了"土生侨胞"这一特殊群体。"土生侨胞"就是屡见于南洋早期报章的"土生华人"；所谓"土生"就是在南洋当地出生的。就语言能力而言，一些土生华人不仅不谙"国语"国文，有些甚至连母方言也丢掉了，因此常被认为"沦于外化"。"生平颇伤心于土生华人不谙华文华语，数月前自解义囊，特倡'中华国语夜校'，以教彼土生人。"(《热心家逝世》，载《新国民日报》，1923-04-11)由此可见，要避免被同化、保持对国家的认同，学习"国语"是重要手段。

第二点，优越的文化心态。

南洋早期的华侨自认在文化上是优越于当地土著居民的，如马来人(巫人)。由此出发，"着巫装""说巫言""入巫校"就被认为是自甘堕落，"着华服""说华语""读华校"则被认为是爱国、保持族群优越感和传承优秀民族文化的表现。整个南洋地区，情况均是如此；在关于缅甸、菲律宾、暹罗(今泰国)、安南(今越南)等地的报道中，均能见到类似内容。

从认同的意义上讲，语言与服装一样，同为外显的认同标记。在早期南洋地区的一些新闻报道中，华人着他族服装，与说他族语言一样，被认为是一种"自弃"行为，关乎国体。如《妇女爱国》(载《新国民日报》，1919-10-04)这则新闻就提到了华侨妇女穿马来服装的问题："南洋某埠，近有爱国份子，睹妇女巫装有关国体，时向稍开通男女界演说，……盖此等装束，为巫人服制，非中国衣冠。识者忧之，吾国虽弱，尚有文化，何自弃乃尔。"至于使用他族语言和入读他族学校，在一些人看来则堪称"沦于夷狄"了。例如，

(4)我侨蓬飘国外，代游年湮，数典忘国，迄今人尽<u>巫言</u>，<u>家无汉字</u>……倘长此不变，则堂堂中国神明之胄裔，<u>不将如螟蛉之同化于果蠃而后已耶</u>？(《又多一学校，在东婆罗洲》，载《新国民日报》，1919-10-02)

(5)峙埠马踏地也，廿余年前，野蛮不堪言状，自属荷领土后，文化日开。近复设有巫文学校一所，……不料有华人某甲，素称文明，家亦中资，因贪学费之廉，舍华校而入<u>巫校</u>，<u>甘心子女与马踏为伍</u>，<u>非下乔木而入幽谷欤</u>?!(《胡为弃华校而入巫校》，载《新国民日报》，1919-10-

---

① 郑慧馨、宋德喜等：《新嘉坡华侨国语学校第一周年纪念特刊》，新嘉坡华侨国语学校出版，1931。

29)

(6)暹罗六坤埠，我国人侨居其地者，不只万余，成家致富者，颇不乏人。惟衣食住居，以及交际礼节，多颇暹俗，读暹书，说暹话，与土人毫无界别。揆厥原因，皆由未受祖国教育所致。近闻有热心家某某君等，恐优秀华胄沦于夷狄，特提议创办华文学校，普施祖国教育。(《六坤有创办华校之提议》，载《新国民日报》，1920-05-27)

第三点，巨大的语言歧异。

中国语言的歧异，在"国语运动"中，作为论证国语统一、"国语"推广之必要性的证据得到过较为充分的讨论。在对这一点的认识上，多操闽、粤、客方言的南洋华侨更是体会深刻，但与国内有区别的一点是：在与友族杂处的环境中，由"乡音"不同造成的侨民之间的感情隔膜、不睦以及按方言不同各自办学等现象，让作为统一认同群体的"华人族群"被友族嘲笑，是当时一些人士呼吁"学习国语""统一语言"的一个重要理由。

关于侨民的语言歧异及其给华侨社会带来的不便，在菲律宾从事"国语"推广数十年的北京人伊静轩在《七十年来的菲华国语推行运动》中有详细介绍："自清末至民初，埠中尚无其他华侨学校，本校学生系闽粤兼收。而"国语"在当时，犹未普遍，因方言之不同，故粤籍董事提议另开粤籍学生班，聘粤籍教师，专教粤籍学生。至于教授英文，则仍与闽籍学生混合上课。同属国人，因言语不一，于汉文则闽粤分级而教，于英文则同堂而读，不特可笑亦复可叹。"[1]"因侨社大多数侨胞，不懂国语，所以在举行各种纪念大会时，演讲者必须请人翻译。除了翻译福建话以外，还要翻译广东话，往往在开会时间拖延很长，至感不便。"[2]"那时华侨社会有一种堂斗的风气(西报每每张大其词，称之为'堂会战争 Tong war')，动不动就成群结伙大打出手。打斗的原因，固然很多，但语言不通，发生误会，亦为其中原因之一。"[3]

"华族昔南渡，筚路启山林；橡风椰雨地，劳动生黄金。国力莫及，外患已深，言语分畛域，识者倍忧忧。一炉而共冶，国语是正音。同声，

---

① 伊静轩：《七十年来的菲华国语推行运动》，《马尼剌中西小学校七十周年纪念特刊》，马尼剌中西小学校，1973。
② 伊静轩：《七十年来的菲华国语推行运动》，《马尼剌中西小学校七十周年纪念特刊》，马尼剌中西小学校，1973。
③ 伊静轩：《七十年来的菲华国语推行运动》，《马尼剌中西小学校七十周年纪念特刊》，马尼剌中西小学校，1973。

同调！同德，同心！"（《新嘉坡华侨国语学校校歌》[1]）这里体现出这样一个逻辑："言语分畛域"是导致族群与国家落后的原因之一，要达到"同德""同心"，进而国家富强，"同声同调"的"国语"统一就是"不二法门"，这也是当时"教育救国"思想的一种体现。

三、机构

"国语"的推广和传播，需要教育机构和社会、学术团体来实施、服务。就南洋的情况而言，在"国语"推广过程中，实施机构主要是学校和"国语"讲习所，相关的服务机构主要是华文报社和书店等。这与当时中国国内区别不大。但我们需要进一步了解的是，在使用不同语言、多族群聚集的南洋，这些机构的数量、分布如何，华文学校的师资来源、所用课本、教学语言及课程设置如何，等等。这些对于我们认识南洋早期"国语"推广及华文教育的性质至关重要。

先来看学校和"国语"讲习所。

黎锦熙提到 1919 年的《国语统一进行方法》议案，文中明言："统一国语既然要从小学校入手，就应当把小学校所用的各种课本看作传布国语的大本营。"[2]由此可见，学校尤其是小学及其所用课本在"国语"传播中的重要作用。在《新国民日报》上，关于学校在"国语"推广中作用的论述比较多见。例如，"欲语言统一，非普及教育，无以收其功。"（《平民求学之机会》，载《新国民日报》，1922-10-21）《南洋中华国语统一总会开发起人大会纪》（载《新国民日报》，1930-04-01）签名的发起人团体包括华侨中学、中华女学、星洲幼稚园、中华"国语"学校等三十余所学校。下面的这则记载，凸显了华校教育对于"国语"（华语）推广及国家认同建构的重要意义。例如，

（7）仰光函云：余（访员）某日偕友人偶往直塘和源号内访友，忽瞥见两幼童华装玩耍于店前，友人见其性和可爱，乃执其手而问以华语，竟能以华语还答。友人戏谓："若尔缅装，当给尔饼。"该童摇首不应。复问其故，乃答谓："我是华人，若缅服则为缅类，岂不羞死。"……又闻某君云："此幼童曾入华校数月，故有祖国之观念，是由于受教育得之者。反观彼等，言缅言、服缅服，行走道上，施施然以为得意，不知祖国为何物，不知尊重国体，宁不羞死！"（《教育之感化力》，载《新国民日报》，

---

① 郑慧馨、宋德喜等：《新嘉坡华侨国语学校第一周年纪念特刊》，新嘉坡华侨国语学校出版，1931。

② 黎锦熙：《国语运动史纲》，北京，商务印书馆，2011，第 160 页。

1919-12-15)

20世纪初，南洋华侨教育逐渐完成从私塾教育向新式学校教育的转变。从学校数量及办学类型来看，20世纪二三十年代的南洋华文学校具有"数量多""类型丰富"的特点。据《去年中海峡殖民地华人注册学校之报告》(载《新国民日报》，1925-07-13)，新加坡、槟榔屿、马六甲、纳闽四地，注册的华人学校总数为291所，教员总数732人，学生总数15418人，数量不可谓少。就办学类型而言，从《新国民日报》来看，使用"国语"教学的学校除一般小学、中学和专门的"国语"学校外，还有或独立或者附设的"半夜学校""半日中文班""国文特别补习班""国语夜学""国音夜学""注音字母夜学校"等。一般的学校服务于正常求学的侨童，夜学或补习班服务于成人及在英文学校等处求学的学生。来看下面的两则记载。例如，

(8)本坡熊时元君等所创办之五育补习学校，……因其为补习性质，又不限学生之年龄、职业、籍贯，随各人之程度高低，日夜皆可分级教授，且完全用国语，不用方言，故一般青年工人、商店伙友与求上进之学生，均称便利，报名者极为踊跃。(《"又多一学校"续讯》，载《新国民日报》，1925-02-26)

(9)本校为普及教育、统一语言起见，特多设国语半日班，由午后一时半至三时半，分小学、师范两级。学科：国语，分读法、作法、书法及信札。……星洲大坡尼律八拾三号静方女学校启。(《静方女校招生广告》，载《新国民日报》，1930-01-07)

这些不同类型的华文学校，除了人口集中的"大埠"，在当时的一些华人数量不多的"小埠"亦有分布："然自民国成立后，南洋华侨初而提倡兴学，继而建设学校，迄今无论大小各埠、荒僻村落，都有我华校之设。"(《南洋华侨之兴学热》，载《新国民日报》，1924-02-27)例如，

(10)余往马打山，至亚冷名小驻。……傍有学校一所，学生二三十，适经课授时，余仅在校外参观。该教员操国语教授，腔口颇似北音，讲解精细。后听该学生讲法读法，亦均操国语，字句明白，颇有精神。如此侨童，或不至为巫风所同化。该处侨商、华人不多。(《亚冷名商学状况》，载《新国民日报》，1923-06-06)

就学校师资尤其是"国语"师资而言，早期南洋华校的老师多来自中国，"教师南来""教师归国""教师临别慷慨""介绍教员"等新闻、广告等屡见报端。伊静轩也提到，"菲律滨华侨中学，遂于民国十二年在马尼拉

正式开办。当时华侨中学的教师以江浙人居多，教授课业均用国语。"①
1919—1933 年《新国民日报》所刊登的上百则各地华校"教师征聘启事"，
90％均要求"完全国语教授""谙普通话""普通话纯熟""国语纯熟""国音纯
正""善操国音""读音纯照国音字母"等。以下是几则不同地区华校的"教
师招聘启事"。例如，

(11)本校欲聘普通科教员一位，<u>以能完全国语教授及谙闽粤语者为
合格</u>。每周担任教授卅小时，月奉修金七十元，膳费在内。……巴生呀
岳峇都益智学校。(载《新国民日报》，1920-01-12)

(12)敝校欲添聘教员一位，教授英文及其他学科，<u>以英汉文能直接翻
译兼谙普通话者为合格</u>，除膳宿费由校供应外，每月束修一百盾。……苏
门答腊占碑中华学校启。(载《新国民日报》，1920-03-25)

(13)本校现在要聘请一位教员，以有中学卒业程度，能担任图画、
手工、音乐、体操等科及<u>完全用国语教授</u>者为合格。……暹罗宋卡国民
学校董事部启。(载《新国民日报》，1924-06-16)

(14)敝校系高小学校，拟聘十九年份男校长、女教员各一位(夫妇同
居更妙)。资格高中以上毕业，<u>国音纯熟</u>者为合格。男任国语、算学、图
画等科，兼精英文科，每月薪金七十元。女任歌舞、刺绣及普通等科，
月薪五十元，膳费概系在内。……彭亨北根公立中华学校董事部启。(载
《新国民日报》，1930-01-07)

通过这些信息，我们可以看到，南洋早期华文学校对教师的要求充
分考虑到了学生的方言背景以及所在地的社会语言需求。华文教育要想
长远发展，师资还得立足于自身培养，今天的东南亚华文教育依然面临
这一问题。南洋早期部分华文学校已经意识到了这一点，开始增办"师范
班"，一方面增加师资，一方面弥补"南来"师资的"缺点"："以教育之机
关而论，方言互用，教材杂投。……以教育者而论，……来自祖国者虽
通于教育但不悉侨情，侨生南岛者虽悉侨情而不通教育，而且，前者多
通汉而不通英，后者多通英而不通汉。因为这种缘故，所以我们要培养
出一种"国语"纯熟、品学兼优、中西并通的师资来。"(霹雳和丰兴中学校
《本校增办师范科的宣言》，载《新国民日报》，1928-01-18)

在对南洋华侨早期"国语"推广梳理的过程中，我们认为有一个问题
需要重新认识，那就是早期华文教育或"国语"教育的性质。目前一般认

---

① 伊静轩：《七十年来的菲华国语推行运动》，《马尼剌中西小学校七十周年纪念特刊》，
马尼剌中西小学校，1973。

为，早期华文教育或者"国语"推广，就是母语教育。这没错，但不够准确。从南洋早期"国语"教育的文献来看，确切的说法应该是传承语性质的母语教育。根据 Montrul 的观点，传承语是一种母语，是文化或民族语言上（ethnolinguistically）的少数民族语言（minority languages），它存在于双语环境中，其中有另外一种具有社会政治优势的多数民族语言（majority language）被使用；传承语通常为移民及其子女所使用。受输入的质与量、实际社会使用、语言声望等因素影响，传承语者的传承语能力跨度极大，从类母语到仅在某些语言技能上具有一定的能力不等。①从这个角度及早期华文报章对"国语"教育、华文教育的记载来看，我们可以说，由于侨民的"蓬飘""寄居"身份和受当地社会政治及语言环境影响之原因，其以学校为主要阵地的"国语"教育具有强烈的"传承语教育"色彩，或者说，总体而言，其本质上就是一种传承语教育，或者说祖语教育②。

受住在地社会语言环境影响，或为生活、形势所迫，南洋早期的华校学生，注重住在地主要语言者众，尤其是殖民者语言（英文与荷文）。从语言能力来看，传承语者是双语者，或共时双语，或继时双语，双语能力多不均衡，传承语能力差别较大。《（吉隆坡）政府拟华童补习英文办法》（载《新国民日报》，1925-07-08）对华校学生的分类充分说明这一点："华人学校生徒，计分三类：（甲）自幼即在英文学校肄业英文，希望受英文完全教育，仅于课外时间，往中文学校补习中文。（乙）自幼即肄业于中文学校，希望受中文完全教育，多数更希望稍习英文，程度以能达到通晓商业英文为目的。（丙）自幼即在中文学校肄业，望能在十岁或十一岁时，在英文学校习英文。"这三类学生，甲类和丙类是典型的汉语传承语者，其分别在于学习中文和英文两种语言的起始点不同，乙类则接近于完全的汉语母语者。例如，

（15）本校自开办以来，各处学生来学者极为踊跃，惟向在英文学校读书学生每欲来学，其英文、算学已至四五号者，尚可合格，独国文一门，较之肄业中国学校者相差极远。……本校为提倡国学、广育人才起见，拟专开国文特别补习科一班，额数四十名。凡在英文学校而有志学习国文者，幸勿失此时机。兹将须注意各点列下：（一）资格：凡在英文

---

① Silvina Montrul：The Acquisition of Heritage Languages. Cambridge，Cambridge University Press，2016，2.

② 郭熙：《论祖语与祖语传承》，《语言战略研究》2017 年第 3 期；李计伟：《〈传承语习得〉述评》，《外语教学与研究》2019 年第 2 期。

学校已读至三号而年龄在十三岁以上者，无论曾经学过国文"国语"与否，均可受试。（二）学科：实用国文语法、读法、写法、作法。（《南洋华侨中学校国文特别补习班招生广告》，载《新国民日报》，1919-10-30）

（16）四、课程：各科均依照新学制编定之，除因本地需要特别注重英文外，其余均用国语教授。（《中南学校招生广告》，载《新国民日报》，1924-01-07）

（17）华校在日间加授英文，……学生之注重英文者，中文必受影响而退步。……既而提议华校加授荷文，以应环境之需要。……华校教育之远逊于荷华学校者，实因荷文较为适用，吾人不必过于泥守国家主义，亦勿令以回国升学为目标，仅仅加授英文，华校确有加授荷文之必要，深望华校与荷华发生密切关系，荷华宜加授中文，视地方情形而变通办法云。[《日惹〈华侨教育会议续志（二）〉》，载《新国民日报》，1925-01-18]

（18）将中文学科，编在午前，英文学科，编在午后。……各学生父兄以子弟往英文学校或中文学校就学，每感不便，因各校或只授英文，则学生须另寻习中文之时间。……如在中文学校读书，则将来学生毕业后，谋生亦不容易。今培正学校，能授学生以半日中文，半日英文。（《星洲培正学校改组》，载《新国民日报》，1926-08-09）

这几则信息，说明部分华校适应当地社会语言环境，"特别注重英文""加授英文""加授荷文""各校或只授英文"之同时并尽力教学"国语"的事实；从传承语教学的角度看，这是传承语者的传承语能力跨度极大的主要原因。

作为推广"国语"的专门机构，"国语"讲习所在南洋地区也有分布，其师资与学校一样，多来自中国；从数量上来讲，南洋的"国语"讲习所较为少见，其教学对象主要是失学者和社会成人。例如，

（19）邦喀小埠，地属奇甸，吾侨居此者亦不多。惟鉴吾人之交际，同是国人，因语言互异，致彼此畛域，非急设法，以图补救，不足以为功。爰集该埠诸热心家商议，现筹有基金，创设鼎新国语讲习所培养青年子弟，以备中年失学者，统一言语。（《邦喀鼎新国语讲习所之告成》，载《新国民日报》，1919-10-01）

还有一点需要指出的是，南洋早期的学校教育，主要以小学为主，受制于师资、经费等，能够办到中学及其以上者较少。所以，当时中国广东、上海、南京、厦门等地的中学、大学对南洋子弟招生，"鼓励及指导海外华侨子弟回国求学"（《中国大学院华侨教委会组织大纲》，载《新国

民日报》，1928-01-31），也在一定程度上推动了"国语"在南洋的推广。

再来看华文报社和书店。

东南亚是华人最为集中也是华文报刊最为集中的地区。1815 年创刊于马六甲的《察世俗每月统记传(Chinese Monthly Magazine)》，是海外各地最早的华文报刊，被称为"华文杂志的鼻祖"。1927 年中国《教育杂志》第 19 卷第 2 期上有一份"南洋华字日报调查表"，内中提到分布于荷属棉兰、荷属巴达维亚、荷属三宝垄、荷属泗水、荷属西利伯、英属新加坡、英属槟榔屿、英属吉隆坡、英属缅甸、美属菲律宾、法属安南、暹罗等地的华文报纸 27 种，本节所主要依据的《新国民日报》亦在其中。这些报纸，进入民国政府时期，尤其是五四运动之后，越来越多的内容采用白话文书写，这对"国语"及其社会应用起到了很好的推动作用。"报纸就是函授的，学校就是面授的，不过函授与面授的区别。"(《报纸与学校》，载《新国民日报》，1921-11-24)就很好地说明了这一点。《报纸与华侨》(载《新国民日报》，1919-10-01)的社论，明确说明："然欲使吾侨之爱宗邦之观念由弱而转强者，舍报纸之力不为功。……用浅近的文法、纯正的意思，引诱吾们侨胞。"同时，报纸上所刊登的关于"国语统一""国语论争""国语教学法"乃至"世界语"的新闻与介绍，如张士一《国语统一问题》(载《新国民日报》，1921-04-26—05-12)、蔡元培《练习国语的利益》(载《新国民日报》，1927-11-15)、《小学国语教学法的商榷》(载《新国民日报》，1928-01-12—02-20)等，也在一定程度上宣传了"国语"及其教学，影响着人们对于"国语"推广的认识。

学校对于"国语"推广的重要性，首要方面就是其所采用的课本。我国两家著名的出版社"商务印书馆"和"中华书局"在当时的新加坡均有分社，其广告也频繁出现于报端，当时南洋华校所用之教材亦多来自这两家出版社："华侨学校向用商务印书馆和中华书局所出版之教科书。"[《星洲华校对南洋华侨教育会议之提案(二)》，载《新国民日报》，1929-05-24]1921 年 12 月 1 日《新国民日报》有中华书局广告一则："诸君要讲国语，先要听熟国语的正音。国语学大家王璞先生的正音，国语留声机片，全套七十四元。国语留声机片课本，全一册，三角。"1932 年 10 月 26 日《新国民日报》有"商务印书馆国难后之出版物(经英属七州府提学司、荷属汉务司审定)"广告一则，内中提到"(小学校用)国语教科书(编辑者沈百英，校订者张国基，共八册)""(小学校用)南洋常识教科书(编辑者赵景源，校订者张国基，共八册)""(小学校用乡土教材)自然课本(编辑者陈问樵，校订者沈厥成，共四册)"。这套由华侨教育家、中国出版家及侨居南洋的作家、学者合作编写的教科书，既紧扣中国标准，又"依照南洋情形（笔者注：此为广告语）"、采收"南洋特殊材料（笔者注：此为广告语）"编撰，可以说是具有"当地化"色彩的教材。例如，

（20）各学校总理、校长先生公鉴敬启者：本年秋季开学应用之书籍、图画、仪器、文具等件，敝分馆已于上月中旬大帮运到，足应各地各校之需，倘承惠顾，即可照发，决无延误。……新嘉坡商务印书分馆谨启。（《商务印书馆启事》，载《新国民日报》，1925-07-15）

（21）《评点南洋学生国文成绩（四册）》：本书是雷铁厓先生选的，内容分甲乙两编。甲编历史题，乙编杂题。——南洋学生作文的好榜样，南洋学生的国文菁华，是同时可以说的！（《槟城兢兢书局图书汇报》，载《新国民日报》，1925-11-10）

应该说，当时南洋华校的教材主要来自中国，并在一定程度上结合了当地的具体情况。这些使用当时"国语"编写的课本，通过广大华校的使用，影响了年轻一代的华侨青少年，而这也在很大程度上奠定了后来东南亚华语书面语的基础。

四、效果

南洋早期华侨的"国语"推广，其效果如何？这个问题的回答不能看局部的、个别的论述。前文我们曾简单论述过早期"国语"教育的性质——汉语作为传承语的教学。而传承语的最大特点，就是其使用者对传承语的精通度个体差异巨大。前文征引的一些文献已经表明，有的华侨学生"均操国语，字句明白"，有的则"与土人毫无界别"。

1929 年，老舍先生离开英国，在新加坡滞留半年；在发表于 1934 年的散文《还想着它》中，有其所见的当时南洋地区语言使用情况的记录："学校也很好。学生们都会听国语，大多数也能讲得很好。"1930 年 1 月 7 日《新国民日报》登载的《华侨国语学校开校典礼纪盛（二）》中也提到了老舍："舒舍予先生演说谓：吾自英京伦敦回来，曾在该处任大学院国语教授五年，……对于陈树南医生言辞极表赞同云云。"这记载了老舍先生参加华侨"国语"学校活动并呼吁大家学习"国语"的情况，其后来的散文是对那段见闻的记录。如果单就老舍先生的记述来看，南洋华侨学生的"国语"水平是不错的。但这只是新加坡一部分学校的情况，如果考虑到整个南洋地区，我们可以看到：受制于居住地社会环境，华校多以双语或多语教育为主，不同类型的学校对"国语"的重

视程度不同；某些地区(如巴城，即巴达维亚，今雅加达)华侨子女入他族学校者远多于入华校者，地区差异大；总体而言，采用"国语"教授的学校属于少数。例如，

(22)山口羊培南学校，自倡办以来，科学之完备，教授之得法，早已脍炙人口。此次该校国民班举行毕业式，……<u>五由毕业生三人答词，一操英语，一操国语，一操南音</u>，语颇流利，坐座者神为之一动。(《山口羊培南学校举行毕业式的盛况》，载《新国民日报》，1923-02-20)

(23)统观本岛各埠学校之状况，<u>在华侨方面的，多数以国语教授</u>，课程符合国内部章，<u>宜矣</u>！但对于英文一科，未免略逊，<u>而教会方面独缺国语一科，且注重英文云</u>。(《英领北婆罗岛华侨教育概况》，载《新国民日报》，1928-01-21)

(24)巴城附近二十五公里以内，华侨总数不下七八万，所设立之学校，华文日学校，……统计学校廿五间，男女学生共约三千，男生约二千，女生则仅约一千而已，男教员约共八十人，女教员约共三十人。……<u>华侨子女入荷巫各校肄业者，闻共至七八千人以上，比之华校，不啻多二三倍</u>。……较之华校，其收费之多，常至数倍。记者尝细考华侨之所以多喜欢送子女入荷巫校去的，实有两大原因：其一因祖国纠纷日久，夷而列于次殖民地地位，国已不足以庇民，民(尤其是侨民)之于国，亦日冷淡。……其二因生活所迫，同为具两手一脑的人类，白脸皮的，每日所得，多至数十盾，黄脸皮的，每日所得，少或不及半盾。……<u>吾意特欲一般华侨习外国文，须先通解本国语言文字，最低限度，亦要读外国文之后，再补习华文，然后才配称是华侨</u>。否则，不如直截了当称是土著巫来由人。[《爪哇巴城华侨学校最近底概况》(二)，载《新国民日报》，1928-01-17]

(25)<u>国语教授，国内已尽量推行，南洋华侨学校，亦有采用之者</u>，惟据调查所得，<u>当属少数</u>。如广东、福建各省所办之侨校，每藉口于学重，不能国音，仍须土语教授，甚且采用巫语，不一而足。(《学校教授宜用国语》，载《新国民日报》，1929-09-28)

根据传承语理论，判定一种语言是否是传承语的关键因素就是所在地的社会语言环境；通常，传承语是双语环境中的少数语言，移民社区是典型的传承语社区。无疑，从早期报章文献来看，南洋早期华侨对于"国语"的学习及其学校教育，是符合这些特征的。

另外，南洋华侨多来自中国南方闽、粤、客方言区，即使学习"国语"，在发音上亦很难达至标准，这一点《南洋小学读音与国语之商榷》

（载《新国民日报》第 2 页，1920-01-30）一文已经指出："读音宜用国音：今日南洋各小学校，除一二小部分私立者外，读音固皆用普通音矣，然其所谓普通音者，是否即全国统一之国音，尚难判断。"从"国语"推广的效果而言，在整个南洋地区，书面语的统一性要远大于口语的统一性，今天东南亚地区各华语变体依然如此。

五、影响

关于南洋华侨早期"国语"推广的影响，要放在南洋地区华语形成与发展的整个历史过程中来考量，但"华语的形成与发展"这个话题目前尚未得到充分的关注与研究，主要原因是缺乏历时材料。我们通过对《新国民日报》十数年语料的阅读，可以追寻到"国语"推广深远影响的一些线索，比如在当时的报纸上使用的一些词语或结构——同时也是当时中国现代汉语常用的，今天依然活跃在新、马华语中，而它们在今天的现代汉语普通话中却消失或不常见了；如此，这些词语或结构成了新、马华语的特征。无疑，这种现象是以学校和华文媒体为主要阵地的"国语推广"随着代际传承保留到今天的结果。例如，

（26a）在中国经济经历"L 型走势"当儿，50.9％的企业家认为宏观经济"偏冷"，47.8％认为"正常"。（《央行调查：五成居民叹房物价高》，载新加坡《联合早报》，2016-09-19）

（26b）在庆祝 57 岁的诞辰当儿，我们只能祈祷，会有越来越多的各民族年轻人胸怀民主开放，愿意跨越种族的藩篱，共享国家的财富。（《57 岁的庆典》，载马来西亚《光明日报》，2014-09-02）

（26c）当我在一个很热闹的场所的当儿，得着伊同样的这么秋波一转，我那蕴着的心弦颤动了。（吉隆西神《生命史中的一页》，载《新国民日报》，1926-04-20）

（26d）于这当儿，大家都表示心欢意足了。（余远昌《吃玫瑰酥糖之一夜》，载《新国民日报》，1929-01-28）

（26e）马老先生漱口的当儿，马威把昨天晚上来的箱子打开，问父亲换衣裳不换。（老舍《二马》）

（26f）在这个当儿，我看见了大蝎，他离河岸最近，差不多离着那群人有一两丈远。（老舍《猫城记》）

在今天的新加坡、马来西亚华语中，有一些"儿尾词"，最常用者就是"当儿"，如例（26a）和例（26b），这个词在今天的普通话中已不用。东南亚华语的使用者，多有中国南方闽、粤、客方言背景，汉语南方方言

并无儿化,那么这些"儿尾词"从何而来?祝晓宏指出,新加坡华语会在无须用"儿"的地方使用"儿",发生"过度概括",这反映了新加坡华语在模仿普通话方面的一种倾向。[①] 例(26c)—例(26f)显示,"当儿"在早期华文文献及早期现代汉语中均常用,这表明今日东南亚华语中的"当儿"应该为早期"国语"之遗留,而非模仿普通话所致。

周清海曾提到,新加坡华语书面语里形容词有些用为动词,和普通话不同,举的例子中有"亲爱父母和兄弟姐妹"。[②] 陆俭明在论述新加坡华语"形容词用作动词,带宾语"时,也提到了"亲爱",如"亲爱父母和兄弟姐妹,就是仁的表现",认为"形容词用作动词,带宾语"是中国普通话里近年来也有的发展趋势,但都表示使动意义,至于"亲爱父母和兄弟姐妹"是"与父母和兄弟姐妹相亲相爱"的意思,中国普通话里似还没有。[③] 其实,"亲爱"在老舍作品及早期华文报章中均有动词用法,可以带宾语。例如,

(27a)吾侨远涉重洋,至此谋生,见有同国同省之人,理宜<u>互相亲爱</u>,乃至同籍之人,尚且各分界限,反相仇视,相残同种,痛心之事,孰有过于此乎?(《噫!书不尽之姓氏蛮斗》,载《新国民日报》,1921-10-17)

(27b)常想人人<u>相亲爱</u>,<u>人人亲爱</u>总难能,难能偏作必能想,为此难能痛恨深。(《海畔感怀》,载《新国民日报》,1925-10-21)

(27c)女儿都是赔钱的货,老先生不愿偏疼孙子,但是不由的不肯多<u>亲爱孙女</u>。(老舍《新时代的旧悲剧》)

(27d)这一点使他恨振华的心思改为佩服她,<u>亲爱她</u>,并且自己也觉到一种刚强的,自爱的,自尊的,精神。(老舍《文博士》,1936)

如郭锐所言,"亲爱"的区别词(或形容词)用法是由其动词功能衰减而来的。[④] 据我们的考察,现代汉语中,"亲爱"动词用法的消亡是在20世纪50年代,而在新加坡华语、马来西亚华语中,"亲爱"的动词用法则一直沿用至今。

在新加坡、马来西亚等地的华语中,"说""讲"等言说动词与"商议""联络"等协同义动词能受介词短语"向NP"修饰,组成"向NP+VP"结构,如例(28a)—例(28c)。祝晓宏提到了新加坡华语中的"向警方联络""向妈妈讲",认为这两个短语中的"向"在普通话中要换成"跟"或"和",

① 祝晓宏:《新加坡华语语法变异研究》,北京,世界图书出版公司,2016,第38~39页。
② 周清海:《新加坡华语变异概说》,《中国语文》2002年第6期。
③ 陆俭明:《新加坡华语语法》,北京,商务印书馆,2018,第401页。
④ 郭锐:《现代汉语词类研究》(修订本),北京,商务印书馆,2018,第255页。

这是新加坡华语中"介词的宵用"现象。①　其实在早期南洋华文报刊及早期现代汉语中，这是介词"向"常见、正常的引介功能，如例（28d）—例（28i）。例如，

（28a）他今日向《星洲日报》说，渔业局官员为峇拉煎虾渔船检查时，允许在他们的表格上填上这是峇拉煎虾渔船。（《村长王雅霖：怕执照吊销？双怡杖浅海渔民忍痛换网》，载马来西亚《星洲日报》，2013-11-14）

（28b）他说，吉州国阵已向两州赈灾委员会秘书处联络，目前等待对方安排吉州义工团进入哪区灾区赈灾和协助善后工作。（《慕克力：不满赔偿金，居民拒迁防洪受阻》，载马来西亚《光明日报》，2015-01-05）

（28c）厂商高层向员工交涉不果后，离开宿舍门口。（《合约期逝世获赔薪？外劳罢工骚乱平息》，载马来西亚《光明日报》，2014-08-24）

（28d）母亲转身向我说："读给我听，说什么？"（《水客带来的东西》，载《新国民日报》，1927-04-15）

（28e）诸商翁如有求购高丽参者，无论趸发、零售，务祈向本号代理人益成公司锦利号商议价目，格外从廉。（《高丽真参》，载《叻报》，1917-02-05）

（28f）诸君无论要买进什么，要卖出什么，要介绍什么，或要委托什么，都可向该机关接洽。（《大发财机》，载《新国民日报》，1920-04-22）

（28g）他忘了身上没有一个钱。摸了摸衣袋，他向车夫说："等一等，给你拿钱。""是了，先生，不忙！"车夫很客气的说。（老舍《四世同堂》）

（28h）可是作家自己没法向别人交涉，因为没有法令可根据。（老舍《怎样维持写家们的生活》）

（28i）老张说："孙八已经肯出一千元。"龙树古说："一千出头才肯商议。"老张答应再向孙八商议。（老舍《老张的哲学》）

在今日的新加坡、马来西亚的书面语中，早期"国语"使用而今日普通话已经消失或不常用的词汇语法现象是比较常见的。无疑，这种现象主要是因"传承语的保守性"②而从早期"国语"传承到今天的；这显示了早期"国语"推广在南洋地区的影响。

---

① 祝晓宏：《新加坡华语语法变异研究》，北京，世界图书出版公司，2016，第100页。
② Silvina Montrul：The Acquisition of Heritage Languages，Cambridge：Cambridge University Press，2016，p. 239；Maria Polinsky：Heritage Languages and Their Speaker，Cambridge：Cambridge University Press，2018，p. 11.

六、结语

东南亚是全球华语研究的重点区域。目前我们已经大概知悉了东南亚华语的基本面貌,尤其是其相对于当前现代汉语普通话的典型特征,但这些特征从何而来,就目前的研究来看,还缺乏有一定纵深的历时考察,而要展开东南亚华语研究的历时维度,进行"华语史"的研究,南洋华侨早期"国语"推广又是其中一个重要的议题。

本节依据早期华文报刊及相关文献,从"缘起""机构""效果""影响"等四个方面较为全面地论述了早期"国语"在南洋地区的推广情况。通过对文献的梳理,我们想重点强调两点:一是南洋地区早期"国语"推广或者华文教育的传承语教育性质,二是南洋地区早期"国语"推广奠定了后来东南亚一些国家华语书面语的基础。有了这两点,我们就可以将海外华语的形成、现代汉语的发展与传承语习得理论等课题结合起来,从而对海外华语的形成与发展有一个较为清楚的认识。

参考文献

[1] 别必亮：《承传与创新——近代华侨教育研究》，石家庄：河北教育出版社，2001 年。

[2] 曹逢甫：《汉语的提升动词》，《中国语文》1996 年第 3 期。

[3] 陈重瑜：《本地华语里声调的问题》，《语文》1981 年第 7 期。

[4] 陈重瑜：《新加坡华语语法特征》，《语言研究》1986 年第 1 期。

[5] 陈重瑜：《新加坡华语——语法与词汇特征》，载新加坡国立大学华语研究中心编《华语研究论文集》，1993 年。

[6] 陈淑婷：《马来西亚华语口语语气词变异试论》，硕士学位论文，杭州，浙江大学，2012 年。

[7] 刁晏斌：《大陆台湾词语的差别及造成原因》，《文史杂志》1994 年第 2 期。

[8] 刁晏斌：《台湾语言的特点及其与大陆的差异》，《中国语文》1998 年第 5 期。

[9] 刁晏斌：《现代汉语史概论》，北京，北京大学出版社，2006 年。

[10] 刁晏斌：《现代汉语史》，福州，福建人民出版社，2006 年。

[11] 刁晏斌：《从历时的角度看香港汉语书面语的语法特点》，《语文建设通讯》2007 年第 87 期。

[12] 刁晏斌：《论全球华语的基础及内涵》，《全球华语（Global Chinese）》2015 年第 1 期（创刊号）。

[13] 刁晏斌：《海峡两岸及港澳地区现代汉语差异与融合研究》，北京，商务印书馆，2015 年。

[14] 刁晏斌：《论全球华语史及其研究》，《全球华语（Global Chinese）》2017 年第 2 期。

[15] 邓思颖：《粤语语法讲义》，香港，商务印书馆（香港）有限公司，2015 年。

[16] 方汉奇：《〈清史·报刊表〉中的海外华文报刊》，《国际新闻界》2005 年第 5 期。

[17] 方维规：《"夷"、"洋"、"西"、"外"及其相关观念：晚清译词从"夷人"到"外国人"的转换》，见《新词语新概念：西学译介与晚清汉语词汇之变迁》，济南，山东画报出版社，2012 年。

[18] 高名凯：《汉语语法论》，北京，商务印书馆，1986 年。

[19] 郭锐：《现代汉语词类研究》（修订本），北京，商务印书馆，2018 年。

[20] 郭熙：《普通话词汇和新马华语词汇的协调与规范问题——兼论域内外汉语词汇协调的原则和方法》，《南京社会科学》2002 年第 12 期。

[21] 郭熙：《论"华语"》，《暨南大学华文学院学报》2004 年第 2 期。

[22] 郭熙：《论华语研究》，《语言文字应用》2006 年第 2 期。

[23] 郭熙：《华文教学概论》，北京，商务印书馆，2007 年。

[24] 郭熙：《现代华人社会中称说"汉语"方式多样性的再考察》，《南开语言学刊》
2007 年第 1 期。

[25] 郭熙：《华语规划论略》，《语言文字应用》2009 年第 3 期。

[26] 郭熙：《华语问题答旧金山华文电视台"八方论坛"主持人史东问》，《北华大学学
报》2010 年第 1 期。

[27] 郭熙：《华语研究录》，北京，商务印书馆，2012 年。

[28] 郭熙：《全球华语研究文献选编》，北京，商务印书馆，2015 年。

[29] 郭熙：《论祖语与祖语传承》，《语言战略研究》2017 年第 3 期。

[30] 郭熙、崔乐：《对华语语言生活的观察与思考》，《华文教学与研究》2011 年第
4 期。

[31] 郭熙、李春风：《东南亚华人的语言使用特征及其发展趋势》，《双语教育研究》
2016 年第 3 卷第 2 期。

[32] 韩爱珍《马来西亚华语和中国现代汉语语法差异现象研究》，硕士学位论文，济
南，山东大学，2011 年。

[33] 黄华迎：《马来西亚华语词语研究》，博士学位论文，重庆，西南大学，
2014 年。

[34] 黄立诗：《马来西亚华语口语部分特殊语法现象研究》，博士学位论文，北京，
北京师范大学，2013 年。

[35] 黄婉桦：《马来西亚华语和汉语标准语词语差异研究》，硕士学位论文，广州，
暨南大学，2009 年。

[36] 黎锦熙：《国语运动史纲》，北京，商务印书馆，2011 年。

[37] 李计伟：《基于对比与定量统计的马来西亚华语动词研究》，《汉语学报》2014 年
第 4 期。

[38] 李计伟：《基于对比与定量统计的马来西亚华语形容词研究》，《云南师范大学学
报(哲学社会科学版)》2015 年第 1 期。

[39] 李计伟：《类型学视野下汉语名量词形成机制研究》，北京，商务印书馆，
2017 年。

[40] 李计伟：《〈传承语习得〉述评》，《外语教学与研究》2019 年第 2 期。

[41] 李计伟、张梦帆：《华语动词"相信"的情态功能及其来源》，《全球华语（Global
Chinese）》2017 年第 2 期。

[42] 李临定：《新加坡华语词汇和中国普通话词汇比较》，见周清海《新加坡华语词汇
与语法》，新加坡，玲子传媒私人有限公司，2002 年。

[43] 李明：《从"容"、"许"、"保"等动词看一类情态词的形成》，《中国语文》2008 年
第 3 期。

[44] 李荣：《现代汉语方言大词典》，南京，江苏教育出版社，2002 年。

[45] 李如龙：《〈华夷通语〉研究》，《方言》1998 年第 2 期。

[46] 李如龙：《海外汉语方言研究的新视野》，《辞书研究》2013 年第 1 期。

[47] 李如龙、刘晓梅：《东南方言语法对普通话的影响四种》，《语言研究》2004 年第 4 期。

[48] 李炜、王琳：《琉球写本〈人中画〉的与事介词及其相关问题——兼论南北与事介词的类型差异》，《中国语文》2011 年第 5 期。

[49] 李宇明：《海外华语教学漫议》，《华文教学与研究》2009 年第 4 期。

[50] 李宇明：《全球华语词典》，北京，商务印书馆，2010 年。

[51] 李宇明：《汉语的层级变化》，《中国语文》2014 年第 6 期。

[52] 李宇明：《全球华语大词典》，北京，商务印书馆，2016 年。

[53] 李宇明：《大华语：全球华人的共同语》，《语言文字应用》2017 年第 1 期。

[54] 林杏光：《新加坡华语和普通话语法举例比较分析》，《普通话》1992 年第 1 期。

[55] 林杏光：《新加坡华语和普通话语法例比》，见《词汇语义和计算语言学》，北京，语文出版社，1999 年。

[56] 刘丹青：《汉语的若干显赫范畴：语言库藏类型学视角》，《世界汉语教学》2012 年第 3 期。

[57] 刘世儒：《魏晋南北朝量词研究》，北京，中华书局，1965 年。

[58] 刘华：《东南亚主要华文媒体非通用汉字使用情况调查研究》，《华文教学与研究》2011 年第 1 期。

[59] 刘华、郭熙：《海外华语语言生活状况调查及华语多媒体语言资源库建设》，《语言文字应用》2012 年第 4 期。

[60] 刘文辉、宗世海：《印度尼西亚华语区域词语初探》，《暨南大学华文学院学报》2006 年第 1 期。

[61] 刘晓梅：《来自粤方言的超量级程度副词"太过"》，《中国语文》2007 年第 5 期。

[62] 卢彩虹：《印尼北干民礼镇中生代华人语言使用调查研究》，学士学位论文，广州，暨南大学华文学院，2017 年。

[63] 卢德平：《认同、区分、整合："华语"略论》，《语言战略研究》2017 年第 1 期。

[64] 卢绍昌：《华语论集》（自印本），1984 年。

[65] 陆俭明：《新加坡华语语法的特点》，见周清海《新加坡华语词汇与语法》，新加坡，玲子传媒私人有限公司，2002 年。

[66] 陆俭明：《关于建立"大华语"概念的建议》，《汉语教学学刊》第 1 辑，北京，北京大学出版社，2005 年。

[67] 陆俭明、张楚浩、钱萍：《新加坡华语语法的特点》，《南大中华语言文化学报（创刊号）》，1996 年。

[68] 陆镜光：《粤语"得"字的用法》，《方言》1999 年第 3 期。

[69] 吕叔湘：《中国文法要略》，北京，商务印书馆，1982 年。

[70] 吕叔湘：《关于"您们"》，《中国语文》1982 年第 4 期。

[71] 吕叔湘：《现代汉语八百词》（增订本），北京，商务印书馆，1999 年。

[72] 马毛朋：《港式中文连词调查报告》，《汉语学报》2012 年第 4 期。

[73] 马毛朋：《港式中文程度副词简论》，《汉语学报》2014 年第 4 期。

[74] 孟琮、郑怀德等：《汉语动词用法词典》，北京，商务印书馆，1999 年。

[75] 区淑仪：《马来西亚华语口语常用虚词用法研究》，硕士学位论文，上海，上海
交通大学，2013 年。

[76] 潘秋平：《从方言接触和语法化看新加坡华语里的"跟"》，见吴福祥、崔希亮主
编《语法化与语法研究》(四)，北京，商务印书馆，2009 年。

[77] 彭小川：《论广州话谓词性的"形＋名"组合》，《暨南学报》2011 年第 5 期。

[78] 彭小川等：《对外汉语教学语法释疑 201 例》，北京，商务印书馆，2004 年。

[79] 邱克威：《论"华语"与马来西亚华语研究》，《马来西亚华人研究学刊》第 15 期，
吉隆坡，华社研究中心，2013 年。

[80] 邱克威：《前言》，《马来西亚华人研究学刊》第 15 期，吉隆坡，华社研究中心，
2013 年。

[81] 邱克威：《〈叻报〉的词语特点及其词汇学价值管窥》，《语言研究》2014 年第
4 期。

[82] 邱克威：《马来西亚华语中"有者"的词汇描写分析》，《世界华文教育》2016 年第
4 期。

[83] 邱克威：《马新华语词汇研究史上的第一部特有词语词典——许云樵〈南洋华语
俚俗辞典〉评议》，《南洋学报》2016 年第 70 卷。

[84] 邱克威：《马来西亚华语研究的设想与实践》，《辽宁师范大学学报(社会科学
版)》2017 年第 3 期。

[85] 沈家煊：《"判断语词"的语义强度》，《中国语文》1989 年第 1 期。

[86] 沈家煊：《语言的"主观性"和"主观化"》，《外语教学与研究》2001 年第 4 期。

[87] 施其生：《广州方言的"量＋名"组合》，《方言》1996 年第 2 期。

[88] 石定栩、朱志瑜、王灿龙：《香港书面汉语中的英语句法迁移》，《外语教学与研
究》2003 年第 1 期。

[89] 史金生：《目的标记"起见"的语法化——兼谈汉语后置词的来源》，《语法研究与
探索(十三)》，北京，商务印书馆，2006 年。

[90] 苏宝荣：《词义研究与辞书释义》，北京，商务印书馆，2000 年。

[91] 苏培成：《当代中国的语文改革和语文规范》，北京，商务印书馆，2010 年。

[92] 苏庆华：《〈砂华文协现藏砂拉越华文书刊目录汇编〉书评》，《马来西亚华人研究
学刊》第 8 期，2005 年。

[93] 汤志祥：《论华语区域特有词语》，《语言文字应用》2005 年第 2 期。

[94] 汤志祥：《中国大陆主体华语吸收海外华语词语的层级、类别及其比例的考察》，
见李雄溪、田小琳、许子滨主编《海峡两岸现代汉语研究》，香港，香港文化教
育出版社，2009 年。

[95] 田惠刚：《海外华语与现代汉语的异同》，《湖北大学学报(哲学社会科学版)》
1994 年第 4 期。

[96] 田小琳：《香港社区词研究》，《语言科学》2004 年第 3 期。

[97] 完权：《言者主语与隐性施行话题》，《世界汉语教学》2016 年第 4 期。

[98] 王彩云：《马来西亚华语介词的变异》，《汉语学报》2015 年第 2 期。

[99] 王汉卫、黄海峰、杨万兵：《华文水平测试的总体设计》，《华文教学与研究》
2013 年第 4 期。

[100] 王茂林：《普通话与马来西亚华语单元音比较》，《语言研究》2011 年第 4 期。

[101] 汪惠迪：《新加坡特有词语词典》，新加坡，联邦出版社，1999 年。

[102] 吴英成：《新加坡华语语法研究》，学士学位论文，台北，台湾大学，1986 年。

[103] 吴英成：《汉语国际传播：新加坡视角》，北京，商务印书馆，2010 年。

[104] 邢福义：《汉语语法学》，长春，东北师范大学出版社，1996 年。

[105] 邢福义：《语法研究中"两个三角"的验证》，《华中师范大学学报（人文社会科学
版）》2000 年第 5 期。

[106] 邢福义：《新加坡华语使用中源方言的潜性影响》，《方言》2005 年第 2 期。

[107] 邢福义、汪国胜：《全球华语语法研究的基本构想》，《云南师范大学学报（哲学
社会科学版）》2012 年第 6 期。

[108] 徐杰、王惠：《现代华语概论》，新加坡，新加坡八方文化创作室，2004 年。

[109] 徐威雄：《马新华语的历史考察：从十九世纪末到 1919 年》，《马来西亚华人研
究学刊》2012 年第 15 期。

[110] 徐新伟：《域外字用视角商补通用型语文字典字义三则》，《语言研究》2015 年
第 2 期。

[111] 许和平：《试说"自己""本人""本身"及"自身"——兼议"本人""本身""自身"的
词性》，《世界汉语教学》1992 年第 3 期。

[112] 萧迪忱：《民众戏剧的语文问题》，《山东民众教育月刊》1933 年第 4 卷第 8 期。

[113] 荀恩东、饶高琦、谢佳莉、黄志娥：《现代汉语词汇历时检索系统的建设与应
用》，《中文信息学报》2015 年第 3 期。

[114] 姚敏：《中国华文教育政策历史研究：语言规划理论透视》，上海，复旦大学出
版社，2017 年。

[115] 伊静轩：《七十年来的菲华国语推行运动》，《马尼剌中西小学校七十周年纪念
特刊》，马尼剌中西小学校，1973 年。

[116] 易水寒：《华语中动词重叠的滥用现象》，《联合早报》，1984 年 11 月 17 日。

[117] ［日］远藤光晓：《〈现代汉语的历史研究〉序》，见［日］远藤光晓、石崎博志主编
《现代汉语的历史研究》，杭州，浙江大学出版社，2015 年。

[118] 云惟利：《新加坡社会和语言》，新加坡，南洋理工大学中华语言文化中心，
1996 年。

[119] 詹伯慧、甘甲才：《粤语》，见《现代汉语方言概论》，上海，上海教育出版社，
2002 年。

[120] 张斌：《现代汉语描写语法》，北京，商务印书馆，2010 年。

[121] 张从兴：《华人、华语的定义问题》，《语文建设通讯》(香港)2003 年第 74 期。

[122] 张谊生：《现代汉语副词研究》，上海，学林出版社，2000 年。

[123] 赵敏：《马来西亚华语口语语法研究》，广州，博士后出站报告，暨南大学，2013 年。

[124] 郑慧馨、宋德喜等：《新嘉坡华侨国语学校第一周年纪念特刊》，新加坡华侨国语学校出版，1931 年。

[125] 周清海：《新加坡华语变异概说》，《中国语文》2002 年第 6 期。

[126] 周清海：《华语研究与华语教学》，《暨南大学华文学院学报》2008 年第 3 期。

[127] 周清海：《"大华语"的研究和发展趋势》，《汉语学报》2016 年第 1 期。

[128] 周清海、萧国政：《新加坡华语词的词形、词义和词用选择》，《中国语文》1999 年第 4 期。

[129] 周小兵：《新加坡华语小说的语法特点》，见《双语双方言》，广州，中山大学出版社，1989 年。

[130] 周小兵：《广州话量词的定指功能》，《方言》1997 年第 1 期。

[131] 朱彦：《汉语复合词语义构词法研究》，北京，北京大学出版社，2004。

[132] 祝晓宏：《新加坡华语语法变异研究》，北京，世界图书出版公司，2016 年。

[133] 庄妙菁：《"华语"一词的历史演变与发展》，吉隆坡，马来西亚南方学院出版社，2005 年。

[134] Azirah Hashim. English and the Linguistic Ecology of Malaysia，*World Englishes*，Vol. 33，No. 4，2014.

[135] Bernd Heine and Tania Kuteva. *Language Contact and Grammatical Change*. Cambridge：Cambridge University Press，2005.

[136] Bernd Kortmann and Edgar W. Schneider. *A Handbook of Varieties of English：A Multimedia Research Tool*. Berlin：Mouton de Gruyter，2005.

[137] Bisang，Walter. Classifiers in East and Southeast Asian Languages Counting and Beyond. Jadranka Gvozdanović(ed.)*Numeral Types and Changes Worldwide*. Berlin：Mouton de Gruyter，1999.

[138] Braj B. Kachru，Yamuna Kachru and Cecil L. Nelson. *The Handbook of World Englishes*. Oxford：Blackwell Publishing Ltd. ，2006.

[139] Chen，Chung-Yu. A Fifth Tone in the Mandarin Spoken in Singapore，*Journal of Chinese Linguistics*，14，1983.

[140] Elizabeth Closs Traugott. Subjectification in Grammaticalisation，*In Stein & Wright Subjectivity and Subjectivisation*. Cambridge：Cambridge University Press，1995.

[141] Hildo Honório do Couto. *Ecological Approaches in Linguistics：A Historical Overview*，*Language Sciences*，41，2014.

[142] Jean Aitchinson. *Language Change：Progress or Decay?*. Cambridge：Cambridge

University Press，1991.

[143] Joan Bybee. *Language，Usage and Cognition*. New York：Cambridge University Press，2010.

[144] John Edwards. Language，Society and Identity. Oxford：Basil Blackwell Ltd. ，1985.

[145] Joseph H. Greenberg. The Measurement of Linguistic Diversity，*Language*，1956.

[146] Langacker，R. W. *Foundations of Cognitive Grammar*. Stanford：Stanford University Press，1991.

[147] Silvina Montrul. *The Acquisition of Heritage Languages*. Cambridge：Cambridge University Press，2016.

[148] Maria Polinsky. *Heritage Languages and Their Speakers*. Cambridge：Cambridge University Press，2019.

后　记

本书是我的第二本专著，也是我主持的第二项国家社科基金后期资助项目的结项成果。第一本著作《类型学视野下汉语名量词形成机制研究》（商务印书馆，2017），是基于我的博士学位论文修改而成的，可以将之视为多年求学的一个总结。而这一本《华语研究的理论与方法》，则是进入暨南大学华文学院工作以来在新领域探索的一些心得。

华人、华侨、华语等方面的研究是暨南大学一个鲜明的特色。记得好像是 2006 年，我收到郭熙老师一封邮件，是《全球华语研究》的稿约。彼时教育部语言文字信息管理司和暨南大学共建的海外华语研究中心刚刚成立，郭熙老师担任中心主任，和商务印书馆商定共同创办《全球华语研究》杂志，为全球华语研究搭建平台，建设队伍。收到这份稿约时，我刚到北京大学开始博士研究生阶段的学习，说实在的，看着"华语"这俩字，实在想不出自己能写一篇什么样的跟它沾点儿边儿的论文。多年以后，跟郭熙老师喝酒聊天，谈及这份发出了稿约但却没有出版"创刊号"的杂志，郭老师感慨："当时的条件还不成熟啊！"

确实，华语研究是一个新的领域；即使时至今日，邢福义先生主持的国家社科基金重大项目"全球华语语法研究"（2011 年）首批成果正在陆续推出，郭熙教授主持的国家社科基金重大项目"境外华语资源数据库建设及应用研究"（2019 年）正在如火如荼地进行，我们也不能说"华语研究"在研究方法、理论上已然成熟、完备，但其作为一个研究领域的学术特色正在凸显，学术空间正在不断被拓展。

我是 2011 年开始涉足华语研究的，至今已整整 10 年。2011 年，邢福义先生主持的国家社科基金重大项目"全球华语语法研究"立项，郭熙老师是"马来西亚华语语法"这一子课题的负责人。在郭老师的指导下，我加入了"马来西亚华语语法"的研究团队。2012 年 7 月，与团队成员一起赴马来西亚槟城、吉隆坡和马六甲三地实地调研、考察、搜集语料，当地华人普遍的多语能力、五彩缤纷的语言生活、汉语及其方言随着移民的迁徙而在异域扎根成长的历史，深深地吸引了我。在随后的 3 年里，我搜集了大量的马来西亚华语文学作品及其他语料，自建了 300 万字的马来西亚华语语料库，陆续写出了一些论文。

最初的研究方法与思路比较简单，首先就是基于普—华对比的方法来寻找马来西亚华语不同于现代汉语普通话的典型特征。特征找到了，进一步研究的空间随之被打开：找到了特征，就开始思考这些特征在其他华语变体中是否存在，进而寻找变体共性，就开始追问这些特征的来源，它们是什么时候开始出现的，等等。在追问马来西亚华语典型特征来源的过程中，发现由于语言发展的不平衡性、语言传承的保守性等原因，华语变体过多地保留了早期现代汉语的一些特征，而这些特征反过来被作为视角，同样可以让我们看到现代汉语自晚清以来的若干变化。正是沿着这样一个思路，经过沉淀与整合，最终以"海外华语研究的理论与方法"为题申请 2016 年度的国家社科基金后期资助项目并获立项。

拿到这个项目之后，我想更进一步地丰富、拓展书稿的内容：描写更多的华语变体而不是仅仅限于马来西亚华语，所以又自建了菲律宾华语的语料库，又赴印尼调研、搜集语料；开始阅读、整理海外华语文献，尽可能地打开华语研究的历时视角；开始学习印尼语/马来语，想从语言接触的视角研究一些重要的话题；开始研究现代汉语史，厘清晚清以来现代汉语和南洋华语"同源异流"的平行发展状况。但遗憾的是，与此同时，自己却越来越忙，想法很多而时间终究有限，再加上中间出国访学以及近两年的困于疫情而无法外出调研，所以现在呈现在大家面前的这本书，其实是有很多遗憾的——如果再给我两年时间，把相关的部分章节充实或重写，将目前在等待刊发的论文也收录进来，或许更能撑起"华语研究的理论与方法"这样一个书名。

2017 年，我读了美国学者 Silvina Montrul 教授的 *The Acquisition of Heritage Languages*（Cambridge University Press，2016）一书，并写了一篇评述性的文章（《〈传承语习得〉述评》，《外语教学与研究》2019 年第 2 期）。这本书给我的一个很大的启发，是开始从"传承"的视角思考华语研究的问题。经济全球化时代，移民及其所带来的语言传承问题，已经成为社会学、教育学、人类学、语言学等学科所共同关注的一个跨学科研究领域。"汉语国际教育"转变为"国际中文教育"，"华语传承"亦上升到重要的位置。"华语"与"传承"相结合，学术空间更大了，我持续研究华语的兴趣也更加浓厚了。

十年华语路，山重水复，柳暗花明，有很多感谢的话要说。感谢郭熙教授的引领与指导，感谢邵宜教授的关怀与帮助，感谢华文学院和海外华语研究中心志同道合的兄弟姐妹，感谢我的妻子和可爱懂事的嘉木、依依。同时，本书能够历经波折而最终出版，我要特别感谢北京师范大学出版社的禹明超编辑、朱前前编辑，感谢你们认真、专业的编校！

李计伟

2021 年岁杪于广州瘦狗岭

图书在版编目（CIP）数据

华语研究的理论与方法 / 李计伟著. —北京：北京
师范大学出版社，2022.5
（国家社科基金后期资助项目）
ISBN 978-7-303-25496-5

Ⅰ.①华… Ⅱ.①李… Ⅲ.①汉语－研究 Ⅳ.①H1

中国版本图书馆 CIP 数据核字（2020）第 020316 号

营 销 中 心 电 话 010-58805385
北 京 师 范 大 学 出 版 社
主题出版与重大项目策划部 http://www.bnup.com

HUAYU YANJIU DE LILUN YU FANGFA
出版发行：北京师范大学出版社 www.bnup.com
　　　　　北京市西城区新街口外大街 12-3 号
　　　　　邮政编码：100088
印　　刷：鸿博昊天科技有限公司
经　　销：全国新华书店
开　　本：710 mm×1000 mm　1/16
印　　张：17.5
字　　数：318 千字
版　　次：2022 年 5 月第 1 版
印　　次：2022 年 5 月第 1 次印刷
定　　价：68.00 元

策划编辑：禹明超　　　　　责任编辑：朱前前
美术编辑：王齐云　　　　　装帧设计：王齐云
责任校对：张亚丽　段立超　责任印制：赵　龙